Topographie
oder
Häuser- und Strassen-Geschichte
der Stadt Halle a. d. Saale

Beschreibung und Geschichte
der Strassen, Plätze und Märkte, öffentlicher und privater Gebäude der Stadt von den ältesten Zeiten ab bis zum Jahre 1914

von

Dr. S. Baron von Schultze-Galléra
Privatdozent der Universität Halle-Wittenberg.

Zweiter Band.

Erste Hälfte.

Vorstädte und Stadterweiterungen.
Südlicher Halbkreis.

Druck und Verlag Wilhelm Hendrichs, Halle a. d. Saale 1921.

Impressum

Umschlaggestaltung: Harald Rockstuhl frei nach dem Original

Autor: Dr. Siegmar Baron Schultze-Galléra
(* 6. Januar 1865 in Magdeburg; † 15. September 1945 in Halle-Nietleben)

Bisheringe Auflagen: 1. Auflage 1921, Druck und Verlag Wilhelm Hendrichs, Halle a.d.S.

1. Reprintauflage 2018
ISBN 978-3-95966-306-9

Repro: Harald Rockstuhl, Bad Langensalza

Druck und Bindearbeit: Digital Print Group Oliver Schimek GmbH, Nürnberg/Mittelfranken

Gedruckt auf alterungsbeständigem Papier nach ISO 9706

Die Deutsche Nationalbibliothek verzeichnet diese Publikation in der Deutschen Nationalbibliografie. Detaillierte bibliografische Daten sind im Internet über *http://dnb.d-nb.de* abrufbar.

Inhaber: Harald Rockstuhl
Mitglied des Börsenvereins des Deutschen Buchhandels e.V.
Lange Brüdergasse 12 in D-99947 Bad Langensalza/Thüringen
Telefon: 03603 / 81 22 46   Telefax: 03603 / 81 22 47
www.verlag-rockstuhl.de

Inhalt.

Vorwort.

Das vorliegende Buch umfaßt die erste Hälfte des zweiten Bandes der Topographie der Stadt Halle, d. h. alles das, was sich in einem südlichen Halbkreis um die mittelalterliche Stadt Halle angesetzt hat, also die Klaustor-Vorstadt, den Strohhof, Glaucha, das Südviertel, das Königsviertel, die Galgtor-Vorstadt und das Freiimfelder Viertel. Zwischen uralte Vorstädte und die Amtsstadt Glaucha haben sich gewaltige neue Stadtteile eingeschoben, ja sind weit über das Alte hinausgeflutet. Mehr als der erste Band zeigt schon die erste Hälfte des zweiten das riesige Wachstum unserer Heimatstadt. Und der Zeit gemäß sind es weniger Kirchen, Klöster und Fürstenresidenzen, die unsere Bewunderung erregen, als vielmehr großzügige industrielle Unternehmungen, Fabriken und Eisenwerke, Landwirtschafts- und Bergbau-Institute, die Zeugen eines gesunden und kräftigen, machtvoll aufstrebenden Bürgertums und seiner hervorragenden Intelligenz. Dies ist es, das auch hier in Halle nicht zum geringsten Teile beitrug, Deutschland eine Weltstellung zu geben. Desto furchtbarer graut uns vor einem Niedergange! Deutschlands und speziell Halles aufstrebende Kultur, wachsender Handel und Wandel gingen auch mit dem Schutz und der Versorgung der Arbeiter allen Ländern der Welt voran: man lese die Abschnitte über den landwirtschaftlichen Centralverein und seine Arbeitsnachweisestelle, über die großen Maschinenwerke und ihre freiwilligen Arbeiterversorgungen, über das Knappschaftswesen, über den Bergmannstrost, über die zahllosen mildtätigen Stiftungen der Stadt wie einzelner Bürger für Obdachlose, Invalide, Altersschwache, Sieche, ja selbst für Kinder, Säuglinge usw. der Armen.

Gewaltige Bauwerke entstanden als Zeugen des gigantischen Aufschwungs des kaiserlichen Deutschlands, ebenso monumental wie dieses: der neue Bahnhof, die neue Bahnpost, das Eisenbahndirektorium, der Schlachtviehhof, das Siechenhaus, das

Riebeck-Stift, die Provinzialblindenanstalt usw. — Solche Blüte zu schützen und die Ehre und den Stolz solches Reiches zu wahren bedurfte es allzeit der Hut der Wehr und der Waffen, denn ein wehrloses Volk ist ein ehrloses in dieser Welt ewiger menschlicher Gebrechen! Und so erstand vor unseren Augen jener reiche und wunderbare Bau der Artillerie-Kaserne, damals zu unserer Freude, jetzt nur ein Zeuge der Schmach eines entarteten und ideenbetörten, politisch unreifen Volkes. Der letzte Glanz einer stolzen Kaiserzeit strahlt auf diese verrannte rat- und tatlose Zeit herab, aber er erhofft und erwartet und wird noch sehen die Morgenröte einer neuen Zukunft unseres hart geprüften Volkes.

Orts- und Straßenverzeichnis.

Verzeichnis der auswärtigen Orte.

Personenverzeichnis

Verschiedenes.

Die Erweiterung der Stadt Halle über die alten Befestigungen bis 1900.

Der zweite Band der Topographie der Stadt Halle entwickelt die Erweiterung der Stadt über die mittelalterlichen Befestigungen, d. h. die Einverleibung der fünf Vorstädte, der Amtsstädte Neumarkt und Glaucha und dann die Stadtquartiere, die sich erst seit 1855 als wirkliche Neuschöpfungen ansetzen.

Die bereits im Mittelalter entstandenen Vorstädte sind der Strohhof mit der Klaustorvorstadt im Westen, die Galgtorvorstadt im Südosten, die Steintorvorstadt im Nordosten, die Petersberger Vorstadt im Nordnordosten. Diese Vorstädte haben sich z. T. sehr früh, nach der zweiten, größeren Befestigung der Stadt (nach 1100) schon im folgenden Jahrhundert zu entwickeln angefangen, und zwar an den Ausgängen der Haupttore zu beiden Seiten der Heerstraßen. Sie werden bereits 1305 mit verstärkten und verbesserten Mauern und Toren vom Rate der Stadt umgeben. Sie entwickelten sich vielfach aus Vorwerken, Sommerhäusern und kleinen Oekonomieen der alten reichen Patrizierfamilien der Stadt, später siedeln sich noch mehr Gewerbe- und Handeltreibende an. Die Vorstädte haben ihre eigene Verfassung und Verwaltung durch einen oder mehrere Rentherren: diese müssen für Zucht und Ordnung sorgen und für das Einsammeln und rechtzeitige Abliefern der Steuern an den Rat der Stadt. Um die Mitte des 16. Jhdts. wird diese Verfassung den Vorstädten gegeben bzw. einer Verbesserung unterzogen. — Erst zu Beginn des 19. Jhdts. verschwindet die Sonderstellung, und durch die Niederlegung der Innentore der Stadt und der mittelalterlichen Mauern und Stadtgräben (um 1820) werden diese Vortoransiedlungen auch äußerlich mit der Altstadt verschmolzen.

1817 werden die beiden ehemaligen Amtsstädte des erzbischöflichen Amtes Giebichenstein, Neumarkt und Glaucha, der Stadt einverleibt. Dies war eine erhebliche Vergrößerung sowohl an Einwohnern wie an Gelände. Die Einwohnerzahl stieg auf 20 921 (10 519 männl. und 10 402 weibl.), und das Gebiet der bebauten Stadt reichte nunmehr im Süden bis zu den Weingärten und zum äußeren Rannischen Tor (Rannischer Platz) und im Norden bis zum Geisttor (Ende der Geiststraße) und Kirchtor (an der Laurentiuskirche), das Gebiet aber der unbebauten vom Dorfe Böllberg bis zur Giebichensteiner Grenze (Gneisenaustraße), von da ab Ostseite der Reilstraße südwärts bis Einmündung der Richard Wagnerstraße, diese nordwärts bis zur Ernestusstraße, den Advokatenweg hinab bis zur Lafontainestraße, die Burgstraße hinab bis zum Mühlweg. (Steinmühle).

Noch ein volles Menschenalter hindurch genügte das Erworbene, die Vorstädte wie die beiden Amtsstädte, in ihrer mittelalterlichen Ausdehnung; erst 1855 setzt eine rege Stadterweiterung ein, die ununterbrochen 60 Jahre, zwei Menschenalter hindurch, bis 1915 anhält und die bis zum Jahre 1900 Böllberg im Süden wie die Giebichensteiner Grenze im Norden erreicht. Die neuentstandenen Stadtviertel sind zeitlich geordnet diese:

1. Das Königsviertel im Südosten der Stadt von 1855 bis etwa 1870 entstanden, zum Teil durch den Bahnhof und dessen Entwickelung hervorgerufen.

2. Das Luckeviertel im Nordosten der Stadt (Luisen-, Hedwig-, Zinksgarten-, Margareten- und Sophienstraße), von 1865 ab bebaut, durch die Erbauung des Stadtgymnasiums (1867/68) wurde ein weiterer Ansporn gegeben.

3. Die Gottesackerbreite im Osten der Stadt, zwischen der alten Galgtorvorstadt und dem Stadtgottesacker (Marien-, Augusta-, Charlotten-, Dorotheenstraße usw.). Der Bauplan wurde 1872 festgelegt.

4. Das Mühlwegviertel und die Bernburgerstraße. 1867—68 entstand die Diakonissenanstalt. 1869 erhielt die Straße „vor dem Geisttore" bereits 6 Gaslaternen. 1872 wurde das Ackergelände zwischen der Chaussee (Bernburger Straße) und der Strafanstalt als Baugelände eingeteilt. Um 1875—80 wurden Laurentius-, Hermann-, Henrietten- und Blumenstraße, dann auch die Wettinerstraße allmählich bebaut.

5. Die Besiedlung der Magdeburger Straße und der Marienbreite entwickelte sich ebenfalls in den 70er Jahren. 1874 wurden $32^1/_3$ Morgen der Marienkirche (die Marienbreite) zum Bau der Kliniken vom Staate angekauft; während die Ostseite (Gelände zwischen Magdeburger Straße und dem Bahnkörper), die Forsterstraße und ihre Nebenstraßen, erst nach 1883 erwuchs.

6. Das Friedrichstraßen-Viertel, das Gelände zwischen dem Luckenviertel und der alten Petersberger Vorstadt einerseits und dem Mühlweg andererseits, wurde von 1870/85 bebaut.

7. Das gewaltige Südviertel, südlich von Glaucha, den Franckeschen Stiftungen und dem Königsviertel, entwickelte sich nach einigen Ansätzen (vor 1880) im folgenden Jahrzehnt (1880/90) bereits bis zur Ludewig-, Cannstein- und Thüringer Straße. 1887 Einweihung des Südfriedhofes; 1893 Einweihung der Johanneskirche. Der Weiterentwicklung dieses Viertels, die auch über die Merseburger Straße bis zum Bahnkörper stattgefunden hat, ist nur durch den Ausgang des Weltkrieges ein Ende gesetzt worden.

8. Die Mansfelder Straße wurde an der Hoffmannschen Ziegelei wie auf dem Gelände zur Elisabethbrücke bebaut; die Robert Franzstraße und die Nebenstraßen (das Fürstentalviertel) entstanden 1890/97. — Die Halle-Hettstetter Bahn kommt 1896 in Betrieb.

9. Das Nordostviertel (östlich der Wuchererstraße) ist seit 1880 im Entstehen, auch hier hat der Weltkrieg Einhalt getan. Bis 1890 finden wir die Lessing- und die Schillerstraße, die Uhland-, Fritz Reuter- und Hohenzollernstraße, also den Stadtteil bis zu der ringförmigen Kronprinzenstraße vollendet. In dem folgenden Jahrzehnt greift die Bebauung weiter; 1903: Einweihung der Pauluskirche.

10. Das Freiimfelder-Viertel wurde 1890 nach dem Bau des neuen Bahnhofes und der Regulierung der Delitzscher Straße erschlossen. 1890/92: Bau des Schlacht- und Viehhofes; 1900/01: Bau der Freiimfelder Volksschule. Die Weiterentwicklung über die Freiimfelder Straße hinaus hat der Weltkrieg gehemmt.

11. Der Nordteil des Mühlwegs-Viertels, der von 1880/90 um die Händel- und Lafontainestraße gewachsen war, gewinnt im folgenden Jahrzehnt die Reichhardt- und Ernestusstraße und weitere Teile des Advokatenwegs. Damit ist die Giebichensteiner Grenze erreicht.

1900 wurden Giebichenstein mit dem schwer trennbaren Trotha, ebenfalls Cröllwitz jenseits Giebichensteins und der Saale der Stadt einverleibt. Damit beginnt die dritte große Phase der Entwickelung und Erweiterung unserer Stadt und ihrer Topographie.

1855 zählte die Stadt 35 488 Einwohner; 1900: 129 510, ferner 1855: 2700 bebaute Grundstücke, 1900: 6164, in den ersteren sind 250 Scheunen und Ställe einbegriffen.

Die Klaustor-Vorstadt. Allgemeines.

Weniger als vor anderen Toren der Stadt siedelte man sich im Mittelalter vor dem Klaustore an; ein ganz natürlicher

Grund dafür war die tiefe Lage des Geländes (damals teilweise tiefer denn heute!), das häufigen Ueberschwemmungen durch die Saale ausgesetzt war, die hier in dem Hauptstrom, in der Schiffersaale (Schieferbrücke) und in Nebenarmen, in dem Mühlgraben (Klausbrücke) und in der wilden Saale (Hohe Brücke) vorbeifloß und so das Gelände in verschiedene Inseln oder Werder zerschnitt, in die Inseln mit der kleinen Wiese oder Würfelwiese (zwischen dem Mühlgraben und der Schiffersaale), in die Salineninsel mit der Jungfernwiese (zwischen der Schiffersaale und dem späteren Kotgraben) und in die Pulverweiden mit der Pfingstwiese (zwischen dem Kotgraben, der Schiffersaale und der Wilden Saale). —

Das Gesamtgelände der Klaustorvorstadt teilt auf diese Weise die Saale ganz natürlich in zwei Hälften, in eine östliche nahe der Stadt ältere und zunächst besiedelte, die älteste Klaustorvorstadt, bis zur Schiffersaale (Schieferbrücke) und in eine westliche, später besiedelte, zwischen Schiffersaale und der Wilden Saale (Hohen Brücke).

Erzbischof Wichmann hatte, um den aufstrebenden Handel der Stadt weiter zu heben, um 1170 eine hohe, gegen Ueberschwemmung geschützte steinerne Brücke, die Hohe Brücke, angelegt, an Stelle einer früheren, niedrigen, hölzernen, die an einer ursprünglichen Furt und anstatt einer Fähre errichtet worden war. Damit war unserem Gelände eine höhere Bedeutung zugekommen. — Vor der Klausbrücke hier schüttete man den Fahrweg über Wiesen und Ueberschwemmungsgelände höher auf (die heutige Mansfelderstraße) und pflasterte ihn zum besseren Schutze, es war der sogenannte Steinweg (1200: vadum lapideum, 1470: steynweg). Er führte zur Hohen Brücke hin und setzte sich auch später hinter ihr fort als der „Steindamm", der etwa 2 m hoch, ganz kahl, mit keinerlei Bäumen besetzt nach Westen verlief. Bei starkem Hochwasser ging noch 1769 am 4. 7. die Flut über ihn weg, im Mittelalter erst recht, ganz abgesehen davon, daß er nur eine Strecke weit fortgeführt war und dann tieferes Gelände folgte, also daß die Verbindung mit Nietleben und dem Westen und noch viel mehr mit Passendorf, die Verbindung mit den alten Heerstraßen, auch mit der Frankenstraße oft genug durch Ueberflutung behindert war.[1]). —

Die erste bedeutende Ansiedlung auf unserem Vorstadtgelände, und zwar auf dem westlichen Teile, war die des Deutschritterordens auf der Pfingstwiese, dort, wo sich jetzt der Sophienhafen befindet. Sie entstand um 1200 und existierte bis 1507 (1533). Vor dem nordwärtsgelegenen Gebäudecomplex des Ordens erhoben sich in dem 15. Jhdt. offenbar an dem Steinwege Schenken und Dirnenhäuser und das „Schild", die, ein Ärgernis, nach 1507 wieder verschwanden.

Das Gelände westlich der Schieferbrücke (Salinenterrain) war Wiese, Kohlgarten und Weidicht, das um 1400 einem hallischen Patrizier Vog oder Bock (von Löbejün) gehörte. Dann kaufte es 1408 das Hospital S. Cyriaci. Auf dieser Wiese befand sich gleich rechts hinter der Schieferbrücke eine Anhöhe, die 1636 von den Kursachsen verschanzt wurde. Die Wiesen und der Werder hinter dem Hügel hieß der Spittelwerder, weil er Eigentum des Spitals war, hier weidete dieses sein Vieh.

Auf dem östlichen Teile zwischen dem Mühlgraben und der Schiffersaale treten uns noch im Mittelalter zwei Kapellen entgegen: die Kapelle S. Alexandri, in der Nähe des Mühlgrabens, und die jüngere Mariä Magdalenä in der Nähe der Schiffersaale (1476—81 erbaut). Einige kleine Häuser, teils für die Wohnungen der Priester und Küster, teils Tabernen siedelten sich um sie an.

1507 verkaufte der deutsche Orden den Platz nebst den Gebäuden an den Rat der Stadt, welcher diese (zuletzt 1533 die Kapelle und den Kirchhof) niederreißen ließ. Man feierte nun die Pfingstfestlichkeiten auf dieser Wiese, also nördlich der heutigen Mansfelder Straße; die Wiese hieß seitdem die Pfingstwiese. Hier wurde das Armbrustschießen nach der Vogelstange abgehalten, dem auch die Administratoren, mit Vorliebe auch Herzog Augustus, beiwohnte; hier wurde auch das große Schützenfest, der „Schützenhof" der Stadt Halle, 1560 abgehalten. Außer in der Woche nach Pfingsten fand noch einmal im Juli ein großes Vogelschießen statt.

1552 riß man die Kapelle Mariä Magdalenä an der Schieferbrücke nieder, und der Rat errichtete hier seine ausgedehnte Ratsziegelscheune, um den Bedürfnissen der Bautätigkeit nachzukommen. Eben deswegen wurde auch die Schneidemühle der Stadt von der Neumühle vor das Schiefertor auf den großen Holzplatz verlegt, um die Holzmaterialien den Bauleuten zu liefern (die ehemalige Weinecksche Mühle).

Die Vorstadt vor dem Klaustore war 1539 insoweit besiedelt, daß sie einen Rentherren (der Strohhof hatte zwei) zur Aufrechthaltung der Ordnung, zur Ueberweisung der Abgaben an den Rat von diesem zugewiesen erhielt. Im übrigen bildet sie mit dem Strohhof ein Gemeinwesen. Sie besaß wie die anderen Vorstädte ihr eigenes Tor, das Schiefertor, östlich der Schieferbrücke, ein einfaches, kleines Torhaus. Die Schieferbrücke war 1505 durch die Ratsbaumeister aufgehauen und mit starkem Holz und Hängewerk neu erbaut und mit Schiefer bedacht worden, daher der Name.

Um 1660 bestand die Klaustorvorstadt aus einer kleinen Reihe Häuser, die westlich am Ausgang der Klausbrücke begann dann aus dem sogenannten kleinen Holzplan (in der Nähe des heutigen Hauptsteueramtes) und aus dem Komplex der Ratsziegelscheune, deren großer Hof vorn an der Straße von zwei hohen Ziegeleien und einigen andern nach hinten, nach der Schwemme zu, eingeschlossen war. —

Zu Beginn des 18. Jhdts. fand eine stärkere Besiedlung statt. Große Gasthöfe entstanden, so 1712 das Goldene Herz, dann die Grüne Tanne, der Simson, beide vor 1750, später der Goldene Hahn. Sie alle zeugen von dem starken Verkehr, der durch unsere Vorstadt in die Stadt flutete. — Auch wurde 1718 die Strohhöfer Brauerei an der Schwemme errichtet. — Ferner wurde die südliche Seite der Klaustorstraße bis an die Ziegelscheune, wo jetzt der Weg zur Schwemme führt, mit Häusern besetzt. — Vor dem Schiefertor entstand 1722 die königliche Saline und zwar auf dem Gelände des Spittelwerders, der dem Cyriakhospital gehörte. -- Gegenüber der Saline befand sich der pfännerschaftliche Holzplatz (Kohlenplatz), der den Pfännern von alters her zwecks Aufstapeln des Fährholzes zum Bedarf des Salzsiedens zu eigen war.

Am Anfang des 19. Jhdts. hat sich die Klaustorvorstadt in ihrem östlichen älteren Teile zwischen Klaus- und Schieferbrücke weiter entwickelt: neben dem Goldenen Herzen entstanden die große Ochsesche Oekonomie und 1827 eine Brauerei daselbst, später der Gasthof zu den drei Kugeln. Südlich des Flutgrabens lag der Bauplatz, und an des Grabens Einfluß in die Schiffersaale erhob sich seit 1833 das Packhofgebäude. Schon 1828 entstand der freie Ladeplatz an der Schiffersaale. Nördlich des Flutgrabens dehnte sich nach dem Mühlgraben zu der große Garten der Eremitage aus (bereits 1820). Nördlich von diesem bildete sich bereits der Straßenzug der heutigen Robert Franzstraße; an ihm lagen Trübens Oekonomie, dann das Fürstental, dessen Wirtshaus direkt vor der Mühlpfortenbrücke stand. —

Auf dem jüngeren, westlichen Teile der Vorstadt hatte sich zu Beginn des Jahrhunderts wenig verändert. Der Saline lag der sehr große pfännerschaftliche Holzplatz gegenüber, der südlich an die Pulverweiden grenzte, westlich der Saline, nur durch den Kotgraben getrennt, dehnte sich der Hertzbergische Garten aus, auf dem sich bald der Gasthof zur Stadt Köln (heute noch sichtbar) erhob. — Jedoch 1843 wurde die Elisabethbrücke dem Verkehr übergeben, die einen erheblichen Aufschwung im Handel und Wandel nicht bloß der Stadt, sondern auch der Vorstadt brachte. — 1852 wurde die Hebestelle an der Elisabethbrücke errichtet; 1865 das Kontrollhaus unweit der Brücke fertiggestellt. — Auf dem alten Pfingstwiesenterrain erbaute man 1857 die erste Gasanstalt;

weiter unterhalb (nördlich) wurde zur selben Zeit der Sophienhafen angelegt, ein Winterhafen für 30 Saalekähne.

Seit 1864 (13. 7.) hatte sich das „Bad Fürstental“ am Mühlgraben aufgetan, dem bald eine kräftige Soolquelle erbohrt wurde.

Die erhöhte Bautätigkeit, die nach dem Kriege 1870/71 einsetzte, kam auch der Klaustorvorstadt zu gute. Neue Straßen bildeten sich; gegenüber der Straße „Am Hafen“ (heutige Hafenstraße) entwickelte sich, nach den Pulverweiden zu, die Wiesenstraße. Auf dem östlichen Teile der Vorstadt entstand die Ankerstraße, ebenso „Am Mühlgraben“. Um 1890 setzte die stärkste Bautätigkeit ein. Bedeutende Verkehrserleichterungen brachten erstlich 1891/92 die Verbindungsbahn des Hauptbahnhofs mit dem Hafen, sodann die elektrische Bahn 1889[1a]), die Halle-Hettstedter Bahn (1. 5. 1896). Später (1906) wurde noch die Elisabethbrücke auf 16 m verbreitert. Auf dem unteren westlichen Teil entstanden große Mietshäuser auf der linken wie auf der rechten Straßenseite, in denen die Reste alter Zeiten zerstreut liegen, so die alten Häuser des Holzplatzes, das alte Zolleinnehmerhaus, die ehemalige Stadt Köln usw., auf der nördlichen Seite der Mansfelderstraße setzte sich die Hafenstraße an, auch mit modernen, großen Häusern besetzt. — Auf dem oberen östlichen Teil war die alte Ziegelei gefallen, eine Reihe großer Mietshäuser war auf ihrem Gelände errichtet worden; und nördlich der Mansfelderstraße wurde die Ankerstraße weiter bebaut. Die Pfälzerstraße wurde begonnen, die Straße „das Fürstental“ bereits festgesetzt. Die Robert-Franzstraße wurde wenigstens in ihrem nördlichen Teil bis zur Ankerstraße festgelegt. Aber um 1897 ist auch der Durchbruch dieser Straße bis zur Mansfelderstraße beendet, und so erreichte die Straße ihr stattliches Aussehen in den nächsten Jahren, und im neuen Jahrhundert findet das etwas nüchterne großstädtische Mietshäuserviertel der Pfälzerstraße und des Fürstentals seine Vollendung.

Die Mansfelder Straße.

Die Mansfelder Straße ist die älteste und hauptsächliche Straße der Klaustorvorstadt gewesen. Sie führt von Osten nach Westen, von der Stadt als Fortsetzung der Wittenberger Heerstraße (s. Nikolaistraße) auf die Eislebener oder Mansfelder Landstraße, wonach sie den übrigens noch nicht alten Namen empfangen hat. 1837 heißt ihre östliche Hälfte bis zur Schieferbrücke „Klaustorstraße,“ und die westliche Hälfte bis zur Hohen Brücke „Außerhalb der Schifferbrücke". 1850 nennen sich die Hälften „Klaustorstraße" und „Vorstadt Klaustor". 1870: „Klaustorstraße" und „Klaustor (Vorstadt)". Um 1890 tritt der Name „Mansfelder Straße" für beide Hälften ein.

Nr. 1/8 ist ein alter Häuserzug, der bereits in der ersten Hälfte des 18. Jhdts. entstanden ist, nur mit zwei neueren Gebäuden (Nr. 1 und Nr. 4) durchsetzt.

Nr. 9/13 sind moderne, vielstöckige Mietshäuser, die auf dem Gelände der alten Ziegelscheune und vordem der Maria Magdalenenkapelle stehen. —

Die Kapelle Mariae Magdalenae, Wenzeslai, Wolfgangii usw. wurde 1476/81 erbaut von dem Kannengießer Nikolaus Schildberg, dem frommen Ratskämmerer, der noch andere großartige kirchliche Schenkungen machte[2]). Jedes Jahr wurden 100 Gulden eingebaut. Den Altar der Kapelle weihte er Johannes dem Täufer und Johannes dem Evangelisten, den Märtyrern Sebastian, Fabian usw. Auch stattete er sie mit einem Einkommen für zwei Priester (50 rh. Gulden und freie Wohnung), auch für einen Küster aus. — Schildberg legte seine Kapelle vor dem Eintritt in die Stadt an, daß die Wanderer vorher ihr Gebet verrichteten, gleich wie Christus vor Jerusalem am Ölberg öfters sein Gebet verrichtet hatte. — 1540 bekam man bei der Ausbreitung der Reformation keinen Priester für die Kapelle, so daß die Barfüßer die Messen darinnen lesen mußten (für $^1/_2$ Tonne Oel für 5 Gulden). — 1541 wurde die Kapelle geschlossen, ihr Inventar kam auf das Rathaus (silberne Monstranzen, Kelche und das Heiligtum). Die Lehen der Kapelle fielen aber an die Dechanei von S. Moritz. — 1552 wurde sie abgebrochen, und auf ihrem Grunde und aus ihrem Material wurde die Ratsziegelscheune erbaut.

Die Ratsziegelscheune wurde von dem Rate 1552 angelegt, um billigere Baumaterialien zu schaffen[3]). Der Rat verpachtete die Scheune so, daß von jedem Brennen ein Pachtgeld gezahlt wurde. Ein Brennen umfaßte 16 000 Mauer- und Dachsteine oder 20 000 Ziegelsteine. Die Anlage bestand aus zwei großen Scheunen an der Straße und mehreren nach der Schwemme zu. — 1648 am 2. 5. wurde die Scheune durch einen großen Sturm bis auf 16 Sparren eingeworfen. — Später wurde die Scheune in Erbpacht ausgetan und dann Privatbesitz.

Die Schieferbrücke (fälschlich auch Schifferbrücke genannt) führte über die Haupt- oder Schiffersaale in den westlichen Teil der Mansfelder Straße. — Sie wurde 1505 durch die Meister

Hans Dhenel und Wolkensteiner aufgehauen und mit Schiefer bedeckt (daher ihr Name), sie war mit starkem Holz und Hängewerk erbaut (Dreyhaupt II, 377). — 1636 wurde die Brücke von den Schweden bei ihrem Rückzuge abgebrannt. — 1662 brach man sie gänzlich ab, baute sie neu auf und deckte sie mit Schindeln. — 1757 wurde sie am 31. 10. von östreichischen Husaren abgebrannt, aber nach der Schlacht bei Roßbach wieder aufgebaut. — 1767 wurde sie neu errichtet. — 1817 riß man sie wegen des neuen Schleusenbaues am Holzplatz nieder, führte sie 1819 neu auf mit einem Joch von 80 Fuß Länge und 22 Fuß Breite. Es war eine schlichte Holzbrücke mit Bohlenbelag und Holzgeländer. — 1894—95 baute man sie neu, einen eisernen Ueberbau mit 10½ Meter breiter Fahrbahn und einem 3 Meter südlichen und 2½ Meter nördlichen Bürgersteig. Sie kostete 140 000 *M*, wozu der Staat einen Beitrag von 44 000 *M* gab. —

Das Schiefertor stand innerhalb der Vorstadt, östlich an der Schieferbrücke, ein einfaches Torhaus. Als es später abgerissen wurde, vertrat ein Schlagbaum seine Stelle. Daneben stand links (südlich) das Steuerkontrollhaus seit Einführung der Accise. Es wurde 1866 weiter hinaus an die Elisabethbrücke verlegt. Das alte Haus trat der Staat für 1115 Taler an die Stadt ab, die in ihm eine Wohnung für einen Polizeisergeanten einrichten ließ. —

Nr. 19. Die Weineckische Mühle liegt abseits von der Mansfelder Straße links (südlich) an dem Wehr (Schwarzen Damm), dem Strohhof (Ratswerder) gegenüber, zwischen Schiffssaale und Schleuse, die 1817 am Holzplatz neu erbaut wurde, sodaß die Mühle seitdem auf einer kleinen Insel liegt, ein 5stöckiger Bau in hellen Mauersteinen. Eine lange, schmale, hölzerne Brücke mit großem Eisenbogen verbindet die Mühle, die an der Schiffssaale liegt, mit dem gegenüberliegenden neueren Teile der Herrenstraße. — Ehedem wurde die Verbindung durch einen Fährkasten hergestellt, nachdem 1841 der Besitzer Teuscher eine Tür durch die Stadtmauer hatte brechen lassen. An der Mühle wurden Wellenräder angelegt und geschmackvolle Gartenanlagen mit Restauration, von welchen aus man einen Blick auf das rauschende Wehr und die Schieferbrücke hatte. — 1569 verlegte der Rat die Schneidemühle, die auf dem Grund und Boden der 1588 errichteten Bäckermühle (s. Band I, S. 173) stand, vor das Schiefertor auf den Großen Holzplatz zur Bequemlichkeit der Zimmerleute, sich die Baumaterialien leichter zu verschaffen. Sie wurde an einen Müller verpachtet, später in Erbpacht ausgetan. 1599 steckte sie ein gewisser Daniel Stirer an.

1636 im 30jährigen Kriege brannten die Feinde sie ab. 1666 baute sie der Rat wieder auf und legte zugleich eine Walkmühle für die Gerber in einem eigenen Hause an. — 1710 wurde obendrein eine Oelmühle mit 10 Paar Stampfen und einer Presse eingerichtet. Der Ertrag der vielbeschäftigten Schneidemühle betrug im 18. Jhdt. jährlich 200/250 Taler. — 1810 befand sie sich im Besitz von Teuscher: sie hatte drei Wasserräder, 1 Schneidemühle mit 2 Sägen, 1 Oelmühle mit Presse, 1 Leder-Walkmühle mit 10 Hämmern, 2 Graupengänge. — 1834 richtete man 2 Mahlgänge ein. — 1845: 3 Mahlgänge. 1867 legte Weineck 4 amerikanische und 3 deutsche Gänge an. — Die alte Mühle war ein 2stöckiges, 11 fenstriges, mit Pfälzer Doppeldach und 4 kleinen Erkern in ihm versehenes Gebäude, landeinwärts (westlich) stand das Wohnhaus. — 1885 brannte die Mühle ab; 1886 war sie wieder in Betrieb, man ging von der Stein- zur Walzmüllerei über, Roggen und Weizen wurden vermahlen. Die Mühle hat 2 eiserne Wasserräder von 45 und 30 Pferdestärken. Der Betrieb ist klein, jener der Schneidemühle rentiert sich besser (1915: 5000 M. Ertrag). 1914 Zwangsversteigerung. — Sie verarbeitet jährlich 12/1500 Tonnen. —

Nr. 31 ein 1stöckiges, in roten Mauersteinen aufgeführtes Haus, das alte Zollhaus, 1866 erbaut, jetzt befindet sich in ihm das Restaurant zur Eisbörse. Bei Aufhebung der Mahl- und Schlachtsteuer am 1. 1. 1875 hatte die Stadt dieses staatliche Kontrollhaus für 14 928 M. angekauft, später an die Halle-Hettstedter Bahn verkauft.

Nr. 32 das Empfangsgebäude der Halle-Hettstedter Eisenbahn (Nr. 30: Verkehrsinspektion; Nr. 30a Güterabfertigung), ein 1stöckiger Fachwerkbau mit Giebelaufbau über dem Eingang, mit Restauration und Büroräumen versehen, Besitz einer Aktiengesellschaft; am 1. 5. 1896 wurde die Bahn eröffnet.

Die Elisabethbrücke wurde 1843 anstatt der etwas südlich gelegenen Hohen Brücke erbaut, am 14. 11. durch König Friedrich Wilhelm IV. und seine Gemahlin Elisabeth (daher der Name der Brücke) eingeweiht[4]). Sie hat 9 Bogen und 8 massive Mittelpfeiler von je 40 Fuß Spannweite und war aus Nebraer Sandstein hergestellt. Auf die Fahrbahn entfielen 5 Meter, auf die Fußwege je 1.40 Meter. — 1906 wurde sie auf 16 Meter verbreitert (die Fahrbahn auf 10, jeder Bürgersteig auf 3 Meter) durch auskragende Eisenbetonkonsolen. Die Gesamtkosten hierfür betrugen 113000 M., davon zahlte die Provinzialverwaltung 55000 M. — An den 4 Obelisken eingangs und ausgangs der Brücke befindet sich ein Medaillon mit der Inschrift:

„1843 erbaut, Elisabethbrücke, erweitert 1906“. — Bei Erbauung der Brücke 1843 wurde auch die Straße, die vordem viel tiefer lag, aufgefüllt. — 1852 errichtete man die Hebestelle an der Brücke. — 1866 eröffnete man das Kontrollehaus. —

Die Hohe Brücke lag südlich von der Elisabethbrücke, etwa 22 Ruten, die Reste einiger Pfeiler sind auf den kleinen Inseln der Wilden Saale heute noch sichtbar. Wegen des aufstrebenden Handels der Stadt hatte 1170 der Erzbischof Wichmann an Stelle einer früheren niederen, hölzernen und ehemaligen Furt die Steinbrücke (pons lapideus) — vermutlich waren es zunächst nur Steinpfeiler — aufführen lassen; sie war 490½ Elle lang und 9 Ellen breit ohne die Wände. Wegen ihrer hohen Lage wurde sie später „Hohe Brücke“ genannt[5]. Sie ging steil bergan und bildete in der Mitte einen hohen Bogen. Sie hieß auch Zinnbrücke wegen des ehemals auf ihr stehenden Turmes oder Zinne[6]), andere verstehen unter den Zinnbrücken (Pluralform!) jene beiden westwärts sich ansetzenden, 26 und 18 Fuß langen, Holzbrücken, durch welche das Passendorfer Überschwemmungswasser abfloß. — Der Balkenbelag wurde später durch gewölbte Bogen ersetzt, diese wurden 1503 erneuert. Ein Teil der Brücke war ein über einer kleinen Insel gemauerter Damm. — An dem Pfeiler zwischen dem zweiten und dritten Bogen, zwei Ellen hoch über dem gewöhnlichen Wasserstand, war der bekannte „Saalaffe“ eingelassen[7]). — Die Brücke hatte Brustwände, auf deren einer ein steinernes Kreuz stand. — 1636 brachen die Schweden bei ihrem Rückzug die Bogen, sodaß niemand sie passieren konnte. Lange Zeit mußten sich die Leute durch das Wasser wagen oder von Fischern übersetzen lassen, wobei viele ertranken. Die ausgeplünderte Stadt hatte kein Geld zur Erneuerung. — 1839 stürzten einzelne Teile der Futtermauer ein, und da sich noch andere Schäden zeigten, wurde 1841 der Neubau (die Elisabethbrücke) beschlossen. —

Nr. 41/44 sind große moderne Mietshäuser (Nr. 41 die Deparadische Holzhandlung), die auf dem Gelände der ehemaligen Scharrenschen Anlage (1820) stehen, der Gasthof zum Saalhof befand sich hier (noch 1837). —

Nr. 46 ein zurückstehendes, auf der ursprünglichen Oberfläche des Geländes tiefliegendes 2stöckiges, 5fenstriges Haus mit kleinem Giebelaufsatz, der ehemalige Gasthof zur „Stadt Köln“ (Nr. 2175b), der um 1840 bereits eingegangen ist. — Das Haus lag auf dem ehemaligen großen Hertzbergischen Garten (schon 1760 und noch 1825 existierend), der im Osten von dem Rotgraben begrenzt wurde.

Der Kotgraben biegt bei der Schieferbrücke von der Schiffssaale ab, erst westlich, dann nördlich und fließt, etwa 700 Meter lang, bei dem Sophienhafen wieder in die Schiffssaale, er schließt das Gelände der pfännerschaftlichen Saline als Insel für sich ab. 1760 ist er neu durchstochen worden, da er durch Schutt verschüttet worden war. 1809 ist der Kanal sehr erweitert worden.

Die pfännerschaftliche Saline (Nr. 52, alte Zählung Nr. 2202) entstand als königliche Saline 1722 hier vor dem Schiefertore und zwar auf dem Gelände des Spittelwerders, der dem Spital S. Cyriari in Glaucha gehörte. Der Staat hatte das Terrain schon 1698 widerrechtlich in Besitz genommen, um Ziegelerde dort graben zu lassen und Steinkohlen und Salztonnen dort aufzustapeln, da in diesem Jahre die Schleusen angelegt worden waren. Als man um 1722 die Saline aufbaute, forderte das Hospital Ersatz, erhielt statt 1544 Taler nur 200; man verlegte die königlichen Kote aus der Halle hierhin[8]), weil man auf der Saale die Kohlen zum Sieden besser anfahren lassen konnte; Kriegsrat Stecher war der Pächter der Extrasole (des unbenutzten Abflusses der Solbrunnen, den sich der König angeeignet hatte); er hatte auf seinem Rittergute bei Beuchlitz zwei Stunden oberhalb Halle Steinkohlen graben lassen, die er als Feuerung verwenden wollte. Die Sole wurde aus der Halle durch Röhren zugeführt wie noch jetzt (siehe Band I, S. 18 u. 21), damals aber durch das Büschelwerk am deutschen Brunnen. Es wurden große Siedehäuser, Magazine und Packhäuser aufgeführt. Ursprünglich waren es zwei große Siedehäuser, lange Gebäude, jedes in 12 Koten geteilt, den Kot zu 8 Pfannen. 1792 baute man ein langes Siedehaus mit 6 großen Pfannen und ein kleines Nebengebäude mit 1 kleineren Pfanne. Jede der großen Pfannen war $28^1/_2$ Fuß lang, $30^1/_2$ Fuß breit und 17 Zoll hoch, enthielt 1231 Kubikfuß, in jeder wurden 290 Zober Sole zu $3^1/_2$ Lasten Salz zu 3240 Pfd. in etwa 30 Stunden gesotten. Das fertige Salz lagerte in Magazinen, bis es trocken war, und wurde dann durch Wagen nach Hohenstein oder Franken gebracht oder auf der Saale und Elbe in die preußischen Provinzen. Die Bötticher stampften das Salz in die Tonnen zum Transport. — Bis 1791 war die königliche Saline an einen Unternehmer verpachtet, der für jede Last Salz seinen Siedelohn erhielt; seit 1791 hatte sie eigene Verwaltung (1787). — So arbeitete bis 1868 die königliche Saline auf der Schieferbrücke neben der pfännerschaftlichen auf der Halle. Diese mußte nach dem Kontrakt des Jahres 1817: 85 498 Zentner Salz jährlich fabrizieren, die königliche Saline dagegen förderte durchschnittlich 103 300 Zentner[9]); diese beschäftigte 42 Halloren, jene 66. — Die königliche Steuerbehörde übernahm das Salz und vergütete der Pfännerschaft den Zentner mit 1 Taler 3 Sgr. 8 Pf. und der königlichen Saline mit 12 Sgr. 6 Pf. — Durch die Aufhebung des preußischen Salzmonopols (1867), wodurch neue Salinen, neue Konkurrenz entstanden, und durch die damit verbundene Aufhebung der Salzablieferung mußte der Fiskus der schwer geschädigten Pfännerschaft Ersatz bieten, so übergab er ihr als Entschädigung 1868 die königliche Saline an der Schieferbrücke nebst den Braunkohlengruben Alt-Zscherben und Langenbogen und einer Zahlung in bar. Die alte pfännerschaftliche Saline auf der Halle wurde abgebrochen und das Gebiet veräußert (siehe Band I, die Halle). — Moderne, ökonomischere Anlagen wurden auf der Saline (wie in den Gruben) geschaffen, ein neues Siedehaus wurde bereits 1868 erbaut. Aber mehr als die Salzproduktion wurde die Ausnutzung der Kohlengruben die Hauptsache, die ursprünglich nur zur Versorgung der Salinen mit Brennmaterial gedient hatten[10]). Deswegen baute man 1876 die Kohlenbahn von Alt-Zscherben zur Saline (südlich von Nietleben durch die Felder, dann an der Chaussee entlang) und legte auf dem pfännerschaftlichen Holzplatz (gegenüber der Saline) eine Naßpreßsteinfabrik an.

Die pfännerschaftliche Saline bildet einen großen, altertümlichen Gebäudecomplex; tritt man in den weiten Hof hinein, so steht rechts das 2stöckige, alte, glattgeputzte Beamtenhaus, dahinter das Kontorhaus von alten Bäumen beschattet, gradaus auf dem Hofe steht ein altes, 1stöckiges Giebelhaus, dahinter ragen die Salinenhäuser und ihre hohen Schlote; links am Eingang sind moderne Arbeitshäuser und Niederlagen in roten und gelben Mauersteinen erbaut. Zwischen dieser und der Mansfelderstraße dachen Gärtchen mit Obstbäumen und Gemüse und Lauben sich zum hochgemauerten Kotgraben ab.

Die Spitze der Salineninsel heißt von altersher die Jungfernwiese oder im 17. Jhdt. die Jungfernweiden; es war eine Wiese mit Weidendickicht, wo man gern zu baden pflegte, aber wegen des heimtückischen Wassers gar leicht dem Ertrinken ausgesetzt war[10a]). Die Wiese gehörte der Stadt, sie überließ sie der königlichen Saline 1722 zur Ablagerung ihrer Asche. 1868 verzichtete die Stadt auf diesen Besitz zu Gunsten des Staates, bezw. der Pfännerschaft und erhielt dafür die Parkwiese (Würfelwiese, Kleine Wiese). — Dreyhaupt II, 402 irrt wohl, wenn er den Namen Jungferweiden auf die Pulverweiden überträgt, oder sollte dieses der älteste Name dieses Inselstückes sein, ehe man die Pulvermühle errichtete?

Der Ausladeplatz östlich der Schiffssaale, bereits 1828 entstanden.

Nr. 53/55 stehen auf dem Gebäude der ehemaligen großen Ochseschen Oekonomie. Amtsverwalter Ochse legte hier 1821 eine Brauerei an und braute Lagerbier. Sein Sohn nahm 1825 den Namen Ornold an; es entstand einige Zeit später (um 1840) die Gastwirtschaft zu den Drei Kugeln (Nr. 2171), an die nur noch die alte Toreinfahrt an der Ecke der Ankerstraße erinnert. Der ehemalige große Oekonomie- und Ausspannhof ist verbaut und eingeengt durch häßliche Rohbauten.

Nr. 57 ist der Gasthof zum Goldenen Herz, er steht wie die ehemalige Ochsesche Oekonomie auf dem sogenannten „Holzplan vor dem Klaustor", den Olearius als einen der fünf Plane Althalles aufführt. 1712 hat als erster Andreas Hertzberg die Wirtschaft zum Goldenen Herzen errichtet. Andere folgten ihm[11]). Der alte Gasthof steht noch im Äußeren unverändert so, wie er erbaut war, ein 2stöckiges, 9fenstriges, glattgeputztes, altes Haus mit großer Toreinfahrt und kleinem Hauseingang. Hinter dem Hause zieht sich in langem Viereck, rings von Ställen und Oekonomie begrenzt, der große Ausspannhof hin. Das Goldene Herz bildet eine kleine Straßeninsel für sich.

Nr. 58 ist ebenfalls ein alter, etwas jüngerer Gasthof, die „Grüne Tanne": ein 2stöckiges, 10fenstriges, mit Doppeldach versehenes Gebäude, alte Stallungen stehen hinten an der Packhofstraße entlang.

Nr. 64/65, 2 alte Häuser, und Nr. 66 der Neubau (Ilsen-Apotheke) stehen auf dem Gelände des alten Gasthofs zum Goldenen Hahn. Er existierte bereits um 1750, ist aber schon um 1830 nicht mehr in Betrieb, befindet sich vielmehr in der Klausstraße Nr. 883 (s. d.)

Nr. 66, die Ilsen-Apotheke, eine der jüngsten der 20 Apotheken unserer Stadt, im neuen, hohen Geschäfts- und Mietshause; die Apotheke für unser Klaustorvorstadt-Viertel.

Die Kapelle S. Alexander stand im Mittelalter auf dem Gelände Nr. 64/66. Einige Merkmale von ihr spürte man noch in den alten Mauern des Gasthofs zum Goldenen Hahn (Dreyhaupt I, 951). Weiteres von der Kapelle ist nicht bekannt. — Der heilige Alexander war ein römischer Ritter, der unter Kaiser Decius mit vielen anderen Märtyrern den Tod zu Alexandria erlitt. In Gegenwart des Kaisers hatte er den Opfertisch umgestoßen (dieses ist sein Attribut geworden). Sein Tag war der 26. Februar.

Die Robert-Franz-Straße.

Die Robert-Franz-Straße führt am Beginn der Mansfelder-Straße nordwärts an dem Mühlgraben hinab bis zur Moritzburgbrücke. Ihren Namen führt sie seit 1892 nach dem hallischen Liederkomponisten Robert Franz (1815/1892)[12]), vordem hieß sie „Am Mühlgraben“.

Die Straße entstand auf dem Gelände des alten fürstlichen Gartens der Administratoren des Erzstiftes, der zur Zeit der Moritzburg bereits angelegt und zur Zeit der Residenz vervollkommnet worden war (s. d.). Im 18. Jhdt. blieb dieser Park als großer Baumgarten bestehen, an seinem Nordende entwickelte sich der Pfälzer Schießgraben. Oberbergrat Reil schuf hier 1809 neue Anlagen und baute einen Salon zur Unterhaltung seiner Kurgäste (siehe Band I, „Reils Bad“). Bad und Park blieben bis 1827 im Besitz der Reilschen Familie. Um diese Zeit liegen an unserm Straßenzug, dem ehemaligen Uferweg des fürstlichen Gartens, Stegmanns Garten (Ecke Ankerstraße), Trübens Oekonomie, das Fürstental und der Pfälzer Schießgraben. Scheunen und Gebäude (der Goldne Hahn) trennten ihn vom Flutgraben ab, von der Klaustorstraße. Erst in dem letzten Jahrzehnt des 19. Jhdts. beginnt die Bebauung der Straße bis etwa 1907. Der Durchbruch zur Mansfelder Straße findet um 1896 statt: Mansfelder Straße Nr. 67 wurde für 65 000 M. erworben, ebenso Mühlgraben 10a für 18 000 M., zuletzt wurde die Jakobinsche Scheune für 14 000 M. 1898 angekauft. 1908 wurde obendrein die Klausbrücke (siehe Band I, 217) erweitert, so daß der jetzt freie und schöne Zugang zur Straße fertiggestellt war.

Die östliche Seite der Straße bildet der breite Mühlgraben (bis auf Nr. 18, 20, 21, 22, die an der Mühlpforte auf der Ostseite der Straße liegen), sodaß nur die westliche Seite mit Häusern besetzt ist, es verleiht dies der Straße ein sonniges und freies Aussehen. Freilich sind die Gebäude meist 4 Stock hoch und eng aneinander gebaut.

Nr. 9 ist das Haus der Turnerschaft Marchia, im Villenstil 1907 erbaut. Die Verbindung entstand am 5. 11. 1864 im Gasthof zur Tanne (Mansfelder-Straße) als nicht farbentragender pharmaceutischer Verein, 1892: Couleur. 1894 „Akademische Verbindung Marchia“. 1900: Freischlagende Verbindung. 1903: „Freie Turnerschaft Marchia“. Das Turnprinzip wurde angenommen. Das Vereinslokal war 1887/1907 Mars-la-Tour (Gr. Ulrichstraße).

Nr. 9a ist das Haus der Landsmannschaft Paläomarchia. Die Verbindung ging aus den „Seehäuser Abenden“ hervor.

Am 3. 11. 1879 als „Verein Paläomarchia“ gegründet. 1884: Couleur. 1887: Landsmannschaft.

Nr. 9b ist das Haus der Landsmannschaft Pommerania. Um 1710 bestand bereits ein „Pommerscher Bund“; aus ihm entwickelte sich das „Pommersche Kränzchen“, das mit anderen Studentenkränzchen den erbitterten Kampf gegen die Studentenorden, besonders gegen die Konstantisten aufnahm. Durch die Auflösung der Universität löste sich auch die alte Landsmannschaft Pommerania auf (1808). 1819 stifteten alte Mitglieder die neue Landsmannschaft, die mancherlei Wechsel (auch als Korps), Unterdrückungen usw. zu bestehen hatte. Am 11. 11. 1865 tat sich ein neuer Verein Pommerania auf, der als Fortsetzung des alten anerkannt wurde. 1876: Korps. 1882 wiederum Landsmannschaft. —

Nr. 10 das Solbad Fürstental, das als Ersatz für die einst von Reil begründete Badeanstalt („Reils Bad“) von dem Zimmer- und Röhrmeister Zabel am 13. 7. 1864 eröffnet wurde. Durch eine später erbohrte kräftige Solquelle gewann es wesentlich an Bedeutung. Eine Mauersteinmauer schloß den großen Park und das Bad gegen die Straße ab. Gegenüber der Mühlpforte lag die Restauration, deren altes Gebäude, von Bäumen beschattet, noch zu unseren Zeiten stand. Weiter nördlich, zurückgelegen im Park, stand das einfache, geschmackvolle Badehaus, wie wir es heute noch sehen. Die ausgedehnten Promenaden mit ihren Ruhebänken, Boskette, Grotten und Plätzen fielen um 1900 allmählich der Bauwut zum Opfer; jetzt liegt das kleine Badehaus eingeengt zwischen dem Mauerwänden der angrenzenden Häuser.

Nr. 16 der „Pfälzer Schießgraben“. Bereits 1689 entstand die Pfälzer Schützengesellschaft, aber erst am 2. 2. 1704 bildete sich eine feste Schützengesellschaft, die auf der Kleinen Wiese (Würfelwiese, Kohlwiese) nördlich am Fürstengarten 3 Morgen Wiese als Schießplatz gegen 12 Taler Erbstandsgeld und 9 Taler jährlichen Kanon erhielt. Es fanden hierselbst Scheiben- und Vogelschießen von der Stange statt, letzteres wurde 1804 wegen der Gefahr der verirrten Kugeln aufgegeben; das Scheibenschießen fand auf einem Schießstand von 200 Schritt Länge (später mit drei Blockwänden versehen) statt, dessen Reste man noch erblicken kann. — 1765 wurde das alte Schießhaus, welches unterhalb am Berge (Erdwall) stand[13], westlich von ihm, abgerissen und wegen der Ueberschwemmungen auf dem Berge erbaut. — 1770 wurde der Berg, welcher den jungen Offizieren zu Fortifikationsübungen diente, als Garten angelegt. — 1774 wurde ein Schützensaal erbaut. — 1784 vereinigte sich die Gesellschaft mit der französischen Kolonie-Schützengesellschaft. Die öffentlichen Aufzüge unterblieben seit 1796. — 1791 weihte man das neue Schützenhaus ein. — 1801 verbesserte man den Garten zum Vergnügen der Gesellschaft und umzog ihn mit einer Mauer. — 1832 wurden Gesellschafts- und Ballsaal nebst Schießstand neu erbaut, ebenso 1849 ein Gesellschaftszimmer. — Ein Teil des Geländes an der Schiffssaale wurde als Ausladeplatz verpachtet. — 1872/4 entstand ein neues Gesellschaftshaus. — 1897 wurde der Pfälzer Schützenhof an der Heide erbaut, auf dem nun geschossen wurde, während man das Gesellschaftshaus auf der Würfelwiese zu Vergnügungen beibehielt. — Jetzt hat sich die alte Schützengesellschaft aufgelöst, und der Pfälzer Schießgraben ist in Privatbesitz übergegangen. Die Gesellschafts- und Restaurationsräume, kleinere und größere Anbauten stehen fast an der Straße, mit Gatter bezw. Mauer abgegrenzt von dem seit 1915/17 wegen der neuerbauten hohen Jägerbrücke hochgelegten Fahrdamm; hinter den Häusern dehnt sich der schattige, tiefer gelegene Restaurationsgarten aus.

Nr. 20/21 der Mühlenkomplex von Huthmann (siehe Band I) an der Mühlenpforte. — Das übrige Ostgelände der Straße ist nordwärts ein Streifen Anlagen auf der Böschung und südwärts nach der Mansfelder Straße zu Geländer gegen den Mühlgraben.

Die Kleine Wiese (die Kohlwiese, Würfelwiese, Parkwiese).

Die Kleine Wiese heißt die Nordspitze der Klaustorvorstadt, jener Insel, die südlich von der Schiffssaale, östlich vom Mühlgraben und westlich auch von der Schiffssaale umflossen wird. Die Wiese selbst wird im Süden vom Pfälzer Schießgraben begrenzt und ist 17—18 Morgen groß.

Im Mittelalter gehörte die Wiese dem Kloster Neuwerk und hieß die Kohlwiese (1532: Kolwiesen); das Kloster betrieb für den Küchenbedarf einen Gemüse- und Kohlbau auf ihr. Ein Holzsteg führte vom Weinberg des Klosters über den Mühlgraben zu ihr hinüber. (s. Kloster Neuwerk). — Nach Aufhebung des Klosters 1532 kam die Klosterwiese mit dem übrigen Besitztum des Klosters an das Neue Stift, nach dessen Aufhebung 1541 an das Amt Giebichenstein (Band I, 194), sie wurde also fiskalischer Besitz. Zu dieser Zeit befanden sich große Salpeterwände, Erd- (Lehm-) haufen auf ihr, deren „Salpeterkehre" vom Kardinal Albrecht verpachtet wurde so 1544 an Hieronymus von Dieskau gegen 2 Gulden Erbzins. — Am 12. 6. 1547 ereignete sich auf ihr wegen eines Pferdediebstahls jenes blutige Handgemenge zwischen den spanischen und den deutschen Truppen des Kaisers Karls V., der damals in Halle weilte (Band I, S. 194), wobei 18 Deutsche und 70 Spanier fielen, auch 17 Pferde. — Man feierte damals bereits auf der Kohlwiese, auf jenem Teil, wo später der Pfälzer Schießgraben lag, und neben ihm nördlich das Fest des sogenannten Knoblauchsmittwochs (Mittwochs nach Pfingsten)[13a]). Man baute hierzu Würfel- und Glücksbuden auf, daher auch die Wiese „Würfelwiese" genannt wurde. Bei diesem Feste soll viel Knoblauch von den Leuten geringen Standes (Handwerkern usw.) verzehrt worden sein, daher der Name Knoblauchsmittwoch üblich war. Nach altem Volksglauben sollte der Knoblauch dann für das ganze Jahr eine gute Gesundheit bescheren. — Als die Administratoren noch auf der Moritzburg residierten, legte man auf der gegenüberliegenden Kohlwiese einen fürstlichen Park an; auch jene damals beliebte Spielerei, ein Irrgarten oder eine „Wunderburg", war schon 1532 vom Kardinal geschaffen worden (Band I, S. 204 Anmerkung 36). Großartige Feuerwerke und andere Belustigungen fanden hier statt, so ließ Christian Wilhelm Ostern 1616 (Band I, S. 204) zu Ehren seines Gastes, des Kurfürsten Johann Georgs I. von Sachsen, auf der Wunderburg ein prachtvolles Feuerwerk abbrennen. Unter dem Herzog Augustus (1638—1680) wurde nördlich des Fürstengartens ein fürstlicher Gemüsegarten auf unserer Wiese hergerichtet. Nach dessen Tode verfielen auch diese Anlagen, und unsere Kohlwiese wurde unter dem Soldatenregimente der Preußenkönige Exerzierplatz: Fürst Leopold von Anhalt-Dessau, der „Alte Dessauer", übte von 1720 bis 1740 seinem Regiment Anhalt die neuen Bewegungen und Handgriffe ein, die uns ein bedeutendes Übergewicht vor anderen Armeen gaben. — Eine kleine Holzbrücke, gerade auf den Pfälzer Schießgraben stoßend, verband etwa seit 1705 bei Erschließung des Jägerplatz-Terrains (s. d.) die kleine Wiese näher und besser mit der nördlichen Stadt und mit Neumarkt. Sie wurde 1762 durch Hochwasser fortgerissen, und die Verbindung unterblieb bis 1869. — Damals (1868) wurde die Wiese städtischer Besitz; die Stadt hatte dafür die Jungfernwiesen nördlich der Saline dem Staat bezw. der Pfännerschaft abgetreten (s. Pfännerschaftliche Saline). Jetzt wurde die Wiese von neuem durch eine Holzbrücke, die der Verschönerungsverein herstellte, mit dem Jägerplatz und der Nordstadt verbunden. Da man die ersten Parkanlagen auf der Wiese schuf, wurde die Abhaltung des uralten Volksfestes am Knoblauchsmittwoch von der Polizei für immer untersagt, ein Akt gewöhnlicher Mißachtung und Unkenntnis alter Überlieferungen und Volkssitten, eine Willkür der Behörden gegen Volk und Volkstum! — Der Verschönerungsverein sicherte den vom Fürstental zur Würfelwiese führenden Weg für die Stadt, bepflanzte seinen Abhang zur Saale und legte die Wiese weiterhin in anmutige Parkanlagen. Hüben und drüben an den Saalufern führten breite Fußwege, mit Ruheplätzen versehen, entlang; eine schattige Eschenallee stieß in der Mitte der Wiese grade auf die Dreierbrücke, die 1869 wenigstens am Tage freigegeben wurde, daß man auch die Ziegelwiese besuchen konnte. Die Dreierbrücke wurde vom Schleusenmeister beaufsichtigt, sie war eine schmale, hölzerne Laufbrücke, ein Leinpfadbrücke, die später (1887) der jetzigen breiteren Holzbrücke wich[13b]). Weitere schmälere Fußgängerwege verbanden die Außenwege mit dem Mittelwege und führten durch die Wiesenflächen, die mit Boskettis unterbrochen waren. Auch eine Bedürfnisanstalt im Fachwerkbau wurde in der Nähe der Dreierbrücke am Hauptwege für 3976 M. errichtet. — Schon 1874 hatte man die Würfelwiese mit 10.200 M. in das Vermögen der Stadt eingesetzt, ihre Grasnutzung brachte jährlich 170 Taler Pacht. — 1878 wurde die eiserne Fußgängerbrücke vom Jägerplatz zur Würfelwiese angelegt (s. Jägerplatz). Grade vor ihr errichtete man auf der Wiese das Denkmal zu Ehren des Justizrats Fiebiger, des Vorsitzenden des Verschönerungsvereins († 1882), der die Anlagen geschaffen hatte. Erst vor etwa 3 Jahren hat man das Denkmal, einen Obelisken auf einem mit Findlingen errichteten Hügel, an die Westseite des Mittelwegs verlegt. — 1883 erstand die Kastanienallee durch den Verschönerungsverein. — 1888 schlug man die alte Eschenallee nieder, um eine breitere herzustellen. — 1911 stellte man 10 elektrische Glühlampen (5 ganznächtige, 5 halbnächtige) auf der Wiese auf. — 1914–17 wurde die Ostseite der Würfelwiese arg mitgenommen, sie mußte dem Mühlgraben Gelände opfern, damit auf der Stadtseite Raum für den Hauptsammelkanal, der an der Neuwerkstraße gebaut wurde, gewonnen werden konnte. Große Ausschachtungen verwüsteten für längere Zeit die Anlagen, Planken sperrten die Hälfte der Insel ab. Es wurde nun auch jene steinerne, allzuschwere und massive Brücke vom Jägerplatz zur Wiese gebaut, welche die neue Straße Neuwerk mit der Robert-Franzstraße verbindet. —

Auf der Wiese stehen außer dem Fiebigerdenkmal noch andere Erinnerungen. Gleich am Pfälzer Schießgraben nach der Hafensaale zu befindet sich das Kriegerdenkmal aus den Freiheitskriegen, das auf den Gräbern der hier Bestatteten

1814 errichtet wurde. Es ist eine 6 Fuß hohe Denksäule, auf einem ebenso hohen Kubus errichtet, ehemals mit einer lebendigen Hecke, jetzt mit eisernem Gitter umgeben, die auf der Ostseite diese Inschrift trägt: „Den beim Kampf für deutsche Freiheit in der Völkerschlacht bei Leipzig am 18. u. 19. Oktober 1813 verwundeten und hier verstorbenen tapferen Preußen und Russen usw." und auf der Westseite: „Euch war zwar nicht hinieden Des Lebens Glück beschieden; doch vor des Höchsten Thron Empfangt Ihr hohen Lohn! Gewidmet von dem combinierten Maurergewerk zu Halle den 3. August 1814." — Ueber beiden Inschriften ist das Eiserne Kreuz angebracht. — Bei der 50jährigen Erinnerungsfeier am 17. 10. 1863 bepflanzte man die Grenzen der Gräber mit Eichen, da ja das Denkmal damals nur von Wiese umgeben war[13c]). — Als ein Denkmal deutscher Einheit, deutscher Treue, deutscher Opferfreudigkeit und deutscher Kraft wurden am 11. 4. 1871 jene drei Friedenseichen von Schülern, Turnern, Sängern und Schützen unter der Führung des Dr. Ule gepflanzt. — Das war einstmals! und jetzt? —

Zwischen Mansfelder Straße und Robert-Franz-Straße.

Auf dem Gelände des alten Fürstengartens, der im Süden durch den Flutgraben begrenzt wurde, verschwanden die Gartenanlagen, die sich zu Anfang des 19. Jhdts. entwickelt hatten (Erimetage, Stegmanns Garten, Trübens Oekonomie, das Fürstental), um am Ende des Jhdts. großen, einförmigen Mietshäuserstraßen Platz zu machen, ein scharfer Gegensatz gegen früher! So entstanden außer der Ankerstraße die Pfälzerstraße und die Straße Fürstental.

Der Flutgraben ist ein Entlastungsgraben des Mühlgrabens zur Schiffssaale, er fließt also von Osten nach Westen, ein paar hundert Schritte lang, ausgepflastert und zum Teil noch mit alten italienischen und deutschen Pappeln besetzt. Er ist bereits im 17. Jhdt. vorhanden.

Die Pfälzerstraße führt den Namen von den Pfälzer Reformierten, die auf dem benachbarten Pfälzer Schießgraben (s. Robert-Franz-Straße Nr. 16) ihre Schießübungen abhielten. Es ist eine etwa 17 Schritt breite, auf beiden Seiten mit eng aneinander gebauten, 4stöckigen Mietshäusern (in Rohbau oder in Putz) besetzte Straße, deren Eintönigkeit durch den Mangel an Läden und dadurch, daß sie in einen Sack ausmündet, verstärkt wird. — Die Straße zieht sich von Süden nach Norden, parallel der östlich gelegenen Robert-Franz-Straße und beginnt an der Ankerstraße. Sie führt hinter dem Bade Fürstental entlang, ist also auf dessen ehemaligem Gelände errichtet worden. — 1893 wurde die Straße kanalisiert, 1897 ist sie dem Fürstental entlang weiter geführt worden. — Das kleine, 2stöckige, in gelben Backsteinen gebaute Haus Nr. 17 mit dem Kreuz auf dem spitzen Giebel ist das Bethaus der Neuapostolischen Gemeinde Leipzig. 1915: 22 Häuser. —

Das Fürstental ist eine ebenfalls 17 Schritt breite, beiderseits mit hohen, 4stöckigen Gebäuden versehene Straße, die von der Robert-Franz-Straße auf die Schiffssaale, also von Osten nach Westen führt und die Pfälzerstraße schneidet. Ein Eisenstaket grenzt sie vom Ausladeplatz an der Schiffssaale ab, so gewinnt der Ausgang und Eingang der Straße ein freies, leichtes, offenes Aussehen. — Den Namen empfing die Straße von dem ehemaligen Parke, dem Fürstental. — Sie wurde 1893 kanalisiert und bis etwa 1900 fertiggebaut. 1915: 12 Häuser.

Die Ankerstraße führt ihren Namen seit 1828 (für den oberen Teil) und zwar von dem Anlage- und Ankerplatz der Schiffe, der jetzt durch das Hauptsteueramt und dessen Lagerräume von der Straße abgetrennt ist. — Sie beginnt von der Mansfelder Straße, geht nordwärts über den Flutgraben und biegt dann ostwärts in die Robert-Franz-Straße ein. Die Straße hat in ihrer ersten Hälfte das alte, idyllische Aussehen sich bewahrt, links die alte Schmiede, ein 2stöckiges Haus mit der alten Toreinfahrt des ehemaligen Gasthofs zu den drei Kugeln, rechts die alten Stallungen des Goldenen Herzen, weiter links die allerdings modernen, aber dunkel geputzten stilvollen Gebäude des Hauptzollamts, ihnen gegenüber das Westphalsche, 2stöckige, graugeputzte Haus mit seinem von hoher Mauer umgebenen Garten, eine Insel für sich; dann überschreitet man den Flutgraben, in der Ecke der Biegung liegt Manns großes Spedionsgeschäft: diese zweite Hälfte der Straße zeigt alsbald zu beiden Seiten eng aneinander gebaute, 4stöckige Gebäude, um 1890/1900 entstanden. Dieser Teil hieß noch 1892 „Am Mühlgraben". —

Nr. 2 ist das Hauptzollamt, 1901/2 erbaut, ein 3stöckiges, 10fenstriges, stilvoll in grauem Rauhputz erbautes Gebäude mit kleinem Giebelaufsatz in der Mitte des Daches. Es entstand auf der Stelle des alten Packhofes, eines alten, 2stöckigen, mit hohem Dach versehenen Hauses, das 1833 von dem „Verein für den hallischen Handel“ auf dem Boden von zwei Privathäusern (für 10 000 Taler angekauft) für 28 000 Taler aufgeführt worden war; auch wurde der Ausladeplatz an der Schieferbrücke für 3000 Taler übernommen. Durch einen Vertrag mit dem Steuerfiscus erhielt dieser damals die nötigen Geschäftsräume. Der kleine, nun unpraktisch gelegene Packhof in der kleinen Klausstraße Nr. 12 (siehe Band I, S. 206) wurde dem Verein unentgeltlich überlassen und von diesem für 30 000 Taler an Private verkauft. — Später (nach 1900) hat der Steuerfiskus den Packhof in der Ankerstraße eigentümlich erworben und als Hauptsteueramt eingerichtet.

Nr. 3 ist das Speditionsgeschäft der Firma A. Mann; hinter dem 2stöckigen Hause in gelben Klinkern und dem anderen Wohnhause dehnen sich die großen Lagerräume nach der Schiffssaale zu aus: auf dem 18000 qm großen Gelände stehen weite Speicher und Lagerschuppen, ebenso an dem Ausladeplatz des Sophienhafens, mit elektrischen Kranen versehen. — 1899 wurde die Reederei der Saalschiffer durch Beihilfe der Firma gegründet. Diese letztere trat bald wieder aus und baute 1901 den ersten Eilfrachtdampfer und stellte somit den ersten direkten Eildampferfrachtverkehr zwischen Halle und Hamburg her. Bis 1907 schuf die Firma noch vier mächtige Doppelschraubenfrachtdampfer, die auch zum Schleppen eingerichtet sind („Halle“, „Leipzig“, „Sachsen“, „Thüringen“) von je 6000 Zentner Tragfähigkeit, ferner acht große Schleppkähne von gleicher Vermessung[14]).

Nr. 11/14 sind moderne, 4stöckige Mietshäuser; auf diesem Gelände stand ehemals die „Erimetage“, eine alte Gartenwirtschaft, die schon um 1820 in Betrieb war. Das Hauptgebäude, ein altes, 2stöckiges, glattgeputztes Haus, lag an der Ankerstraße, ein zweites stand am Mühlgraben, ein Garten zog sich dahinter an dem Flutgraben entlang. In älterer Zeit (um **1840**) war die Pansesche Erimetage ein beliebter Kaffeegarten, auch von unseren Vätern in ihrer Studentenzeit gern besucht, auch feierten die Halloren (so 1871) hier ihr Pfingstbier. Etwa um 1890 ging die alte, zuletzt gesunkene, Gastwirtschaft ein.

Die Packhofgasse nennt sich der schmale Weg zwischen Grüner Tanne und Goldenem Herz, lediglich von den Stallungen beider Gasthöfe gebildet. Den Namen empfing sie von dem alten Packhof in der Ankerstraße Nr. 2.

Tuchrähmen zieht sich als ein kurzer Weg zwischen den Hintergebäuden (Stallungen usw.) der Grünen Tanne, bezw.

der Nebenhäuser und dem Flutgraben hin. Ehemals (1820) lag hier der „Bauplatz".

An der Schwemme.

Ursprünglich führten beide Straßenzüge diesen Namen, die das Dreieck der Ratsziegelscheune östlich und westlich umschlossen. Nach Bebauung dieses Dreiecks wurde die westliche Straße noch zur Herrenstraße gerechnet und nur die östliche führt noch den Namen „An der Schwemme" und dies mit Recht, denn nur an ihr liegt die schon Jahrhunderte alte Pferdeschwemme in der Schwemmsaale. Gegenüber dieser Pferdeschwemme stehen außer dem älteren Hause Nr. 2 noch einige moderne, mehrstöckige Mietshäuser (Nr. 3/5). — Die Pferdeschwemme wurde 1848 mit hoher Futtermauer für 2558 Taler versehen.

Nr. 1 die Schwemmbrauerei oder das Brauhaus zum Pelikan liegt an der Schwemme nach der Schwarzen Brücke zu, ein altes, 2stöckiges Brauereigebäude mit erneuertem, 2stöckigem Wohnhaus, an dem das alte Wahrzeichen der Brauerei, ein Steinrelief, ein Pelikan, der seine vier Jungen mit dem eigenen Blute nährt, eingelassen ist. — Die Schwemmbrauerei ist 1718 durch ein Privileg Friedrich Wilhelms I. an die Strohhöfer entstanden (s. Strohhof, Allgemeines). Es wurden in ihr 30 erbliche Braugerechtigkeiten, später 60 halbe gebraut, braunes und weißes Bier, das wegen seiner Güte auch von den Altstädtern trotz des Verbotes sehr begehrt und bezogen wurde. — 1831 kaufte der Brauer J. H. Müller das 31 Inhabern gehörige Brauhaus mit allen Privilegien für 7500 Talern in preußischen Eintalerstücken ab. 1846 (1858) übernahm der Sohn J. K. Heinrich Müller die Brauerei. Nach dessen Tode 1888 hieß die Firma Heinrich Müllers Witwe. Seit 1911 ist Kurt Saß der alleinige Besitzer. — 1920 hat sich die alte Schwemme-Brauerei der Freybergschen angeschlossen. Ihre selbständige Geschichte hört damit auf. Die Schwemme- und die Freyberg-Brauerei sind die beiden letzten der heimischen Brauereibetriebe (1895 noch 11!). — Die Biere der Firma werden unter der Schutzmarke des Pelikans mit Jungen noch heute in den Handel gebracht.

Die Hafenstraße.

Die Hafenstraße biegt von der unteren westlichen Mansfelder Straße (zwischen Elisabethbrücke und Schieferbrücke) nordwärts zum Hafen ab und zwar auf dem ehemaligen Pfingstwiesengelände. — Die Straße hieß ursprünglich „Am Hafen", wurde später „Hafenstraße" genannt und ist etwa seit 1860 entstanden. Sie hat in ihrem Beginn auf der Westseite 3, auf der Ostseite 8 vierstöckige, moderne Mietshäuser, doch das gesamte nordwärts gelegene Gelände bis zur Spitze der Insel ist der Schiffahrt, dem Eisenbahngüterverkehr, dem Handel, der Industrie zur Verfügung gestellt. Kreuz- und Querstränge der Hafenbahn laufen an die Lade- und Lagerplätze an der Wilden Saale wie an die des Hafens; Schuppen, Speicher und Lagerräume ziehen sich beiderseits des Fahrwegs entlang. Das Kreischen der Schneidemühle mischt sich in das Pfeifen der Bahn, der Dampfer und in die anderen Signale. Gewaltige Holzlagerplätze hüben und drüben, und aus dem Gewirre der Dächer steigt massig und steil der Getreidespeicher der Zentralgenossenschaft empor. —

Allerlei Vereinigungen und Gesellschaften teilen sich in den Besitz des Geländes. Auf der Westseite gleich hinter der alten Gasanstalt ist der Ladeplatz der Hafenbahn an der Wilden Saale, der Halle-Hettstedter E. G. gehörig. Der Hallische Speditionsverein schließt sich an, 1895 im Anschluß an die damals eröffnete Hallische Hafenbahn gegründet. Ihm stehen (1907) 2 Dampfkräne von 30 und 40 Zentnern Tragkraft und 2 elektrische Kräne von 40 und 100 Zentnern Tragkraft zur Verfügung, ferner 5 Lagerschuppen von 7500 qm Bodenfläche. Der Verein hat auf seiner Anlage eine eigene Zollabfertigungsstelle und besitzt Transitolager für Güter aller Art. Die Schiffahrtsgesellschaft, die Zentralgenossenschaft, die deutsche Vacuum-Oel-Gesellschaft, die Reederei der Saaleschiffer stapeln auf dem Gelände. Die letztere (1899 gegründet) verfügt über 60 000 Tonnen von Schleppschiffen, ferner über 3 große Doppelschrauben-Dampfer zur Beförderung des Eilgutes, sie dient besonders dem Güterverkehr zwischen Halle und Hamburg. — An dem Sophienhafen rechter Hand befindet sich (1915) der Getreidespeicher der Kornhausgenossenschaft, ferner die Mitteldeutsche Hafen- und Lagerhaus A. G., die deutsch-amerikanische Petroleum-Aktiengesellschaft. Große, gewaltige Holzlager leiten zu der eigentlichen Straße wieder zurück.

Nr. 7 die alte Gasanstalt, am 14. 12. 1856 auf 5 Morgen 40 Quadratruten großem Gelände eröffnet, das bedeutend gegen Hochwasser aufgefüllt worden war und 1865 noch durch 2 Morgen vergrößert wurde. 1864 wurde es durch eine Backsteinmauer von der Straße abgeschlossen. Links vom Eingang befand sich das (jetzt noch stehende) 2stöckige, massive Wohnhaus mit Direktor- und Rendanten-Wohnung, dahinter Gartenanlagen; nach Westen wurden drei große Gasbehälter auf betoniertem Untergrunde aufgeführt, zwei von 77 Fuß äußerem und 55 Fuß innerem Durchmesser, der dritte, jüngste, aber von 140 Fuß Durchmesser. Aus diesen wurde das Gas in die Stadt geleitet, in diese gelangte es aber aus dem Reinigungshause, daneben stand das Kesselhaus mit 60 Fuß hohem Schornstein, westlich davon das Retortenhaus mit zwei 90 Fuß hohen Schlöten, in dem das Gas bereitet wurde. Außer Gas wurde noch Teer und Ammoniak gewonnen. Die Anstalt kostete 220 000 Taler.

Der Sophienhafen, einige Minuten hinter der Gasanstalt an der Schiffssaale gelegen gegenüber der Würfelwiese, wurde 1857 auf dem Gelände der längst entschwundenen Kunigundenkomturei zur Förderung des hallischen Schiffsverkehrs eingerichtet[15]), ein Winterhafen, der 30 Kähne aufnehmen kann. An seinen Ufer stehen große Lagerräume und eiserne Kräne. 1895 wurde die Hafenbahn, die den Güterverkehr vom Hafen bis zur Staatsbahn und umgekehrt leitet, eröffnet durch die A. G. „Hallische Hafenbahn“. Im ersten Jahre wurden bereits 10 480 Wagen durch die Bahn befördert. Die Bahn ist normalspurig (1,435 m Breite), die bedeutendsten Fabriken im Süden der Stadt erhielten Anschlußgleise. Hafen und Bahn schufen Halle zur allgemeinen Umschlagstelle für Mitteldeutschland um[16]).

Die Kunigundenkomturei des Deutschritterordens lag vor 700 Jahren dort, wo sich jetzt der Sophienhafen befindet. Dieser Orden war in Jerusalem 1190 zur Pflege der Kranken und zum Schutz der Pilger gestiftet worden. 1192 wurde der Ordo hospitalis B. Mariae Virginis Domus Teutonicorum in Jerusalem durch den Papst bestätigt. Die Brüder (fratres de hospitali teutonico)[17]) erwerben bald Besitz auch in Deutschland, den ältesten hier in Halle, den Erzbischof Ludolf um 1200 ihnen schenkt, einen Platz zu einem Hospital zu Ehren der heiligen Kunigunde, der Gemahlin des Kaisers Heinrichs II., die mit diesem in jungfräulicher Ehe lebte. Es ist ein Gebiet, westlich der Stadt Halle bei der steinernen Brücke gelegen (1200: area quadam ab occidentali parte civitatis hallensis juxta pontem lapideum sita) oder eine Insel vom „Steinweg“ bis zu den Gütern des Klosters Neuwerk (d. h. bis zur Gimritz auf der Peißnitz) sich erstreckend (1244: insula quaedam a vado lapideo usque ad bona monasterii) und später 1511 heißt es: „vor Halle neben der hoen steynbrucken an dem rechten und dißmals grösten Strahme der Saale gelegen“ und ferner 1511: „zwischen dem großen Strahme der hohen Brucken und dem anderen Strahme allenthalben gelegen“. Es ist also das Gebiet nördlich vom Steinweg (Mansfelder Straße) bis zur Spitze der Insel. —

1203 ist der Ordenshof fertiggebaut. Das Hospital erhielt bald ansehnliche Güter, was den Neid der Mönche von Neuwerk erregte, besonders auf demselben (westlichen) Ufer der Saale (so in Zscherben, Passendorf, Angsdorf, Schlettau, auch in Reideburg, Dieskau)[18]. — Der Hof war wegen seiner tiefen Lage häufigen und schweren Ueberschwemmungen ausgesetzt: 1343 wurden Hospital wie Kirche gänzlich verwüstet, ebenso 1431 (Ablaß von 40 820 Jahren für die Almosengeber!) und 1444. Wiederholt werden Almosen zum Wiederaufbau eingesammelt. — Der Gebäudecomplex bestand aus der Kirche nebst Kirchhof, dem Hause der Deutschritter nebst Kapelle und Garten bis auf die Spitze der Insel, dem Hospitalgebäude für die Kranken, dazu kamen Scheunen, Ställe, das Verwalterhaus (Vorwerk), ferner das sogenannte Schild und andere Gehöfte, die am Steinweg lagen.

Das Ordenshaus geriet im 15. Jhdt. in üblen Ruf. Die Häuser am Steinweg wurden liederliche Schenken und Dirnenquartiere, welche von hallischen Bürgern arg besucht wurden. Allerlei ärgerliche Vorkommnisse geschahen: so erstach 1501 der Scharfrichter einen anderen Bürger; deswegen und wegen einer streitigen Wiese (nach meinen Forschungen der Sandanger), und wegen streitiger Gerichtsbarkeit (Totschlag des Scharfrichters) kam der Orden in Händel mit dem Rat, ebenso wegen seiner Güter mit den neidischen Mönchen von Neuwerk. Dies beides und zuletzt die häufigen Ueberschwemmungen führten endlich zum Verkauf des Besitzes, und zwar zum Verkauf des Hofes 1507 an den Rat der Stadt für ansehnliches Geld (1075 rhein. Gulden) und zum Verkauf der Güter an das Kloster Neuwerk für 3500 Gulden und 150 rhein. Gulden. Der Rat verpflichtet sich, die Gebäude niederzureißen und keine neuen wieder aufzuführen. 1533 werden Kapelle und Kirchhof niedergelegt; nach Olearius ist 1537 auch die Kirche zu S. Kunigund bei der hohen Brucken abgebrochen worden. Bald ist jede Spur der Gebäude verschwunden, das gesamte Gelände nördlich des Steinwegs wird eine einzige große Wiese, die „Pfingstwiese". 1545 wurde eine Salpeterhütte auf der Wiese vom Pächter der Pulvermühle angelegt (s. Pulverweiden) gegen eine Erbpacht von 1 Zentner Salpeter an die Stadt. Nach dem Verfall der Hütte blieb noch der Lehmberg übrig, von dem man den Salpeter abzukratzen pflegte. — 1711 erbaute der Stadtphysikus Dr. Stisser abermals eine Salpeterhütte hier, die jedoch auch bald wieder einging. —

Die Pfingstwiese. Der Name tritt bereits 1555 im Manuale der hallischen Ratsmeister auf, er rührt von den Pfingstfestlichkeiten her, die man nach dem Erwerb des Geländes auf dieser großen Wiese abhielt, deren Grasnutzung übrigens eine gute Einnahme war;

Fröner der Galgtorvorstadt und der Weingärten mußten dabei Dienste leisten. — In der Woche nach Pfingsten wurde das Volksfest hier abgehalten, das Armbrustschießen nach der Vogelstange. Auch die Administratoren wohnten ihm bei, in späterer Zeit besonders der Herzog Augustus. Außer zu Pfingsten fand nochmals im Sommer (Juli) ein großes Vogelschießen statt. Das große, höchst kostspielige Schützenfest „der Schützenhof" wurde 1560 ebenfalls hier von der Stadt abgehalten[19]). Man errichtete deswegen ein besonderes Schießhaus und stellte allerlei Lustbarkeiten wie Kletterstangen, Hahnenschlagen, Bauerntänze an. Die Ausgaben betrugen 7166 Gulden. — Andere prunkvolle „Schützenhöfe" fanden 1601 (156 Städte eingeladen!) und 1666 statt. Zu letzterem hatte Augustus viele Fürstlichkeiten hergebeten; nichtsdestoweniger wollte er die hallischen Bürger bestrafen, da sie nach einem Hirsche (er war zwar aus Holz!) geschossen hatten[20]). — Im folgenden Jahrhundert gerieten die Festlichkeiten auf der Wiese in Verfall, sie wurde zur Grasnutzung der Gimritz übergeben, mit der sie durch eine kleine Brücke verbunden war. Dann grub man Ziegelerde auf ihr, und um 1850 finden wir eine große Ziegelei an der Mansfelderstraße (etwa auf Nr. 50 und 51) und ferner eine der Gasanstalt gegenüber und eine dritte westlich vom Sophienhafen (so noch 1875). — Übrigens führt die Nordspitze des Geländes, also der Peißnitz gegenüber, heutigen Tages den Namen „Jungferwiese". Derselbe Namen ist aber noch 1875 für die benachbarte Nordspitze der Salineninsel gebräuchlich, und zwar mit Recht (s. Mansfelder Straße, die pfännerschaftliche Saline).

Die Wiesenstraße.

Die Wiesenstraße biegt von der unteren Mansfelder Straße an dem pfännerschaftlichen Holzplatz südlich auf die Pulverweiden ein. Den Namen erhielt sie von den Wiesen, die noch 1870 hier standen; 1880 wurde sie polizeilich benannt. Sie zählt auf der Westseite nur drei Häuser, darunter zwei moderne, 4stöckige Mietshäuser, östlich dehnen sich lange Trockenschuppen der Preßsteinfabrik der Pfännerschaft hinter hohen Holzstaketen aus. — 1892 wurde in der Wiesenstraße Nr. 1 die städtische Desinfektionsanstalt für 43 000 ℳ erbaut aus Anlaß der Hamburger Choleraepidemie, ein 2stöckiges Haus mit Kesselraum und Räumen für reine und unreine Sachen, Aus- und Ankleide- und Badezimmer. Ein Desinfektor und fünf Arbeiter wurden beschäftigt[21]). Seit 1908 befindet sich die neue große Desinfektionsanstalt in der

Freiimfelder Straße. Am westlichem Ende der Wiesenstraße wurde 1871 die Hartigsche Wolldampfwäscherei erbaut. —

Am Ausgang der Wiesenstraße kreuzt sich das Rangiernetz der Halle-Hettstedter Bahn und der Hafenbahn, die pfännerschaftliche Kohlenbahn schneidet es und mündet in den pfännerschaftlichen Kohlenplatz. Ehemals, noch 1890, trieben hier Seiler unter schattigen Bäumen ihr Handwerk, wo jetzt Maschinen und Wagen an den grünen Hecken vorüberziehen, aber noch führt die schattige Allee südlich auf die Pulverweiden mit weitem Ausblick auf die Ratswiesen jenseits der Saale, ehemals an der alten „Egge“, vorüber.

Der Holzplatz (Straße).

Der Holzplatz liegt am Ausgang der Wiesenstraße ostwärts. Er empfing seinen Namen von dem alten pfännerschaftlichen Holzplatz, der gegenüber der Saline von der Mansfelder Straße ab sich hierher erstreckt. Die Pfänner besaßen ihn seit Jahrhunderten zum Aufstapeln des Holzes zum Bedarf der Salinen[21a]). 1817 wurde auf seiner Ostseite eine der sieben neu anzulegenden Schleusen erbaut, 1819 am 18. 6. zum ersten Mal befahren[22]). Bis 1860 war das gesamte große Gebiet von 36 Morgen im Besitz der Pfännerschaft. In diesem Jahr mußte sie durch einen Vergleich (20. 9. 1860) ein Drittel, südliches Gelände, das an die Pulverweiden grenzte, an die Stadt abtreten, das ist der heutige „Städtische Holzplatz“. Die Stadt benutzte ihn zunächst als Zimmerplatz, sowie als Kiesabladestelle, später entstanden die neue Gasanstalt und das Elektrizitätswerk auf dem Terrain. Der städtische Holzplatz wurde 1871 mit 16 770 ℳ abgeschätzt. Der Holzplatz der Pfännerschaft (Mansfelderstraße Nr. 18. 21) zeigt einige alte Häuser auf dem ursprünglich tiefen Niveau an der Straße, große Schuppen, Kohlenplätze, Fabrikbaulichkeiten, Maschinenhäuser, Trockenscheunen ziehen sich südwärts entlang. — Pfännerschaftlichen und Städtischen Holzplatz trennt die Straße Holzplatz. An seiner nordöstlichen Ecke an der Saale steht das idyllische Heim des Hallischen Ruderklubs (schon vor 1900). Die gesamte Südseite nimmt die Städtische Gasanstalt ein. Hinter dieser südwärts, von Anlagen getrennt, erhebt sich das imposante Städtische Elektrizitätswerk.

Nr. 7. Die Städtische Gasanstalt, 1889/1891 als Ersatz für die alte, nicht mehr ausreichende Gasanstalt in der Hafenstraße (s. d.) erbaut. Ein großer Gebäudecomplex, im Rohbau errichtet: Maschinenhäuser, Gaskoksschuppen, Entgasungsfabrik, Ausladeplätze, Beamtenwohnungen liegen auf dem weiten

Gelände zerstreut, dazwischen kleine Gärten usw. — Die Baukosten: 945.349 M. die Taxe: 996.772 M. — Erweiterungsbauten so 1902; 1904 ein Werkstättengebäude für 46 000 M.: 1905 wird ein neuer Gasbehälter von 2000 cbm errichtet; hierfür und für Erweiterungsbauten wurden 350 000 M. ausgegeben. 1892: 29 197 Gasflammen; 1893: 30 752. — Der stärkste Verbrauch am 18. 12. 1893: 23 990 cbm, die schwächste Abgabe am 2. 7. 1893: 6 100 cbm. — Der Gasverbrauch des Jahres 1906: 9 182 071 cbm, der Reingewinn betrug 508 894 ℳ, der cbm. kostete 0,12 ℳ. — 1913 starke Erweiterungsbauten (Apparate- Kessel- und Pförtnerhaus, Behälterturm) für 958 600 ℳ und 14 900 ℳ[23]). 1913 waren 24 522 Gasmesser in Benutzung. — Schon 1914 begann der Weltkrieg das Werk zu schädigen: es wurden 973 300 cbm weniger als im Vorjahre 1913 hergestellt, und der Reingewinn betrug nur 576 646 ℳ, also 102 918 ℳ weniger. Leucht-, Koch- und Heizgas wurden zum ersten Mal einheitlich, ein cbm = 0,14 ℳ, berechnet. — Mehr als der Krieg hat die Revolution und ihre traurigen Begleiterscheinungen (übermäßige Verteuerung der Rohmaterialien, enorme Lohnsteigerungen, Streiks usw.) dem erst blühenden Werke wie allem anderen städtischen Besitz geschadet. Trotz wiederholter Erhöhung der Gaspreise (ein cbm = 0,20 ℳ; seit 1919 = 0,29 ℳ usw.) ist der Reingewinn im Jahre 1918 nur 228 120 ℳ, also um 451 444 ℳ geringer als im Jahre 1913; der Gasverbrauch betrug 9 557 617 cbm, um 10 % weniger als im Vorjahre 1917. —

Nebenerzeugnisse der Gasanstalt sind Koks, Teer, Amoniakwasser und Graphit. —

Nr. 8 das Städtische Elektrizitätswerk liegt südlich der Gasanstalt und grenzt an die Anlagen der Pulverweiden; am 17. 4. 1900 begonnen, am 27. 8. 1901 in Betrieb genommen. — Das Gelände des Werkes umfaßt 25 000 qm, davon wurden 4 500 qm bebaut in 75 m Front und 55 m Tiefe, 2,6 m hoch wurde es gegen Hochwasser aufgefüllt. — Es wurde Drehstrom an die Großindustrieen und Gleichstrom an die Kleinindustrie und zum Betrieb der elektrischen Bahnen abgegeben. — Vier Dampfdynamos zu je 1000/1300 effektiven Pferdestärken, ferner ein Schornstein zu 60 m Höhe und 3 m oberem lichten Durchmesser wurden geschaffen. Die Kosten für die Hochbauten (Maschinen-, Kessel-, Pump-, Akkumulatoren-Werke, Laboratorien, Lagerräume, Büros) betrugen 800 000 ℳ, die der Einrichtungen 1 400 000 ℳ, und der Kabelnetze in der Stadt 660 000 ℳ. — Auf dem Markte wurde eine unterirdische Verteilungsstation von 50 qm Bodenfläche für das Gleichstromnetz errichtet. — Die Gesamtkosten des Werkes betrugen 2 997 609 ℳ. — 1901 eröffnete man das Werk mit 200 Konsumenten (1905: 1073; 1911: 2189; 1913: 3845). Am 30. 10. 1902 wurde die elektrische Straßenbeleuchtung eingeführt, zunächst mit 80 Bogenlampen (40 an Mast, 40 über die Straßen)[24]), später traten noch 96 Bogenlampen dazu. — 1912/13 wurde das Werk stark erweitert, die Unkosten betrugen 2 069 275 M. — Im Jahre 1914 existierten 4339 Gleichstrom- 479 Drehstromabnehmer, in Summa 4818, darunter 2308 bezw. 334 Hausanschlüsse, — und 1915: 5249 und 643, Summa 5892, darunter 2509 bzw. 385 H. — 1914 fand die niedrigste Stromabgabe am 11. 8. mit 18 253 Kilowattstunden statt, die höchste am 23. 12 mit 52 068. Das gesamte Kabelnetz betrug 189,34 km. — Trotz Krieg und Revolution ist die Anschlußbewegung an das Werk eine günstige geblieben; 1915: 5249 Abnehmer; 1916: 6188; 1917: 7547; 1918: 8197; 1919: 9252. — 1918 wurde auch die Städische Straßenbahn an das Werk angeschlossen. — 1918 fand die niedrigste Stromabgabe am 30. 6. mit 14 690 Kilowattstunden statt, die höchste am 20. 12. mit 50 100. —

Die Pulverweiden.

Die südliche Hälfte der Insel zwischen der Schiffs- und der Wilden Saale wird „die Pulverweiden“ genannt. Der alte Steinweg (Mansfelder Straße) trennte sie ehemals von der Jungfernwiese (Saline) und der Pfingstwiese (Hafen).

Der Name Pulverweiden kommt erst im 16. Jhdt. nach Erbauung der Pulvermühle auf. In der Urkunde von 1172 heißt die Gegend: in lacu Salae fluvii juxta pontem, also etwa der „Morastteich der Saale bei der Hohen Brücke“ und in der Urkunde vom 4. 3. 1225: locus, qui appellatur ad lacum und Salicta inter lapideum pontem et lacum sita, also die „Gegend am Morastteich“ und „die Weiden zwischen der steinernen (hohen) Brücke und dem Morastteiche“. Die Südspitze muß also damals eine größere, sumpfige, weidenbesetzte Lache gebildet haben, das ist die erste Kenntnis und Schilderung unserer Insel und ihrer südlichen Pulverweiden-Hälfte, die wir besitzen. — Im 16. Jhdt. erscheint der Name „Pulverweiden“, aber auch „Kleine Pfingstwiese“ (Olearius de anno 1551). Dreyhaupt (II, 402) bringt auch die Bezeichuung „Jungferweiden“ für die Pulverweiden; wohl irrtümlich. —

1172 hatte der Erzbischof Wichmann dem Kloster Neuwerk einen Platz zur Mühlenanlage auf den Pulverweiden geschenkt, den Platz der späteren Pulver- und Papiermühle bei der Goldenen

Egge. Die Stadt beschwert sich über die Mühle, daß sie ihr das Wasser nähme, und so reißt das Kloster 1225 die Mühle gegen 200 M Silber von der Stadt wieder ab. Der Damm bleibt bestehen, der Platz samt den Weiden verbleibt der Stadt, seitdem sind die Pulverweiden städtischer Besitz. —

Unbebaut, unbenutzt und wüst blieben die Pulverweiden bis zum Anfang des 16. Jhdts. liegen. Erst um diese Zeit legt der Rat auf demselben Platz eine Pulvermühle an. — 1545 verpachtet er sie gegen einen jährlichen Zins von zwei Zentner Pulver an einen gewissen Benedikt Leumann; diesem erlaubt sie auch eine Salpeterhütte etwas weiter nördlich, nämlich jenseits des „Steinwegs" und der Hohen Brücke auf dem Platze des ehemaligen Deutschritterhofes S. Kunigund, dessen Gebäude 1533 bzw. 1537 niedergerissen waren, in der Gegend des heutigen Sophienhafens anzulegen. — 1551 fliegt die Mühle durch Explosion des Pulvers in die Luft, ein Knecht wird tödlich verletzt. — 1554 brennt die Mühle wieder ab, ebenfalls 1586. — 1613 am 14. 3. am Sonntag Lätare fliegt die Mühle wieder in die Luft, sechs Zentner Pulver explodieren mit einem Krachen wie bei einem Erdbeben, zwei Knechte wurden tödlich verbrannt. — 1626, im 30jährigen Kriege, wollen etliche Soldaten die Mühle bestehlen, sie gehen unvorsichtig mit dem Lichte um, vier Zentner Pulver explodieren, ein Soldat wird in die Bäume geschleudert, ein anderer in die Saale, andere werden verbrannt. — Wegen solcher mannigfachen Zerstörungen verkauft die Stadt die Mühle an Privatleute. Eine geraume Zeit besitzen sie die Denner. — August Denner erbaut neben ihr noch eine Papiermühle. — 1706 zündet des Pulversieders Sohn das Pulver in der Mühle an, daß diese bis auf den Grund abbrennt. Der Knabe kam dafür ins Zuchthaus, aber die Mühle wird nicht wieder aufgebaut. — 1712 wird auch die Papiermühle, da sie sehr baufällig ist, nicht mehr benutzt, sie wird von armen Leuten niedergerissen und gestohlen. —

Damals waren die Pulverweiden, etwa 100 Morgen groß, mit Weiden, Eschen und allerlei Unterholz besetzt. — 1759 lagern sich, vollkommen geschützt, Husaren und Kroaten der Reichsarmee in den Pulverweiden. —

Dicht an dem Platze der ehemaligen Pulver- und Papiermühle, etwas nördlich, entwickelt sich bald eine Wirtschaft an der Saale, denn der Badeplatz, besonders der der Studenten befindet sich jetzt hier, etwas oberhalb; in ihm baden sie oft zu Hunderten an warmen Sommerabenden, allerdings wird auch über liederliche Frauenzimmer geklagt, die ihnen hier Kirschen und anderes anbieten. — Auch zu Spazierritten benutzt man die Insel, freilich gibt es noch keine geebneten Reitwege auf ihr. Oft mußte man hart an der Saale einherreiten. Das kostet manchem Reiter das Leben, so dem 19 jährigen Studenten Posadowsky (1713): er brach durch das unterwühlte Ufer in die Saale, konnte sich von dem Pferde nicht befreien und ertrank. Er wurde abends feierlich unter Fackellicht in der alten Barfüßerkirche (s. Band I, S. 119) beigesetzt. — Als 1793 die alte Schenke verfallen war, wird durch einen Privatmann eine neue aufgebaut, dem die Stadt dafür einen Garten und drei Acker Wiesen gegen mäßigen Kanon in Erbpacht gegeben hatte. Es ist dies die „Goldene Egge", die ihren Namen von dem Wappen des alten Klosters Neuwerk führt, auf dessen ehemaligem Grundbesitz die Schenke errichtet worden war. — Die Egge war ein 2stöckiges, 5fenstriges Haus mit Pfälzer Doppeldach und drei Giebelfenstern, drei ausgetretene Steinstufen führten zur Haustüre empor, über der das Schild „Goldene Egge" prangte, in dem oberen Stockwerk befand sich ursprünglich der Saal. Hinter dem Hause waren niedrige, malerische, alte Fachwerkbauten in der Mitte und an der Seite angebaut und dahinter Ställe, die den schmalen Hof begrenzten; ein Gärtchen zog sich zur Saale hinab. Der Restaurationsgarten (jetzt Kinderspielplatz) mit schattigen Bäumen und Holzveranda lag gegenüber vom Hause, die Straße trennte beide, Haus und Garten. — Die Egge ist im 19. Jhdt. eine vielbesuchte und bekannte Wirtschaft, auch ein Lokal der Studenten, so um 1820 der Burschenschaften. Es erwarb sich ihr Besitzer, der „Vater Laus" als Wirt einen guten Namen, damals kneipte hier u. a. das Westfalenkorps. — Um 1850/60 wurden Konzerte und Feuerwerke in der Egge abgehalten. — Später geriet die Egge mehr und mehr in Vergessenheit und Verfall, so daß man 1918 beschloß, das alte, baufällige, historische Haus abzureißen, nachdem die Stadt 1917 für 36000 ℳ das Grundstück (2940 qm groß) erworben hatte. Das alte Haus ist darauf abgerissen worden. —

Die Pulverweiden erlebten auch im 19. Jhdt. manches Stück Zeit- und Kulturgeschichte. — Am 17. 10. 1806 kämpften hier preußische Truppenteile gegen die andringenden Franzosen, freilich vergebens. Als das Hauptkorps der Preußen von der Hohen Brücke zur Schieferbrücke und weiterhin zurückwich, fielen zwei Kompagnieen und mit ihnen der schwer verwundete General Hinrichs in die Gefangenschaft der Franzosen. — Die tapferen Krieger bestattete man gleich hier in ungeweihter Erde links am Eingange. — Ebenfalls fanden Kämpfe am 28. 4. 1813 statt[25]. — Die Pulverweiden glichen damals noch einem dichten Wald, mit ziemlich starkem Unterholz, ähnlich der Rabeninsel. — Erst seit 1820 wurde Kultur hineingebracht, das Holz rodete man zum größten Teil aus und stellte Wiesen her, deren Grasnutzung alljährlich eine Einnahme von 800 bis 1000 Talern gewährte (1867). Die Spaziergänge in den buschigen Gängen, schon 1788 von Brieger als besondere „Annehmlichkeit“ für die hallischen Bürger erwähnt, erhalten bessere und festere Wege; während an den Wassergräben und Schlenken (alten, verschlammten Saalarmen) die Kinder Frösche, kleine Fische und allerlei Amphibien fingen. — In den Märztagen des Jahres 1848 (26. 3.) fand eine große politische Volksversammlung auf der Wiese bei der Egge statt und abends große Illumination: Prof. Duncker wurde als Deputierter nach Frankfurt gewählt. —

Oberhalb der Egge befanden sich zwei öffentliche Badeanstalten für Zivilisten und für das Militär. Zu diesen kam am 6. 7. 1868 ein Armenbadeplatz. — 1894 wurde auch ein Frauenbad, 200 Schritte unterhalb der Egge, eröffnet. — Das Männerfreibad befindet sich näher an dem Lokal. — 1892/94 wurde der Damm der Hafenbahn quer über die Pulverweiden aufgeschüttet. — 1895/97 legte der Verschönerungsverein das Gelände in Anlagen, zunächst westlich des Damms (Kosten 17000 ℳ). — 1900/01 wurde die Eisbahn auf der Südspitze zum Schlittschuhlaufen hergestellt. — Das Florabad oberhalb der Egge ging in den Besitz der Stadt über. — 1909 richtete man einen Spielplatz 5100 qm groß ein, durch eine 5 m breite Gehölzpflanzung abgeschlossen (Kosten 2193 ℳ). —

1871 wurden die Pulverweiden mit 86 360 ℳ im Vermögen der Stadt eingesetzt und 1910 auf 113 050 taxiert (16,20 ha Größe). — Die Wiesen wurden größtenteils in Promenadenanlagen umgewandelt, daher 1911 nur noch 71 222 ℳ Wert. —

Anhang.

1. Der mittelalterliche Name „Steinweg“ für den Steindamm ist noch 1679 gebräuchlich gewesen. — 1a. Die Stadtbahn führte zuerst [1889] ihre Strecken Hauptbahnhof, Mansfelderstraße über Franckestraße, Franckeplatz, Rannische Straße, Markt; später erst 1897 wurde die Linie vom Franckeplatz durch den Moritzzwinger, Hallmarkt gelegt. — 2. Ueber Schildberg und seinen tragischen Tod siehe Band I, Marienkirche und Anmerkung 41. — 3. Schon vorher 1521 hatte man eben deswegen einen Kalksteinbruch zu Benkendorf und 1538 einen zu Lechau gekauft. — 4. Ueber die Festlichkeiten und anderes siehe Hagen, Stadt Halle II, 441. — Ursprünglich hieß die Brücke „Steinbrücke“ (1200: pons lapideus) und noch 1511 „die hoe steynbrucke“ neben „die hohe Brucken“. — 6. So erschlägt 1614 ein Weib ein kleines Mädchen auf dem Zinnen- oder hohen Brückenturm. — 7. Der Name Saalaffe ist vielleicht als Saalalf, Saalelbe (=Saaledämon) zu erklären; wohl ein Schreckbild gegen die unheimlichen Zerstörungsdämonen. — 8. Erzbischof Ernst hatte als Landesherr den vierten Teil sämtlicher Kot- und Solgüter den Pfännern abgenommen

und für den jedesmaligen Landesherren beansprucht. Er wurde bis 1689 auf landesherrliche Rechnung versotten. Von da ab übernahm der Kurfürst Friedrich III. die eigene Salzsiedung in seinen Koten (nicht mehr durch die „Gnadenpfänner"), und 1722 wird zu diesem Behufe die Saline in der Klaustorvorstadt erbaut. — 9. Im Jahre 1862 fabricierte die Königliche Saline 108000 Zentner weißes Salz, 2100 Scheffel Düngegips und 297 Zentner Kalisalz — 10. So legte man um 1870 eine große Teerschwelerei auf der Grube Pfännerschaft bei Langenbogen an, welche bis zum Ende der Grube (1885) arbeitete, ebenso eine solche 1885 auf der Grube Alt-Zscherben, die im Laufe der Jahre auf 36 Zylinder erweitert wurde. Auch erbaute die Pfännerschaft bei Passendorf eine große Dampfziegelei zur Erschließung der großen Tonlager daselbst. — 10a. So ertrank am 11. 6. 1693 ein Student Meyer an den Pulverweiden und schon am 12. 7. 1700 wiederun ein Junge beim Baden. — 11. Aus welcher Quelle die Nachricht geschöpft ist, daß dieser Gasthof schon 1497 eröffnet ist, weiß ich nicht. Sicher ist sie falsch, da der Plan des Olearius (1667) den Fleck des Hauses deutlich als Holzplan erkennen läßt. — 12. Siehe Band I, S. 40 und S. 48. — 13. Dieser Wall war längs des Mühlgrabens von der Mühlpforte bis hierher zum Gelände des Schießplatzes aufgeschüttet. — 13a. Vgl. jene bereits 1701 zu Halle erschienene Abhandlung: „De festo solemni crapulario Hallensi vulgo die Knoblauchsmittwoche". — Die Knoblauchsmittwoche sind m. E. ein Ausläufer eines uralt heidnischen Frühlings- und Gesundheitsfestes. Ich habe sie in Krosigk, in Eisleben, in Sangerhausen, in Querfurt u. s. w. vorgefunden, mit verschiedenen Zutaten vermengt. — 13b. Die Dreierbrücke führte den Namen daher, weil man für das Oeffnen und Schließen der Brücke (beim Besuchen der Ziegelwiese) dem Schleusenaufseher einen Dreier (3 Pfennige) entrichten mußte. — 13c. Man errichtete den hier in Halle in Lazaretten verstorbenen Helden der Leipziger Schlacht drei größere Denkmäler, auf dem Königsplatz (s. d.), auf dem Stadtgottesacker (s. d.) und dieses auf der Würfelwiese. — 14. Die Firma Mann & Söhne wurde 1818 in Schönebeck gegründet, 1830 nach Halle auf Ankerstraße 3 als Getreide-, Kommissions-, Speditions-, Kohlen- und Produktengeschäft verlegt. 1869 änderte die Firma den Namen in „August Mann" um. 1898 trat als Mitinhaber Paul Wilhelmi ein. Spedition, Lagerung und Kommission wurden die Hauptsache. — 15. Und zwar von einem Privatmann, dem früheren hallischen Polizeidirektor von Bosse. — 16. Im Gegensatz zu Magdeburg und Wallwitzhafen, den bisherigen Umschlagstellen. Durch ähnliche Anlagen des Umschlagverkehrs haben sich auch Mannheim, Mainz usw. bedeutend gehoben. — 17. Sie tragen ein schwarzes Kleid, darüber einen weißen Mantel mit schwarzem Kreuz. Sie lebten nach der Regel des H. Augustin. — 18. Der deutsche Hof zu S. Kunigund vor Halle gehörte zur Ballei Thüringen und stand unter dem Landescomtur Thüringens (Commendator Saxoniae et Thuringiae). Dem hallischen Hause selbst stand ein Hauscomtur vor (Commendator domus S. Conegund). — 19. Erzbischof Sigismund lud etliche Kurfürsten zu diesem Schützenhof ein, so den Kurfürsten August von Sachsen und der Magistrat allein 123 Städte! August gewann den besten Preis von 200 Talern! — 20. Der Hirsch gehörte zum „hohen Wild" und war den Bürgern zu schießen verboten. Die Bürger entschuldigten sich, er sei aus Holz gewesen und die früheren Administratoren hätten danach zu schießen ebenfalls erlaubt. — 21. Man desinfizierte seitdem von hieraus die Bürgerwohnungen bei ansteckenden Krankheiten (Schwindsucht, Diphtheritis, Typhus, Scharlach usw.). — 21a. Auf der Karte des Olearius (1667) ist der pfännerschaftliche Holzplatz als „Holzplan" verzeichnet. Er wird als „Holzplan vor dem Klaustor" unter die fünf Pläne der Stadt Halle gerechnet. — 22. Die Weineck'sche Mühle liegt seitdem auf einer Insel (s. Mansfelderstraße). — 23. Das Gasanstaltgrundstück in der Krausestraße, 1877 erbaut, wurde der Universität abgetreten (s. Krausestraße). — 24. Zunächst . Delitzscher Straße, Bahnhof, Riebeckplatz, Leipziger Straße, Markt, Gr. Ulrichstraße, Schmeerstraße, Untere Steinstraße Alte Promenade, Poststraße. Später erweitert und ausgedehnt auf Merseburger Straße (bis Thüringer Straße), Magdeburger Straße, Obere Steinstraße, Wuchererstraße, Geiststraße, Bernburgerstraße, Talamtstraße, Hallmarkt, Mansfelderstraße. — 25. Andere tapfere Preußenkrieger wurden am diesseitigen, Saaleufer, teils auch hinter der ehemaligen sog. Markusbrücke rechts, also am Beginn der alten Pappelallee nach Passendorf bestattet. —

Der Strohhof. Allgemeines.

Der Strohhof ist eine kleinere Insel, im Osten von der Gerbersaale (Hallsaale) umflossen, im Westen von der Schwemmsaale. Er liegt im Westen der Altstadt Halle von der Klausbrücke bis zur ehemaligen Moritzbrücke, sein Gelände zieht sich dann weiter nach Westen gegenüber von Glaucha, bis wo die Gerbersaale sich von der Hauptsaale abzweigt.

Der Strohhof war in den ältesten Zeiten unserer Stadt ein einsamer Werder, auf den man die Strohvorräte, die man zur Feuerung beim Salzsieden in den Koten der Halle, die ja dicht gegenüberlag, brauchte, aufstapelte, später lagerte man sie in großen Scheunen auf unserer Insel. — Auch schüttete man die Strohasche von der Halle hierher, denn auf der Halle selbst, wo im Laufe der Zeit 116 Kote dicht nebeneinander entstanden waren, war kein Platz dafür übrig. Man hat eine sechs Fuß hohe Aschenschicht auf dem Strohhofe festgestellt, ein Beweis, daß man in sehr früher Zeit bereits mit Stroh gefeuert hat[1]). Ferner geht hervor, daß schon in ältesten Zeiten eine Brücke den Strohhof mit der Halle verbunden hat, nämlich die später als Kuttelbrücke benannte, während die Moritzbrücke immerhin jüngeren Ursprungs sein mag.

Ursprünglich gehörte der Strohhof den Erzbischöfen, die den Pfännern die Benutzung des Werders gestatteten; irgend eine Besiedlung bis zum Jahre 1300 wird nicht stattgefunden haben. Scheunen und Aschenhaufen lagen nach der Hallseite zu, weiter Anger unter Bäumen dehnte sich nach Glaucha aus. Der Werder selbst war um diese Zeit an einen Patrizier, Busso genannt, in oder hinter den Schernen (hier lag in der Stadt sein Wohnsitz) verliehen.

Erst Erzbischof Burkard verkaufte am 25. 7. 1323 die Strohhofinsel für 150 Mark Stendalschen Silbers an den Rat der Stadt Halle (Dr. II. 402). In dieser Verkaufsurkunde wird der Name „Strohhof" noch nicht erwähnt, sondern es heißt: „unsen werder, die der Bussen was". Erst um 1350 tritt der

Name Strohhof zum ersten Mal in den Schöffenbüchern (uppe dem strohove) entgegen.

In den ältesten Schöffenbüchern (bis 1400) wird der Strohhof nur zweimal genannt, einmal wird eine Scheune hier erwähnt, das andere Mal ein „Gut" d. h. ein Haus, ein Hof. — Erst nach 1400 wird er sehr oft, 25 mal bis 1460, genannt. Er erscheint jetzt mit mancherlei größeren und kleineren Häusern und Scheunen besiedelt. So vermacht Hans Berndorf (Berendorf) 1404 seinen Hof dem Kloster Neuwerk; 1415 wird ein Haus für 30 Schock Groschen verkauft; 1417 eins für 36 Schock; 1436 eins für 10 Gulden; 1436 haben die Baldewins einen Hof und Scheunen für 30 Gulden veräußert, und 1451 werden ein Haus und Scheune gar für 70 rheinische Gulden erstanden. So steigerte sich also der Wert der Grundstücke ziemlich schnell. — Auch angesehene Leute siedeln sich bereits hier an: 1376 wohnt ein Rule up dem Strohove hier, ein erzbischöflicher Vasall und Pfänner; andere vornehme Familien sind die Kelner und die Liebing, von jenen erhielt die Kelnergasse ihren Namen: 1412 wird Kelners Hof auf dem Strohhof zum ersten Mal genannt, und von diesen führt die Liliengasse ihre Bezeichnung, eigentlich Liebingsgasse: 1418 yn Libingesgasse uf dem strohofe. — Dies sind die ältesten und bis 1460 die beiden einzigen Straßenbezeichnungen auf dem Strohhofe.

1465 wurde der Strohhof von einem großen Feuer heimgesucht: viel Häuser und Scheunen brannten nieder. Nach dieser Zeit entstand der große Schlachthof auf dem Strohhof, gegenüber der Kuttelbrücke, wo die hallischen Fleischer ihre Mastochsen hielten und schlachteten. Die Gedärme (Kutteln) pflegten sie an der kleinen Brücke zu waschen, die daher den Namen Kuttelbrücke empfing[2]). — 1539 wurden vom Rate der Stadt Halle drei Rentherren (zwei für den Strohhof, einer für die Klaustorvorstadt) bestellt. Diese hatten in der Vorstadt Ordnung zu halten, die Abgaben einzunehmen und dem Rate zu berechnen. Damit war der Strohhof als eine Vorstadt Halles mit einer Art selbständiger Behörde und Verwaltung anerkannt, in den Gerichten jedoch war er durchaus der Stadt unterworfen. Er besaß wie die anderen Vorstädte sein eigenes äußeres Tor, nämlich das schwarze Tor oder das Häschertor: 1519 war nämlich die Häscherbrücke oder die Schwarze Brücke (am Nordende der Herrenstraße) auf gestoßenen Pfählen und einem Rost erbaut worden; die Brücke wurde bald darauf durch ein festes Tor, das Häschertor, geschützt[3]). —

Der Strohhof war offenbar kein angesehener Stadtteil. Schenken niedrigster Art befanden sich, wie später noch, hier, in denen allerlei Räubereien und Mordtaten vorkamen, welche unsre altem Aufzeichnungen berichten. Auch wohnte der „unehrliche" und von allen Bürgern gemiedene Henker der Stadt auf dem Strohhofe (bis 1607)[4]), und zwar am Ausgang des Vorortes, also wohl an der Häscherbrücke, deren Name wohl daran erinnerte. — 1615 wurden zwei Hallknechte mit dem Schwerte hingerichtet, die in einer Schenke des Strohhofs eine hochschwangere Soldatenfrau genotzüchtigt hatten. 1617 erstach ein anderer sein Weib im Bette und dann sich selbst. Der Scharfrichter stürzte nach altem Herkommen des Mörders Leichnam aus der Kammer auf die Gasse, band ihn auf eine Horde und schleifte ihn vor den Roland und dann vor das Steintor, wo er in terrorem auf das Rad gelegt wurde. — 1648 am 18. 4. werden die Schweden von den Kaiserlichen auf dem Strohhof überfallen, zwei werden erschossen, viele verwundet und ausgeplündert.

Um 1667 zeigt der Plan des Olearius den Strohhof nördlich der Herrenstraße bis auf die westliche Hälfte an der Schwemmsaale bebaüt, und zu Dreyhaupts Zeiten (1750) finden wir auch diese Gegend, also beide Seiten der „Spitze", besiedelt, ebenso war damals der Teil südlich der Herrenstraße fast soweit wie heutzutage bewohnt. Der Strohhof hat seitdem keine weitere Bebauung nach Westen (nach dem Ratswerder) erfahren. —

1691 wird die Verfassung des Strohhofes erneuert und verbessert. — 1709 legte der französische Reformierte Blamboy ein Brauhaus auf dem Strohhof neben dem Ratswerder an. 1715 kaufte diese Brauerei die Stadt Halle zum Besten der städtischen Brauerschaft an. Dennoch erhalten die Strohhöfer und die Bewohner vor dem Klaustore nach mannigfachen Weiterungen endlich 1718 durch Friedrich Wilhelm I. für 2000 Taler das Privileg von 30 erblichen (später 60 halben) Braugerechtigkeiten an den einzelnen Häusern, so daß sie sich ein eigenes Brauhaus in dem sie der Reihe nach brauen dürfen, bauen; so entstand die Schwemmebrauerei oder das Brauhaus zum Pelikan. — Aber nicht bloß vom Bierbrauen nährten sich die Strohhöfer, sondern auch vom Branntweinbrennen, Stärkemachen und von dem damit verbundenen Schweinemästen.

Der Strohhof war gemäß seiner niederen Insellage häufigen und schweren Ueberschwemmungen ausgesetzt. Bereits 1595 fand eine schreckliche Wasserflut statt, das Wasser stand bis an die Giebeln der Häuser. Schon starke Regengüsse des Sommers wirkten unheilvoll: am 5. 8. 1752 stand das Wasser vermöge eines starken Platzregens über vier Ellen hoch, nachts 2 Uhr mußte die Kuttelpforte geöffnet werden, daß die Strohhöfer ihre Kinder auf Kähnen in die Stadt retten konnten. Am 1. 7. 1771 stand der ganze Strohhof durch vielen anhaltenden Regen wiederum unter Wasser: das Haus des Stärkefabrikanten Genthe stürzte ein, viele andere litten sehr. Am 29. 2. 1784 schadete dem Strohhof das Wasser wiederum sehr, das acht Ellen über den gewöhnlichen Wasserstand gewachsen war. In der unheilvollen Ueberschwemmung am 24. 2. 1799 stand das Wasser bis in das zweite Stock der Häuser. Und noch 1827 stand der ganze Strohhof im Februar und März so unter Wasser, daß man mit Kähnen in seinen Straßen entlang fuhr. Seitdem verloren sich, dank der besseren Regulierungen der Saale, die Ueberschwemmungen immer mehr. —

Als Gasthof auf dem Strohhofe wird bereits 1750 das Schwarze Roß erwähnt (Dr. II. 568). Es ist erst im 19. Jhdt. wieder eingegangen; dann das Goldene Schiff, sein Wirt ertränkte sich 1795 aus Verzweiflung, weil er glaubte, nicht selig werden zu können. — Das Haus zum Wallfisch wurde vom Rate der Stadt nur als Wirtschaft (schon vor 1750) umgebaut und verpachtet. — Das Goldene Kreuz war um 1825 ein Gasthof in der Herrenstraße, Ecke Ratswerdergasse (heute Herrenstraße Nr. 6).

Als Gassen des Strohhofs werden um 1825 erwähnt: die Spitze, der Kuttelhof, die Kelnergasse, die Borngasse (Gerbergasse), die Liliengasse, die Herrengasse, die Ratswerdergasse und der Fischerplan. — 1828 werden die Baderei, das Bäckergäßchen und das Paradiesgäßchen neu hinzugefügt. — Die Zahl der Häuser des Strohhofs und der Klaustorvorstadt betrug 1805: 152. —

1841/42 wurde die Schwarze Brücke oder Häscherbrücke für 4905 Taler neu erbaut. 1893/94 wurde die Hallsaale reguliert und überbaut und zwar von der Moritzbrücke bis zur Klausbrücke; so wurde der Inselcharakter des Strohhofes verwischt und ein engerer Anschluß an die Altstadt bewirkt, der schon jetzt dem Strohhof zu Gute gekommen ist, indem sich manche stattliche Neubauten inmitten der alten Häuser erheben.

Unterhalb der Strohaschenschicht des Strohhofes steht Diluvialsand, er wurde bei einer Brunnengrabung in 18 Fuß Tiefe noch nicht durchsunken gefunden. —

Die Spitze. Die Herrenstraße.

Die Spitze als Straße hat den Namen von der Spitze der Strohhofinsel, auf der sie liegt. Ehemals verband die Kuttelbrücke sie mit der Altstadt (mit der Halle). Jetzt ist die

Hallsaale überwölbt (seit 1893/94), und statt der Brücke führt ein gepflasteter Straßenweg in die Spitze, ein zweiter Zugang von der Halle aus befindet sich etwas südlicher. — Man gelangt von der Halle auf einen kleinen Platz, hier gabelt sich der Straßenzug der Spitze links und rechts. Der linke (südliche) Straßenzug ist wenigstens auf der östlichen Seite meist von neuen, hohen Mietshäusern (Nr. 1/13) besetzt, der rechte (nördliche) zeigt noch den altertümlichen Charakter in den kleinen, 2stöckigen Häusern; besonders malerisch erhebt sich wie ein altes, verfallenes, schiefes Gartenhaus das 2stöckige, 2fenstrige, quadratische Haus Nr. 23 an alter Gartenmauer empor. — Die Breite der Straße beträgt ungefähr 15 Schritte. — 1835: 26 Nummern, darunter 6 Doppelnummern; 1915: 34 Häuser (38 Nummern). —

Die Herrenstraße ist von alten Zeiten her die Hauptader des Verkehrs der Strohhofinsel. Schon im Mittelalter führte sie von der Moritzbrücke auf die Insel. Später wurde der Weg über die Häscherbrücke zur Mansfelder (Eislebener) Chaussee fortgeführt.

Der Name der Straße ist nicht alt: 1824 Herrengasse; 1828: Herrenstraße. Die Straße führte ihn, weil sie der breiteste, vornehmste und wichtigste Verkehrsweg durch die Insel war.

Die Herrenstraße durchschneidet die Insel von Südosten nach Nordwesten, sie teilt die Vorstadt in eine größere, nördliche und kleinere, südliche Hälfte. Die Nebenstraßen auf der nördlichen Seite sind von Osten nach Westen: An der Baderei, Lilienstraße, Gerberstraße, Kelnerstraße, Kuttelhof. Die Straßen auf der südlichen Seite sind von Osten nach Westen: Fischerplan, Paradiesgasse, Ratswerder und Werdergasse. —

Seit 1887 ist die Herrenstraße über die Schwarze Brücke bis zur Mansfelder Straße verlängert worden und zwar durch die Häuser Nr. 13/18, die abgesehen von dem alten Haus Nr. 18 neue vielstöckige Mietshäuser sind, auf dem alten Ziegelscheunengelände (s. Mansfelderstraße) entstanden. Vorher hieß der Komplex „An der Schwemme". Bei dieser jüngeren Herrenstraße bildet die breite Schiffssaale das gegenseitige Ufer. — Die Strohhofer Herrenstraße gewährt mit ihren mannigfachen, älteren Häusern einen althallischen Eindruck. Ihre Breite ist etwa 15 Schritte. — 1835: 20 Häuser (darunter 3 Doppelnummern); 1915: 25 Häuser (26 Nummern). —

Nr. 6 (Ecke Ratswerder). Auf diesem Gelände stand ehemals der Gasthof zum Goldenen Kreuz (um 1824).

Nr. 19 (Ecke Kuttelhof). Auf diesem Grundstück stand vordem die Brauerei von Preßler (Nr. 2102/3). Diese Brauerei wurde 1815 nach Aufhebung des Brauereiprivilegiums vom Stärkefabrikanten Lehn angelegt und 1824 an Preßler verkauft. Lehn kaufte dafür 1830 das Werderbrauhaus für 2301 Taler. Die Brauerei Preßler existierte noch 1885 (Herrenstraße Nr. 13)

Den Eingang in die Herrenstraße bildete die ehemalige Moritzbrücke siehe Band I, S. 38. —

Der alte Ausgang der Herrenstraße ist die Häscher- oder Schwarze Brücke über die Schwemmsaale: 1519 erbaut und bald darauf mit einem Tore, dem sog. Schwarzen- oder Häschertor versehen (auch Aeußeres Moritztor genannt). Es war ein einfaches Torhaus und wurde um 1840 abgebrochen. Der Name Häscherbrücke, Häschertor entstand, weil in dieser Gegend die Häscher wohnten (s. oben). — 1841/42 wurde die Brücke für 4905 Taler von neuem erbaut auf zwei Pfeilern und drei Bogen, 90 Fuß lang und 15 Fuß breit. Sie ist heutzutage gepflastert und trottoirisiert und mit einem leichten Eisengitter versehen.

Nördlich der Herrenstraße.

An der Baderei ist der erste kleine Straßenzug auf der nördlichen Hälfte des durch die Herrenstraße geteilten Strohhofs, ehemals an der Hallsaale gelegen, die zum Baden benutzt wurde, daher der Name, der 1828 offiziell eingeführt wurde. 1837: 4 Häuser; 1915: 4 Häuser, meist moderne Mietshäuser.

Die Lilienstraße, die zweite von der Herrenstraße nordwärts abbiegende Nebenstraße, ist eine enge Gasse, 1893 zur Straße erhoben, etwa 7 Schritte breit und meist noch mit den alten, getünchten Häusern besetzt. — Die Straße ist eine der ältesten des Strohhofs, bereits 1418 erwähnt: yn Lybingesgasse. Sie führt ihren Namen von der alten hallischen Patrizierfamile der Lybing (Libink, Levung, Levingh, Leving, Levig, Libnik), die hier ihren Hof und ihr Gut hatten, auf dessen Gelände sich Bürgerhäuser angesiedelt hatten. — 1835: 13 Häuser; 1915: 16 (18 Nummern). —

Die Familie Libing ist eine der vornehmsten und gliederreichsten unserer Stadt gewesen. Schon 1266 wird ein Schöffe Leving mit anderen Patriziern, mit den Bruns, Nordhausen, Merkelin aufgeführt. 1270: Bertram Levig (Levinghe). 1325 hat Johannes Living drei Söhne: Brand, Rüdiger und Johannes. 1325 ist Claus Living Schöffe, seine Gattin ist Gese, ihr Sohn ist Hans Living und dessen Ehefrau Saffe. Hans sowie Claus und Rüdiger Leving haben Besitz bei der alten Ulrichskirche.

1350: Heise Living. Um 1300 lebt auch Rolawes (Rudolf) Leving und sein Bruder Johannes. 1383: Peter Lywing (noch 1401 erwähnt); 1406: Claus Lyving. 1418: Hans Libing, er hat 1435 bei den Barfüßern in der Schönstraße Besitz. —

Die Gerberstraße ist eine enge, etwa 7 Schritte breite Gasse, die ihren altertümlichen Charakter durch ihre alten, 2stöckigen Häuser vollkommen gewahrt hat. Sie heißt 1824 und noch 1845 Borngasse, 1855 bereits Gerbergasse, wird 1893 Gerberstraße. — 1837: 16 Häuser; 1915: 15 Häuser. — Den Namen empfing sie von den Gerbern, die hier wie überhaupt auf dem Strohhof bis auf unsere Tage vielfach wohnten.

Die Kelnerstraße[5]) ist die älteste erwähnte Straße des Strohhofs, 1412: vor Kelnershofe. 1479 hatten die Pfänner Zinsen und Lehen an den Häusern, die dort lagen. — Ihren Namen empfing die Straße von der alten, hallischen Patrizierfamilie der Kelner, die um 1400 sehr ausgedehnt und reich erscheint. 1392: Hans Kelner, seine Frau ist Anna, seine Tochter Kerstine (Christine). 1392: Busso Kelner, seine Frau ist Ilsebet 1404, seine Tochter Anna. 1434 vermachten Hentze Kelner und seine Frau Anna ihre Güter ihrer Nichte Anna, der Tochter von Busso. 1404: Konrad Kelner; 1414: Nickel und seine Frau Katharina wohnen in Kleinschmieden (1424). —

Das Geschlecht hatte einen ausgedehnten Hof auf dem Strohhof, den Kelners Hof: er wird 13 mal von 1400/1466 erwähnt, ist also sehr besiedelt. Es werden wiederholt Höfe oder Häuser up Kelners hofe oder uff Kelners hoffe erwähnt.

Die Straße ist etwa 11 Schritte breit. — 1837: 16 Häuser; 1915: 17 Häuser. —

Der Kuttelhof nennt sich die letzte nordwärts von der Herrenstraße abbiegende Straße. Sie führt den Namen nach dem alten Schlachthaus der hallischen Fleischer, das freilich weiter oberhalb auf der Spitze gelegen haben wird (vergl. die Kuttelbrücke)[6]). Die Straße beginnt an der Herrenstraße, ihre Fortsetzung ist der nördliche Zweig der Spitze (s. d.). Die Häuser Nr. 1/5 sind malerisch altertümlich, die auf der gegenüberliegenden Seite sind im krassen Gegensatz hohe moderne Mietshäuser. Die Straße ist etwa 11 Schritte breit. — Ehedem wurde auch das Schwemmbrauhaus (zum Pelikan) Nr. 2152b zum Kuttelhof gerechnet. — 1835: 8 Häuser; 1915: 14 Häuser (in 13 Nummern). —

Nr. 1, dieses alte, 3stöckige, glatte Eckhaus (an der Herrenstraße) ist das ehemalige Armenhaus der französisch-reformierten Gemeinde. 1720 kaufte der Kaufmann Jean Conrad Escher in Leipzig für 425 Taler das Haus und übergab es der hallischen französischen Gemeinde zu einem Hospital, in dem Alte und Kranke Unterkunft finden sollten[7]. 1809 kam es mit der französischen Gemeinde an die deutschreformierte (Dom). 1827 wurde es mit den Hospitaliten des verkauften Armenhauses vor dem Steintore besetzt. 1875 veräußerte es die Domgemeinde für 19 500 ℳ an den Fischhändler Krahmer. Sie kauft dafür das neue Hospital in der Henriettenstraße 26 für 21 131 ℳ[8]).

Südlich der Herrenstraße.

Der Fischerplan ist eine alte Straßenbezeichnung, schon Olearius (1667) zählt den Plan unter die fünf der Altstadt Halle[9]). Es ist der erste Straßenzug südlich der Herrenstraße nächst der Moritzbrücke. Die anfangs enge Gasse erweitert sich in der Mitte zu einen kleinen Platze, westlich setzt sich ein kleiner Durchgang zum Ratswerder an. 1837: 13 kleine Häuser, 1915: 9 Häuser, darunter größere, moderne Mietsgebäude.

Die Paradiesgasse, zwischen Nr. 3 und 4 der Herrenstraße, hieß noch 1862 „Bäckergasse". Sie ist eine kurze, etwa 5 Schritte breite, altertümliche Gasse, die auf das Paradies gradeaus führt, auf jene alte Gartenwirtschaft, von der sie den Namen hat. Die anliegenden Grundstücke zählen zur Herrenstraße und zum Ratswerder.

Die Werdergasse, die am meisten westlich gelegene Gasse auf der südlichen Seite der Herrenstraße, führt ihren Namen vom Ratswerder, auf den sie geradeaus stößt. Auf ihrer westlichen Seite und Ecke Herrenstraße, auf dem heutigen Kefersteinschen Grundstück (Herrenstraße Nr. 12) befand sich ehemals das Werderbrauhaus (Nr. 2042, 2043); 1855: Ratwerder Nr. 8. Es war 1709 von dem französisch Reformierten Blomboy angelegt worden, dann hatten es die Strohhöfer gekauft, um hier eigenes Bier zu brauen. Auf Klagen des hallischen Magistrates verurteilte sie der König Friedrich Wilhelm I. zu 1000 Talern Geldstrafe. Nun kaufte der hallische Rat die Brauerei 1715 für 3000 Taler und ließ hier eine Sorte Braunbier brauen. Die Strohhöfer erhielten aber 1718 dennoch ein Privilegium selber zu brauen, und so entstand das Pelikan- oder Schwemm-Brauhaus.

Da die Rentabilität der Brauhäuser, besonders nachdem unter Westfälischer Regierung das Brau-Privilegium aufgehoben war, zurückging, verkaufte die Stadt 1813 auch das Werderbrauhaus für 2310 Taler an eine Braugesellschaft. Da diese ebenfalls zu wenig verdiente, verpachtete sie 1827 das Werderbrauhaus an den Brauereibesitzer Lehn; endlich verkaufte sie es 1830 für 2300 Taler. 1837 besteht sie noch. 1845 ist sie nicht mehr verzeichnet. —

Der Ratswerder wird heutzutage (schon seit 1845) die Straße parallel der Herrenstraße, aber südlich von ihr, genannt; vordem hieß auch sie Werdergasse; auf sie münden also der Fischerplan, die Paradiesgasse und die Werdergasse. — Den Namen führt sie nach dem hinter ihr (südwestlich) liegenden großen Werder, der sich bis gegenüber Glaucha (Hospital) erstreckt. Dieser Werder gehörte seit dem Kauf der Strohhofinsel dem Rate der Stadt Halle, wurde daher der „Ratswerder" genannt, man gab ihn gegen einen Kanon von 91 Talern in Erbpacht, die nachmals (1855) durch eine Kapitalzahlung von 2059 Talern 19 Sgr. abgelöst wurde, so wurde der Werder Privatbesitz. — Der Ratswerder hieß noch um 1835 Werdergasse, in ihm befanden sich Nr. 2044, schon um 1800 eine Gastwirtschaft „Zum Jagdschiff", so noch 1845 (1855: Ratswerder Nr. 9) und einige Häuser aufwärts eine andere Nr. 2040 „Zum Schwarzen Roß" (1855: Ratswerder Nr. 6). —

Die Häuser Nr. 9/11 und Nr. 12 und 13 bilden einen Ausgang zur Herrenstraße, der früher Paradiesgasse genannt wurde. — Die Straße hat ein altertümliches Aussehen: alte, 2stöckige Häuser nehmen die Südseite ein (Nr. 1/8).

Nr. 3 ist die Wirtschaft zum „Paradies", die angeblich ihren Namen von dem alten Kot zum Paradiesvogel führen soll[10]). Die Bezeichnung „Zum Paradies" für Gastwirtschaften ist aber öfters gebraucht worden, auch in anderen Städten und wohl aus leicht verständlichen Gründen; so gab es auch in Magdeburg vor hundert Jahren eine Wirtschaft zum Paradies[11]). — Das „Paradies" wird 1845 noch nicht erwähnt, wohl aber 1850 (Nr. 2038b), damals wurde es sehr besucht, besonders in des Sommers Schwüle wegen seiner Kühle durch die Lage an der Saale und durch seine schattigen Gartenanlagen. Jetzt ist der Garten durch mancherlei Neuerungen (Veranden usw.) verbessert, aber auch eingeengt worden. —

Anhang.

1. Man heizte anfangs mit Stroh, später mit Holz, zuletzt mit Kohlen s. Band I, 13. — 2. Siehe Band I, S. 17. — 3. Woher der Name „Schwarze Brücke" entstammt, ist ungewiß. Es gab auch an der Schwarzen Brücke einen „Schwarzen Damm" (das Wehr, noch 1700 so genannt), wohl nach der schwarzen Anstrichfarbe also bezeichnet. — 4. Der Hallische Henker übernahm auch für das Amt Giebichenstein die Exekution. 1607 jedoch nahm Giebichenstein einen eigenen Henker an. Halle ließ nun das Amt eingehen und nahm den auch in Leipzig tätigen Henker Heyland in Dienst, der freilich die „gewöhnlichsten" Geschäfte (Hängen usw.), die keine Kunst erforderten, durch einen seiner Knechte in Halle verrichten ließ. Um 1687 wurde für Halle und später auch für den Saalkreis ein neuer Henker (Gebhard) angenommen, der aber auf dem Steinweg (s. d.) an dem oberen Rannischen Tor wohnte. — 5. Die Straße wird offiziell fälschlich mit zwei l geschrieben, statt mit einem. Die alte hallische Familie schreibt sich stets Kelner, ebenso auch Kelners Hof. — 6. Vergl. Band I, S. 17 u. f. — 7. Albertz: der Dom und die Domgemeinde zu Halle, macht den unbegreiflichen Fehler, daß er das Haus auf Fischerplan 4 versetzt. — 8. Krahmer zahlte 19500 ℳ, doch standen 9000 ℳ Hypothek auf dem Hause. Durch die Freigebigkeit zweier Mitglieder der Gemeinde, der Frau Geh.-Rat Krukenberg geb. Reil und des Rittergutsbesitzers Bartels auf Gimritz wurden noch 4000 Taler zusammengebracht, so daß man das jetzige Hospital, Henriettenstraße 26, für 21131 ℳ kaufen konnte. — 9. Die fünf Pläne sind Kaiser (Katzen) plan, Freudenplan, Fischerplan, Galgtorplan, Holzplan vor dem Klaustore. — 10. Dieser ehemalige Kot zum Paradiesvogel gehörte der Klasse der großen Kote an; es war ein 1629 neu erbauter Erbkot, der dem Hospital S. Cyriaci in Glaucha zinste. — 11. Ein Haus, das bei dem Heiligengeist-Pfarrhof lag an des Klosters U. L. Frauen Weinberg, wurde „Zum Paradies" genannt. —

Glaucha. Allgemeines.

Der heutige Stadtteil Glaucha entstand aus einer sorbischen Sumpfsiedlung des 7. oder 8. Jahrhunderts. Ihr Name Glaucha (1231: Glouch: 1286: Glouc; 1370: Glouch = Luch, Lugk, Lauch) bedeutet eine sumpfige Fläche, Niederung, inselartiges Sumpfland. Noch lange, bis in das 19. Jhdt. waren die Häuser in der Nähe der Kirche (denn hier ist der Ursprung des Ortes zu suchen) den Ueberschwemmungen der Saale ausgesetzt gewesen. Auch in dem oberen Gelände standen viele kleine Teiche und Wasserlachen, bis in das vorige Jhdt., so der Hirtenteich in der Hirtenstraße, der Tümpel auf dem Lerchenfeld, der Teich auf dem Platz vor den Weingärten; kleine Quellen entsprangen auf dem Lerchenfeld, in der Langenstraße (Meyers Bad), in der Taubenstraße (auf dem Volksschulengelände) usw. Buntsandstein und oft undurchlässiger Ton und Lettenzwischenlagen bilden den Untergrund. —

Das ursprüngliche Glaucha entwickelte sich in und um eine sorbische Sumpfbefestigung, die südwestlich von der (späteren) Kirche lag, zwischen dieser und der Abzweigung der Gerbersaale von der Hauptsaale, also im Gelände des späteren Klosters und Hospitals, nur wenige Fuß über dem Saalespiegel. Die Befestigung ging in den Besitz eines deutschen Vasallengeschlechtes über, die sich nach ihr nannten, die Herren von Glouch. Sie bestand aus einem Turm und dem Wohnhaus (curia). — 1231 mußte Volrad von Glouch diesen seinen Erbsitz bei der Georgenkirche dem Cisterzienser Nonnenkloster verkaufen, und zwar für die stattliche Summe von 130 Mark Silber. Er wie seine Nachkommen wohnten fortan in Halle, so um 1300 Busso von Glouc und noch um 1401 ist der Ritter Johannes de Gluk in Westendorf bei Brachstedt, in Eismanndorf und Löbersdorf bei Zörbig begütert. —

Bei dem Kastell, in seinem Schutze, entstand schon auf einem Hügel an der Saale, wohl um 1100 die Kirche S. Georgen. 1121 wird sie dem neugegründeten Neuwerk Kloster zugeeignet (ecclesia S. Georgii in Glouc). Die Kirche besaß einen wohl größeren Garten, den ihr die Bürger Burkard, Ludolf und Ratmar entrissen und ihr 1223 wiederzugeben hatten. 1231 wird die Kirche an das Nonnenkloster oder die Marienkammer vom Kloster Neuwerk durch Tausch abgetreten, zugleich muß auch der Ritter von Glouch seinen stattlichen Wohnsitz (turrem cum adiacente curia in villa Glouch usque ad Salam) verkaufen, und so wird jetzt das Nonnenkloster hierher versetzt, das bereits vom Erzbischof Wichmann 1192 gegründet und aushilfsweise in der Stadt untergebracht war. Die Dörfler müssen weiter nach Süden und Osten sich ansiedeln, das Kloster selbst führt durch Almosensammlungen (Aufruf des Erzbischofs dazu!) neue Gehöfte auf. Sein Komplex erstreckte sich südlich und südwestlich der Kirche, auch über den heutigen Hospitalplatz hinaus, bis zur heutigen Genzmerbrücke und dem Andreasgottesacker am Hospital. Eine Anzahl Gehöfte, Scheunen, Ställe, Wirtschaftshöfe, Grasgarten, ein Hopfengarten und ein Schafhof (der 1561 noch 771 Schafe zählte) standen hier. — Ein Dammweg an der Saale führte vom Dorfe in die Stadt, in das Moritztor (Moritzpforte s. Band. I. S. 37). Er war durch die Ueberschwemmungen der Gerbersaale und durch Regengüsse oft schlüpfrig und unwegsam. Diesen Weg ließ die Aebtissin Gertrud 1299 etwas verlegen, durch eines Bürgers Krauses Garten, also abseits von der Saale. —

Hinter dem Kloster, an der Saale, lag eine Mühle: Sie gehörte 1236 dem Herren von Hausen, dann dem Kloster Neuwerk. Ein Wehr dämmte die Hauptsaale dort, wo die Gerbersaale sich von ihr abzweigte. Streitigkeiten zwischen dem Rat und dem Kloster bewirkten, daß die lästige Mühle, die das Wasser abfing, endlich 1449 abgerissen wurde und der Rat einen Zins an das Kloster entrichtete.

Das eigentliche Glaucha (bei dem Kloster) umfaßte um 1370 mehr als 30 Höfe, die an erzbischöfliche Vasallen, wie an die Trotha (3), Nordhausen, an die Rode (13) an Ratmar von Stein (9) verliehen waren. Es trennte sich in Nieder- und Oberglaucha, dieses bei der Kirche, jenes südlich von diesem. Eine zweite Siedlung war die am Steinweg, am Rittersitz der Herrn von Stein und der von Zimmer; eine dritte war das Dorf Klitschendorf. Alle diese Dorfsiedlungen und Rittersitze wurden um 1390 durch Erzbischof Albrecht IV. zu einem Gemeinwesen, einem Flecken, verschmolzen, der die spätere Amtsstadt Glaucha bildete. — Südlich vom Dorfe, an der Saale aufwärts, erstreckte sich das Dorf Bellendorf (die heutigen Weingärten, auch Wein- und Kirschgärten genannt), eine einzige, von Fischern bewohnte Straße. Es gehörte schon im 15. Jhdt. dem Rate der Stadt Halle, lag außerhalb der Mauern und Tore Glauchas, war aber in die Glauchaer Kirche eingepfarrt, hatte jedoch weniger Lasten als Glaucha beizutragen. Erst 1817 wurden die Lasten für beide gleichmäßig geregelt. Bellendorf hatte seine eigene Verwaltung durch einen Rentherren. Die Erbgerichte und niedere Gerichtsbarkeit besaß der Rat in Halle bezw. die Berggerichte (s. Bd. I, Markt), die höheren Gerichte dagegen das Amt Giebichenstein. —

Der Flecken Glaucha wurde vom Erzbischof Albrecht IV. 1389 für 825 Schock Freiberger Groschen an die Stadt Halle verpfändet, bald aber wieder eingelöst. Sein Nachfolger Günther II. versetzte ihn 1414 für 1100 rheinische Gulden an die Stadt, die ihn bis 1469 behielt; in diesem Jahre löste ihn Erzbischof Johann wieder ein, und zwar mußten die Glauchaer den zehnten Teil ihres Vermögens dazu beisteuern, dafür durften die Glauchaer Schenkhäuser einrichten und fremde Biere verzapfen.[4])

Der Flecken Glaucha war frühzeitig mit Mauern und Toren versehen. Die Mauern waren aus Lehm und Steinen erbaut und hatten an den Toren einen turmartigen Aufbau.[5]) Nach der Stadt Halle zu standen zwei, nach dem Felde zu drei Tore. Jene waren das innere Glauchasche Tor vor dem Moritztore der Stadt und das Glauchaer Rannische Tor zwischen Mauergasse und Steinweg; nach dem Felde zu lagen das Hamstertor (das äußere oder Oberglauchasche Tor), es stand bei dem alten Siechenhaus, an der Ecke der Torstraße, das Lerchenfelder Tor dort, wo die Zwingerstraße in die Torstraße einmündete[5a]), und drittens das Oberrannische Tor am Ausgang des Steinwegs (am Rannischen Platze); bei jedem standen die Torhäuser des Torwächters. — Die Linie der Mauern zog sich von den Hinterhäusern des Steinwegs (die Franckeschen Stiftungen existierten noch nicht!), über das Oberrannische Tor, die heutige Torstraße entlang zum Hamstertor, dann über den Platz vor dem Eingange in die Weingärten, (diese lagen außerhalb der Mauern) bis zur Saale hinab, den Fluß entlang bis zur Kirche und der Moritzbrücke, und dann benutzte man die äußerste Stadtmauer an der Mauergasse bis zum Steinweg. — Die ältesten Straßenzüge waren der Steinweg, die Taube Gasse, die Mauergasse, die Mittelwache am Stege, Ober- und Unterplan mit Verbindungsgassen und Oberglaucha. —

Aus dem quellenreichen Gelände Glauchas suchte der Rat Halles frühzeitig Wasserleitungen in die Stadt zu legen. So wurde 1504 eine Leitung vom Lerchenfeld in die Stadt gelegt, sie ging aber bald wieder ein. 1563 sammelte man weiter südlich bei dem späteren Ludewigetc.-Grundstücke mehrere Quellen und leitete sie bis auf den Alten Markt (s. d.), und zwar zum ersten Mal 1593 in den Röhrkasten, der mit dem Steinbilde des Neptun geschmückt war. Später versorgte die Leitung nur den kleinen Teich am Steg und der Langengasse. —

1474 erhielten die Glauchaer vom Erzbischof Johann die Vergünstigung, nur drei Tage im Jahre dem Amte Giebichenstein, dem sie ja unterstellt waren, zu frönen.[6]) Erst 1562 wurde der Flecken zur Amtsstadt des Amtes Giebichenstein erhoben durch Erzbischof Siegesmund, der einen Wappenbrief ausstellte „Richtern und Schöppen, samt der ganzen Gemeinde zu Glaucha vor unser Stadt Halle.“ Das Wappen zeigt ein mitten geteiltes Schild, dessen Oberteil rot ist, in dem unteren weißen Teil rennt halb knieend der Ritter Georg dem Drachen den Spieß in den Leib und das Schwert in den Rachen. — Die Ober- und Erbgerichte in der Stadt gehörten dem Amte, die niederen Gerichte besaß die Stadt. Der Ort hatte seinen eigenen Rat und Bürgermeister. Seit 1623 bestand er aus fünf Personen, aus dem Bürgermeister, Stadtschreiber, Kämmerer und aus zwei Ratsmännern. Das Städtchen besaß kein Rathaus, man versammelte sich in der Wohnung des Bürgermeisters. Erst zu Ende des 18. Jhdts. ist ein Rathaus auf dem Gelände von Glauchaerstraße Nr. 10 entstanden.[7]) Auch teilte man damals im 16. Jhdt. die Stadt in drei Wachen ein, in die Oberwache (Saalberge, Oberglaucha mit dem Unterplan, Hirten-

und Schützenstraße), in die Mittelwache (die Gegend der Kirche und die zwischen Mauer- und Lange Straße) und in die Unterwache (Steinweg, Taubenstraße Lerchenfeld).[8])

Pest und Ueberschwemmungen suchten die junge Stadt sehr heim, 1543 (nicht 1541) starben in Halle 4000 Einwohner an der Pest, in Glaucha und Neumarkt dagegen 2000. 1552 und 1553 wütete ebenfalls die Pest. 1565 starben in Glaucha 605 Menschen an der Seuche; ebenfalls grassierte die schreckliche Krankheit 1566, 1596 und 1598 und im neuen Jahrhundert 1610. Von einem dreijährigen Sterben in den Jahren 1575, 1576, 1577, in dem 3822 Menschen in Gesamthalle verschieden, meldete ein hölzernes Epitaphium neben der Kanzel in der alten Kirche. — 1552 wurde der Ort obendrein durch Ueberschwemmungen stark mitgenommen. Auch 1562, 1563, 1565, 1566, 1575 schadeten schlimme Hochwasser; besonders aber die schreckliche Hochflut vom 2. 3. 1595. — Kriegsschulden drückten ebenfalls, so durch den Schmalkaldischen Krieg (1547) und späterhin durch die Türkensteuer (für Glaucha auf 160 Taler angeschlagen, so 1603).

Am 19. 1. 1547 hielt Justus Jonas die erste evangelische Predigt in Glaucha; trotzdem die Kirche dem Katholizismus zurückgegeben wurde, blieben die meisten Einwohner protestantisch. 1556 hielt Boetius wiederum nach Jahren die erste evangelische Predigt, und im nächsten Jahre 1557 wurde das Nonnenkloster aufgelöst und die Kirche dem evangelischen Gottesdienst für immer geöffnet. Die Gebäude und Aecker des Klosters übergab der Erzbischof Joachim Friedrich der Stadt Halle: durch die Pacht der Aecker sollte die Stadtschule (das Gymnasium s. Bd. I), unterhalten werden. 1576 verlegte der Rat das Hospital St. Cyriaci von der Moritzkirche hierher (s. Bd. I. 34). Eine Schule war schon 1559 in einem dem Kloster gehörigen Hause gegründet worden. Dies alte Schulhaus dicht an der Kirche ist erst 1786 zum Abbruch verkauft worden. 1562/63 fand die erste Kirchenvisitation in Glaucha statt. —

Die Gemeinde war arm an Ackerbesitz (wegen des großen Besitzes des Klosters), sie besaß nur ein Stückchen Feld, der „wüste Weinberg" genannt, auf dem man später (im 18. Jhdt.) Salpeterwände errichtete. — 1573 erhielt sie durch Joachim Friedrich den Schafhof der Oekonomie des Nonnenklosters, den sie als zweiten Gottesacker (Andreasgottesacker) einrichtete; ferner erhielt sie 1573 das Lerchenfeld. — Die Armut an Liegenschaften wollte man durch andere Privilegien ausgleichen: die Gemeinde durfte fremde Biere und Weine ausschenken, sie machte sich das so nutze, daß die meisten Häuser Schenken und nicht immer die besten waren. Es gab allein 37 vielbesuchte, oft sehr bedenkliche und auch von Halle aus gern benutzte Schankwirtschaften in der kleinen Stadt. Dazu kamen noch andere. Tagtäglich wurden die größten Ueppigkeiten und Bosheiten ohne Scheu getrieben (Dr. II. 41), und sogar der Pfarrer (M. Richter) kam wegen Hurerei und Ehebruch in Arrest und vom Dienst (1691). — In den Kneipen und Gärten ging es besonders zu Pfingsten am rohesten zu. Noch heutigen Tages steht Glaucha nicht in dem besten Rufe. — Jeder Hausbesitzer durfte auch mit Tüchern und Zeug, mit „Materialwaren" frei handeln, Tiere mästen und ihr Fleisch am „Korbe" (vor der heutigen Kaiserapotheke) frei verkaufen. — Ein anderes Privileg war das des Branntweinbrennens; dies trug auch nicht sonderlich zur Zucht und Ordnung in Glaucha bei. 1816 wurden noch 56 000 Kannen Branntwein produziert. Ferner das Privilegium des Stärkemachens und Schweinemästens. Schon während des 30jährigen Krieges blühten die „Sterkelmacher" in Glaucha. 1803 fabricierten noch 30 Stärkemacher (besonders am Steinwege) viele tausend Zentner Stärke; 1816: 17 Stärkemacher 2211 Zentner. — Große Gärten wurlagen im Stadtgebiet. Obst, Gemüse und sonstiger Unterhalt den hier geerntet. Die Hutung der vielen Schweine und Schafe wurde 1679 nach mancherlei Streitigkeiten mit Halle derart geregelt, daß die Glauchaer die Aecker und Fluren vor dem oberen Rannischen Tor, und zwar die rechts vom Steinwege liegen, bis an die Feldflur, der „Pfuhl" genannt, betreiben durften, doch mit nicht mehr als 400—500 Schafen und 7—8 Schock Schweinen. —

Der 30jährige Krieg hatte starken Rückgang der Bevölkerung und schwere Bedrückungen gebracht. Schon im November 1625 flüchteten viele Dörfler vor den Wallensteinern nach Glaucha, und bald flohen die Glauchaer selbst mit Hab und Familie nach Kursachsen. In der Verwirrung brannte 1626 des Bürgermeisters Haus samt den Akten der Stadt, die hier aufbewahrt wurden, nieder. Dazu grassierte in demselben Jahre die schlimme Pest. 1636 wütete wiederum die Pest, und die harten Schweden drangsalierten 1636/37 unter Banér Halle und auch Glaucha. Einquartierungen, maßlose Getreide- und Gelderpressungen wechselten ab, 1635: 165 Scheffel; 1636 für 460 Taler Stroh(!), am schlimmsten 1644: 195 Scheffel Getreide für den Grafen Königsmark und 1647: 1890 Stück Brote usw. für den Obersten Danneberg. Die Zahl der Einwohner war beim Ende des Krieges um die Hälfte gesunken, von 1500 auf 700.

1680 war der letzte Administrator, der Herzog Augustus, gestorben. Auf einer Anhöhe südlich von Glaucha hatte er seiner Gemahlin einen großen Weinberg mit einem Lusthause angelegt, das spätere Ludewigetc. Den großen Naturfreund lockten hierhin die Höhen- und Feldeinsamkeit und der weite Umblick.

Er hatte auch in Glaucha wie in Halle die Wunden des schlimmen Krieges zu mildern versucht, wenn auch die Steuern ungeheure blieben; so mußte Glaucha 1676 allein an landesherrlichen Steuern 1440 Taler zahlen[8a]. Doch schon 1682 grassierte von neuem die Pest: von 1200 Einwohnern in Glaucha starben 800, die auf dem Andreaskirchhof (in dem heutigen Hospitalgarten an der Glauchaerstraße bis Genzmerbrücke) begraben wurden. — Die Hohenzollern suchten anderweitig die Amtsstadt zu heben, der Große Kurfürst begabte 1684 die Stadt mit einem Kram-, Pferde- und Viehmarkt, welcher Donnerstags nach Pfingsten acht Tage lang gehalten wurde und zwar auf dem heutigen Franckeplatz und Steinweg (noch 1880)[8b]. 1710 beschenkte Friedrich I. den Ort mit einem neuen Markt nach Laurentius, der auf dem Platz vor dem Moritztore am heutigen unteren Zwinger abgehalten wurde. Jedoch Wochenmärkte bestanden in Glaucha nicht.

Am 7. 1. 1692 kam A. H. Francke in Halle an, er sollte einerseits als Professor der orientalischen Sprachen in der neuzuerrichtenden Universität wirken, andrerseits als Prediger in dem sehr verwahrlosten Glaucha. Am 7. 2. hielt er seine erste gewaltige Predigt, zu Buße und Einkehr mahnend, in der alten Kirche zu Glaucha.

Am 24. 7. 1698 legte er den Grund zu seinem Waisenhause, das die Anfänge aller bisherigen Stiftungen Franckes (der Armenschule in der Mittelwache, des Waisenhauses, des Pädagogiums) in sich vereinigen sollte. Es wurde zunächst auf dem Gelände des Gasthofes zum Goldenen Adler vor dem hallischen Rannischen Tor (für 1950 Taler angekauft) angelegt. Wo jetzt das Vordergebäude steht, war vordem ein grüner Platz, eine Anhöhe, um welche herum Schenken und Mietshäuser zerstreut lagen. Neue, nach Osten und Süden liegende Gebäude wurden hinzugekauft. Beim Tode Franckes († 8. 1. 1727) stehen die (älteren) Stiftungen fast ganz vollendet da.

Am 6. 1. 1740 brannte die alte, im romanischen Stile erbaute ehemalige Klosterkirche S. Georgen ab. Erst 1744 am ersten Pfingsttage konnte das jetzige Gotteshaus durch Gotthilf August Francke, den Sohn August Hermanns, eingeweiht werden. Es erhebt sich auf dem Gelände der alten Kirche.

Um 1750 wurde die Stadt nur noch in Ober- und Unter-Glaucha (Glaucha) eingeteilt. Der Name Weingärten ist gänzlich für Bellendorf eingetreten. Als Straßen erscheinen in Unter-Glaucha: der Steinweg, Vor dem Waisenhaus (auf dem heutigen Franckeplatz), Hinter der Mauer (Mauergasse), die Taubengasse die Mittelwache, die Gommergasse, Vor dem neuen Moritztor (auf dem Moritzzwinger), An der Kirche, der Steg, die Lange

Gasse, Hinter dem Hospital. In Ober-Glaucha existieren: die Mittelreihe, der Oberplan, der Hinterplan, das Lerchenfeld, Am Oberglauchischen Tore. — Später treten hinzu die Teufelsgasse, die Schützengasse mit dem großen Lerchenfeld, die Bäckergasse. — 1823 entstand der Franckeplatz, 1825 nach dem Abbruch des alten Hospitals der Hospitalplatz. – Noch später wurde der Name „die Glauchaerstraße" für Ober-Glaucha, Hospitalplatz und An der Kirche eingeführt. — 1750 zählte die Stadt 313 Häuser (die städtischen mitgerechnet) also etwa 2000 Einwohner. In den folgenden Jahren zeigt sich eine zunehmende Sterblichkeit infolge des schlechten Wassers, besonders in den Franckeschen Stiftungen (1751: 223 † und 99 *, 1753: 150 † und 98 *, 1755: 134 † und 91 *, 1757: 164 † und 73 *, 1760: 153 † und 68 *). Durch den 7jährigen Krieg ging die Bevölkerung um 500 Einwohner zurück. Einquartierungen, Fouragierungen, Kriegskontributionen besonders durch Sachsen und Kroaten hatten auch den Wohlstand sehr herabgedrückt. — 1772 grassierte eine auszehrende Krankheit, die arm und reich, jung und alt befiel, Alumnen und Inspektoren auf den Franckeschen Stiftungen erlagen ihr. Man zählte in diesem Jahr 48 Geburten und 285 Todesfälle!! — Allmählich nahm die Bevölkerung wieder zu: 1805 wohnten 2578 Zivil- und 145 Militärpersonen in Glaucha. — 1782: 314 Häuser nebst drei Scheunen. — 1787: 329 Häuser mit einem Gasthof; also in fünf Jahren ein Zuwachs von 15 Häusern. — Von den Bewohnern waren 20 Böttcher, 15 Schneider, 20 Schuster, 2 Chirurgen; an Vieh waren (1791) vorhanden: 48 Pferde, 146 Stück Rindvieh, 783 Schweine. —

Die Napoleonischen Kriegsjahre brachten wiederum schwere Drangsale, obendrein viele Neuerungen über die Stadt. An Stelle des Bürgermeisters und der Ratsherren traten der Maire und der Municipalrat; an Stelle des Giebichensteiner Gerichts die französischen; zudem wurden immer neue Steuern und Zwangsanleihen beschert. Durch die vielen Verwundeten der Leipziger Schlacht wurde der Typhus eingeschleppt, der hunderte von Opfern, auch in der Zivilbevölkerung, forderte. Ende Oktober bis 12. 12. 1813 befand sich ein Lazarett in der Glauchaer Kirche.

Nach Beendigung der Freiheitskriege und Bildung der Provinz Sachsen suchten die Glauchaer wegen der großen Schulden und der hohen Verwaltungskosten Einverleibung in Halle. Endlich gingen am 31. 10. 1817 Glaucha wie auch die andere Amtsstadt im Norden, Neumarkt, in Halle auf. Die fünf Gemeinderäte Glauchas traten in den hallischen Gemeinderat über. Im Salon des Reilschen Bades (s. Bd. I) feierte man die Vereinigung.

1824 entstand an der heutigen Schützenstraße am Lerchenfelde ein neues Gebäude der Glauchaschen Schützengesellschaft mit großen Schießständen. Die Entstehung der Gesellschaft wird bis in das 16. Jhdt. zurückgeführt[9]). — 1829 zählte man 362 Häuser, das Waisenhaus nicht eingerechnet, außerdem 28 wüste Stätten, die Weingärten wurden jetzt in Glaucha eingerechnet. — Januar bis Juli 1832 grassierte die Cholera in Halle, es starben in Gesamthalle 856 Personen an ihr. — 1843 wurde die Glauchasche Kinderbewahranstalt zunächst in einem kleinen Hause der Gommergasse gegründet. — Am 1. 1. 1875 fiel die Mahl- und Schlachtsteuer; das staatliche Kontrollhaus am Oberglauchischen Tor (Hamstertor) kaufte die Stadt für 2983 ℳ an. — 1878 zählte Glaucha bereits 8/9000 Einwohner. — 1886 erneuerte man die Kirche mit Unkosten von über 20 000 ℳ. — 1892 baute man das Hospital um; 1912 fügte man einen Erweiterungsbau hinzu. —

Das große Gartengelände zwischen der Glauchaerstraße und dem Steinweg, das zu Anfang des 19. Jhdts. (um 1820) fast ein Dutzend großer Gärten zählte — zwischen der Glauchaer Straße und der heutigen Zwingerstraße lagen Meyers Bad, Breitings Garten, Kaufmanns Garten, der Schießplatz; zwischen der Zwingerstraße nnd dem Steinwege: Richters Garten, Merkels Garten, Fincks Garten und Hupens Garten — dies große Gartengelände wurde 1881 im Bebauungsplane aufgeteilt und später um 1890 ausgebaut. Es entstanden die Zwingerstraße auf einem alten Straßenzug zur Torstraße und die Lerchenfeldstraße zwischen Zwingerstraße und Glauchaerstraße, beide ziehen von Norden nach Süden. — Dagegen verläuft zwischen Zwingerstraße und Steinweg quer nach Südost auf den Rannischen Platz die Bertramstraße (1886/1900 ausgebaut). — Die Jakobstraße, die Albert Schmidtstraße, und die Schwetschkestraße durchschneiden von Osten nach Westen das große Gelände. Die Torstraße bildet den Abschluß im Süden.

In geologischer Hinsicht sei bemerkt, daß der westliche Teil von Glaucha, von der Saale bis etwa zur Zwingerstraße, auf Buntsandstein steht, weiter östlich folgt Braunkohle. Sandsteinton findet sich in Oberglaucha, an dem Schützenhause, aber auch in der Wörmlitzerstraße und an Ludewigetc. Nach dem Saaleufer zu (Unterplan, Weingärten) wird er sandsteinartig. —

Die Glauchaer Straße.

Die Glauchaer Straße, die heutige Hauptstraße durch Glaucha, hat im Laufe der Jahrhunderte verschiedene Veränderungen im Namen wie in der Gestalt erfahren. — Schon im

13. Jhdt. führte vom alten Moritztore ein Weg auf einem Damm an der Saale bis kurz vor die Kirche, dann an dem Nonnenkloster entlang. Dieser Weg war durch die Ueberschwemmungen der Saale und durch die Platzregen oft unbenutzbar, die Äbtissin Gertrud schuf daher 1299 einen neuen, etwas östlich von diesem gelegenen Weg, der im Bogen um den Gottesacker der Kirche durch einen dem Kloster geschenkten Garten eines Bürgers Krause (vgl. Bd. I. 37.) führte, also etwas weiter östlich wie die heutige Glauchaer Straße um die Kirche biegt, wohl durch die jetzige Mittelwache. Dieser Weg wurde zum Fahrweg, der dann durch den Steg, durch die Langestraße auf das Hamstertor führte. — Neben diesem ältesten Fahrweg durch die Mittelwache entstand aber auch ein Fußweg über den Gottesacker der Kirche, d. h. der Anfang unserer jetzigen Glauchaer Straße. Dieser Fußweg führte zwischen den Oekonomiegehöften des Klosters und dem adligen Hof der Herren vom Steine in die Langestraße und mündete mit dieser (später Oberglaucha genannt) auf das Hamstertor. Dieser ursprüngliche Fußweg ist also unsere Glauchaer Straße. Sie verbessert sich ziemlich spät. Erst 1710, oder schon 1704, wurde der Anfang unserer Straße vervollkommnet: die hallische Stadtmauer am Moritztor wurde durchbrochen, Korbteich und Stadtgraben wurden zugefüllt, und der heutige breite Fahrweg entstand; wo ehemals der Damm entlang ging, wurden Häuser (an der Gerbersaale Gebäude von Nr. 73/79) gebaut. Und wie noch heute führte der Weg, nun als Fahrweg über den Kirchhof Georgen, bezw. an ihm vorüber, eine sehr schmale, krumme Straße, die „Am Moritztor" und „An der Glauchaer Kirche" benannt wurde. — 1825 wurden die alten Gehöfte des Klosters bzw. des Hospitals niedergerissen: der Hospitalplatz entstand. Die Glauchaer Straße führte von jetzt ab über den Platz. Die Straßenbezeichnungen „Am Spital" und „Hinter dem Spital" verschwanden vor dem neuen „Hospitalplatz". — 1867 wurde der Kirchhof verkleinert, die schmale Straße verbreitert und ein Bürgersteig angelegt. — Endlich fanden zu unseren Zeiten bedeutende Verbreiterungen der Straße gleich hinter dem Hospitale bis zum Unterplane auf der westlichen Seite statt. Neue große Mietshäuser entstanden hier, und der alte Andreasgottesacker weiter südlich mußte ein gut Teil Platz zur Straße hergeben. Jener alte Baum, der jetzt bei der Hospitalgartenecke mitten auf der Straße steht, zeigt noch den Vorsprung des alten Gottesackers an. — 1902 schuf man am Unterplan die Zufahrtstraße zur Genzmerbrücke auf die Pulverweiden: ein Teil des Andreasgottesackers wurde auch hier auf der nördlichen Seite des Zugangs verwendet. — 1910/12 stellte man auf dem Glauchaer Platz, wo der Unterplan abbiegt, eine Anlage her (für 710 und 1498 ℳ

um eine Bedürfnisanstalt, die, ein Fachwerkbau, 1908 für 4253 ℳ errichtet worden war.

Aus mannigfachen Straßenstücken und Bezeichnungen setzte sich unsere Straße zusammen: „Am Moritztor“, „An der Kirche“, „Hospitalplatz“, „Am Hospital“ und „Oberglaucha“. Sie alle gingen 1892 in der jetzigen einheitlichen Bezeichnung „Glauchaer Straße“ auf. — Die Straße zeigt nur zuweilen noch den altertümlichen Charakter, so anfangs dem Kirchhof gegenüber (Nr. 4/9), besonders aber in Oberglaucha; die Häuser Nr. 29, ein ganz altes, 2stöckiges Häuschen, dann das letzte Haus am früheren Hamstertor Nr. 43, dann jene Häuserinsel am Weingärtenplatz Nr. 46/48 und Nr. 53/55, 58, Nr. 60/67 geben noch einen Begriff des alten Aussehens. Eine Anzahl modernster, hoher Mietshäuser, besonders am Hospital (Nr. 69/71) und am Hospitalplatz (71a, b. d, e), löschen den alten Charakter immer mehr aus. So ist die Straße bald breiter, bald enger, bald von alten, bald von modernen, von hohen, von niederen Gebäuden ganz ungleichmäßig besetzt.

Die alte Kirche S. Georgen bis 1740. Sie wird bereits 1121 erwähnt und wurde damals dem neu gegründeten Neuwerkkloster zugeeignet (ecclesia Sancti Georgii s. Dr. I, 721), ist aber wohl schon um 1100 oder gar früher entstanden. — 1231 gab Erzbischof Albrecht die Kirche dem Nonnenkloster, sie stand von nun ab unter dem Abte von Zinna und nicht mehr unter dem Propst des Neuwerkklosters (s. unten). — 1270: tu sancte Jurien; 1300: tu sante Juregen; 1307: daz Gotteshus Sancti Georgi; 1350: tu sente Gurgen; 1400: tu sente Jurgen. — Sie war ursprünglich ein kleiner romanischer Bau mit runder Apsis im Osten, der später (als Klosterkirche) nach Westen verlängert wurde und acht kleine, enge, hochangebrachte, rundbogige Fenster auf der Südseite zählte. In der lutherischen Zeit erhielt sie mannigfache Veränderungen: einen kleinen, sechseckigen, zwiebelartig bedachten Turm in der Mitte des Schiffes, einen Vorbau auf der Südseite neben der westlich angebauten kleinen Kapelle, als Decke im Innern ein rundes Gewölbe aus Holz; das Kirchendach war auf der einen Seite mit Ziegeln, auf der anderen mit Schiefer gedeckt. Ebenfalls in der lutherischen Zeit erhielt die Kirche Emporen; die Frauenstühle waren von den Männerstühlen getrennt, außerdem gab es Brautstühle, Kirchenväterstühle usw. In der Kirche rechts und links vom Altare hingen mancherlei Tafeln und Epitaphien, meist aus Holz, mit gemalten oder geschnitzten Bildern, neben der Kanzel ein bemerkenswertes: die Gefangennahme Christi im Garten Gethsemane mit langer Inschrift über das schreckliche Sterben 1575/77. Auch hingen die Oelbilder sämtlicher

Pfarrer an den Wänden, so daß das Innere der Kirche einen verbauten, überladenen und durchaus barocken Eindruck gewährte. — Unter der Kirche befanden sich zwei offenbar alte Grabgewölbe, die im Zeitalter des Pietismus wieder mit Särgen angefüllt wurden; das größere zog sich als Tonnengewölbe unter dem Mittelschiff vom Altare ab hin, ein viel kleineres (später das Madaische genannt) lag vor dem großen, so daß eine T-Form gebildet wurde. — Am 19. 1. 1547 hielt Jonas, der Freund Luthers, die erste evangelische Predigt in der Kirche und nach einer katholischen Zwischenzeit wiederum Boetius 1556. Endgültig wurde 1557 die Kirche dem lutherischen Gottesdienst geöffnet. — 1617 wurde eine neue Kanzel für 50 Gulden von einer Frau Hoffmann zum Korbe[10]) gestiftet. — 1692 Neubau der Orgel. — 1724 Erneuerung der Kirche. — Am 6. 1. 1740 brannte die Kirche bis auf die Umfassungsmauer nieder: durch eine in der strengen Kälte zurückgelassene Kohlenpfanne kam das Feuer aus. Viel Wertvolles ging unter, vor allem der schöne Taufstein der Klosterzeit aus Glockenweiß und die Oelbilder sämtlicher Pastoren. Eine große Kollekte zum Bau der neuen Kirche fand statt, und der Gottesdienst wurde vier Jahre lang in dem großen Singesaal des Waisenhauses gehalten.

Der Gottesacker lag rings um die Kirche. Er war bis ins 16. Jhdt. der einzige der Gemeinde[11]). Er war größer denn heute und erstreckte sich bis an die Hinterhöfe der Mittelwache: über ihn führt ein Fußweg, die spätere Straße „An der Kirche", jetzige Glauchaerstraße (s. oben). — Nach dem 30jährigen Kriege war der Friedhof ein Tummelplatz für Schweine, Hühner und Gänse geworden. — 1813 nach der Schlacht bei Leipzig wurden einige ihren Wunden erlegene Krieger hier bestattet, so der russische Kapitän Feodor Karpow[12]). Durch Straßenverbreiterungen wurde der Kirchhof wiederholt verkleinert. Jetzt grenzt ihn, den freundlichen, sauberen Friedhof mit breiten, gepflasterten Wegen, nach der Straße zu eine höhere Bruchsteinmauer mit Backsteingeländer ab; alte Leichensteine träumen hie und da unter alten Akazien und Büschen.

Auf dem Kirchhof neben der Kirche lag das älteste Schulhaus. Es war ein Gebäude, zum Kloster gehörig, das 1559 vom Erzbischof Sigismund geschenkt wurde. Es hatte nur drei Stuben: in der obersten wohnte der Rektor mit den Seinigen, in der untersten wurde im Winter für beide Klassen Schule gehalten, in der mittleren wurden im Sommer die Knaben allein unterrichtet.[13]). 1786 wurde dieses älteste Schulhaus wegen Baufälligkeit zum Abbruch verkauft.

Das Pfarrhaus lag schon in der katholischen Zeit am Ende des Kirchhofs an der Ecke Steg und Mittelwache (Nr. 8)

Es hatte einen großen Garten, um den 1223 sich ein Streit mit den Nachbarn, den Herrn vom Steine, entspann (s. unten). Der große Garten wurde 1664 für 100 Gulden verkauft. — Bald nach der Reformationszeit ist Mittelwache Nr. 6 Pfarrhaus; durch A. H. Francke wurde Nr. 7 angekauft, es ist heute noch Pfarrhaus. —

Die neue Kirche S. Georgen. Sie wurde am ersten Pfingstfeiertag 1744 durch den Sohn A. H. Franckes, Gotthilf August, eingeweiht. — Für die neue Kirche scheinen die alten Fundamente nur wenig benutzt worden zu sein. Bau und Form der Kirche sind ganz im protestantischen Sinne vollzogen: viel Sitzplätze, mehrschossige Emporen, theaterhafte Anlage, um soviel wie möglich der Predigt, dem Hauptstück des protestantischen Gottesdienstes, zu nützen. Der Grundriß der Kirche ist ein griechisches Kreuz, über dessen östlichem Schenkel der Turm mit der Sakristei steht, offenbar des Straßenbildes wegen. Der Turm steht also nicht mehr im Westen! Er ist viereckig, oben achteckig mit Kuppel und Laterne versehen, nicht unschön. Die Kanzel steht über dem Altare, der Schmuck der Säulen, Halbbögen und der Figurenkrönung ist durchaus barock. — 1751 würde die neue Orgel aufgebaut. — 1755 baute man den Kirchturm (vorher ein bretternes Dach!) — 1755 wurden zwei neue Glocken aus dem alten Glockengut bei A. F. Becker in Halle gegossen (s. Band I, 36). — 1776 schenken die Franckeschen Stiftungen aus Anlaß eines glücklich abgewehrten Feuers einen silbernen Kelch, einen silbernen Oblatenteller, ein silbernes Kästchen und eine Weinkanne. — 1799 erhielt der Turm eine Uhr durch das Legat von 1000 Talern einer Frau Gottschalk (540 Taler für die Uhr, 220 Taler für die Uhrglocken). — 1805/11 wurde die Kirche erneuert. Der Gottesdienst fand im Saale der Franckeschen Stiftungen statt. — Vom 20. 10. 1813 bis zu Weihnachten diente die Kirche als Lazarett für preußische Verwundete. — 1814 erneuerte man Altar und Kanzel; die Jungfrauen der Gemeinde schenkten ein silbernes Kruzifix für 130 Taler. — 1833 besserte man den Kirchturm aus, und das Kirchendach deckte man für 774 Taler um, vergoldete auch den Turmknopf. — 1843 schaffte man Altarbibel, Kanzelbibel, Altarteppich an, eine wenig bemittelte Frau Benne schenkte 100 Taler deswegen. — 1846 wurde das Zifferblatt für 98 Taler erneuert. — 1853: Neubau der Orgel. — In den folgenden Jahren erhielt die Kirche Gas und Heizung. — 1860 schenkte Frau Dr. Heller zwei große Oelbilder (Auferstehung und Maria unter dem Kreuze). — Die Kirche ist außer diesen Bildern noch mit einem alten Oelbild aus dem 30jährigen Krieg und mit den Bildern mehrerer Pastoren

(A. H. Francke, Freylinghausen usw.) geschmückt, auch mit verschiedenen Gedenktafeln. — 1882 erhielt sie einen Taufstein aus massivem Eichenholz, der auf Rollen geht (über 200 ℳ). — 1886 wurde sie für 20000 ℳ vollständig erneuert, auch kamen zwei neue Altarleuchter zu den vier sehr alten hinzu. —

Das Cistercienser Nonnenkloster S. Georgen oder Marienkammer[14]**.** Bereits Erzbischof Wichmann († 1192) soll das Kloster (in der Stadt) kurz vor seinem Tode gegründet haben: aber erst Erzbischof Albrecht consolidierte es. 1231 mußte Ritter Volrad von Glouch seinen Stammsitz an der Georgenkirche an das Kloster verkaufen, und der Erzbischof tauschte die Kirche für das Kloster ein. Somit faßte das Kloster in Glaucha Fuß. Kollekten dienten zum Umbau der (kleinen) Kirche und zum Ausbau der Nonnenwohnungen. Kirche und Kloster wurden dem Abte von Zinna unterstellt. 1220: ecclesia monialium Sancti Georgii; 1231: camera Mariae; 1270: de vrowen von sente Jurien; 1367: in dem klostere tu sente Jurgen; 1418: daz gotishus czu sente Jorgen. — Eine Äbtissin stand an der Spitze der ganzen Verwaltung (1281: abbatissa; 1453: dy eptisschynne von sente Gurgen unde or cappittel; 1231: collegium sanctimonialium cisterciensis ordinis in ecclesia beati Georgii). Eine Priorin war dem Klosterdienste vorgesetzt. Die Zahl der Nonnen schwankte. Ihre Kleidung war ganz weiß, schwarz war das Kopftuch und das Skapulier (Brusttuch). – Das Kloster erhielt einen Pfarrer, der meist den Titel „Propst“ führte (1316: praepositus; 1431: der probest von sente Jorgen). Sein Haus lag an der (späteren) Mittelwache. Bald kam noch ein Kaplan dazu. — 1282 wird das Kloster umgebaut und bedeutend erweitert (40 Tage Ablaß für die Beitragenden und Spendenden!) — 1493 wird der benachbarte Hof derer vom Steine dem Kloster übergeben. — 1498 werden die Gärten des jetzigen Hospitals vom Kloster angekauft[15]). — 1557 nimmt die letzte Aebtissin, Anna Nietschmann, die evangelische Religion an und geht darauf mit den letzten Nonnen aus dem Kloster. — 1570 übergibt der Administrator Joachim Friedrich die Klostergebäude der Stadt Halle für das Cyriakshospital und die Klosteräcker ebenfalls, um aus ihren Einnahmen das neue Stadtgymnasium zu unterhalten. —

Das Kloster war ein Komplex weitläufiger Gebäude. Die Häuser der Nonnen und der Äbtissin lagen dicht südlich der Kirche und erstreckten sich bis zur Saale. Ueber den heutigen Hospitalplatz zogen sich weite Oekonomiegehöfte, Wirtschaftsgebäude, Ställe für Pferde, Kühe usw. Ein großer Hof schied sie von der westlichen Front, hinter der ein breiter Gartenstreifen zur Saale sich hinabzog. Hier lagen der Grasgarten mit einem Fischhalter und südlicher ein Hopfengarten. Den Schluß der Oekonomiegebäude bildete am südlichsten gelegen der Schafhof und Stall, auf der heutigen Hospitalgartenecke, nach dem Unterplan zu. Also fast das gesamte Gelände, das heute von der Kirche, von der Glauchaerstraße, von der Saale und von dem Fahrweg zur Genzmerbrücke begrenzt wird, gehörte dem Nonnenkloster S. Georgen. — Der Klosterökonomie stand ein Provisor oder Prokurator vor.

Das Cyriakshospital im alten Klostergebäude. 1570 übergibt der Administrator Joachim Friedrich die Gebäude des Klosters für ihr Cyriakshospital, das bei der Moritzkirche lag (Band I, S. 34), dazu das Gartenland, den Hopfengarten und 20 Hufen Acker, die aber der Rat für 8037 Taler wieder verkaufte. — 1571 werden etliche Wohngebäude über den Stuben der Schwestern aufgeführt. — 1572 erbaut man am Eingang ein Torhaus. — 1573 baut man das alte Wagegebäude des Markts, sein hölzernes Vorderhaus, im Hospitale wieder auf. — 1574 errichtet man neue Scheuern und Wirtschaftsgebäude. — Am 27. 9. 1576, findet endlich der Umzug der Hospitaliten in das ehemalige Kloster statt. Neue Hofstätten kaufte man dazu: die letzten Häuser und Höfe, die noch an der (heutigen) Glauchaerstraße lagen (also etwa südlich vom Hospitalplatz) und die noch Privatleuten gehörten. — So hatte das Hospital zuletzt 25 Häuser inne, die jedoch meist alt und baufällig waren. Doch die Verwaltung war eine tüchtige: 1583 jährliche Einnahme von 757 Gulden. — Der 30jährige Krieg brachte dem Wohlstande und der Oekonomie des Hospitals großen Schaden, jedoch wurde 1639 das Antoniushospital am Geisttore in Neumarkt (siehe später), mit dem Cyriakshospital vereinigt, ein bedeutender, vorteilhafter Ackerbesitz fiel dadurch unserem Spitale zu. — 1682 grassierte die Pest derartig, daß oft mehr denn 400 Kranke im Spitale lagen. — 1691 : 1600 Taler Pacht aus den Aeckern der vereinigten Spitale; 1721 : 1910 Taler; 1757 : 1460 Taler. — 1766 wurden 1095 Taler Kriegskontribution an den Staat bezahlt. — 1806 drangen die Franzosen ein und verursachten 2030 Taler Schaden an Getreide, Vieh usw. — 1824 waren die gesamten alten Hospitalgebäude auf Abbruch für 9236 Taler verkauft. Der Hospitalplatz hatte übrigens seinen eigenen Friedhof gehabt, den sogenannten Hospitalgottesacker; er ging beim Abbruch des Hospitals ein. —

Das Lazarett oder das Krankenhaus war 1614 durch den Administrator Christian Wilhelm als eigenes Haus für

Kranke erbaut worden; es war vom Hospital durch den Hospitalgarten geschieden und lag südlich, auf dem Gelände des neuen Hospitalsbaues im Jahre 1825, also nördlich des Verbindungsweges zur Genzmerbrücke. Es bestand aus drei Gebäuden in Hufeisenform, nach Süden geöffnet. Alle armen Kranken der Stadt oder der Vorstädte wurden hier aufgenommen, viele Unheilbare, die Wahnsinnigen kamen ins „Bollwerk", die Venerischen in die „Venerische Kuranstalt" auf dem großen Oekonomiehof des Hospitals. — Ostwärts des Lazarettes lag der Friedhof: er hieß der Maria Magdalenen-Gottesacker; östlich von ihm lag der Andreas-Gottesacker. Jener ging 1826 ein, auf ihm ist z. B. das neue Hospital des Jahres 1825/6 errichtet worden. Das Lazarett bestand bis 1825, es wurde abgerissen und der eine Flügel des neuen Hospitalbaues als städtisches Krankenhaus eingerichtet.

Das Cyriakshospital im Neubau 1825. Am 26. 5. 1825 wurde der Grundstein gelegt. Der Bau wurde nach dem Muster des großen Hamburger Krankenhauses vollführt und am 1. 10. 1826, dem Erntedankfest, feierlich eingeweiht. Die Baukosten betrugen 25154½ Taler. Die geschmackvollen Anlagen des Gartens wurden nach den Plänen Bertrams ausgeführt (s. Band I, S. 161). – Das neue, in Bruchstein ausgeführte Gebäude liegt am rechten Ufer der Saale, auf der sogenannten Hornecke[16]), zum Teil auf dem Gelände des alten Krankenhauses und seines Friedhofs, des Maria Magdalenen-Gottesackers. Der Grundbesitz bildet eine gleichmäßige Hufeisenform, deren Mittelstück nach Westen, nach der Saale hinabliegt, die also nach Osten sich öffnet; auf den Hof mündet je eine Front von 6 Fenstern, das Gebäude ist 2stöckig mit einfachem Satteldach mit 2 Reihen kleiner, einfacher Luken gedeckt. Zwei Eingänge führen ins Hauptgebäude, rechts zum Hospital, links zum Krankenhaus (südlicher Flügel). Im Hauptgebäude befinden sich die Verwaltungsräume und die Kirche (im oberen Stock). Im (nördlichen) Hospitalflügel sind für die Hospitaliten 30 Zimmer, je 10 Fuß breit und 14½ Fuß lang eingerichtet, die in 30 ganze Freistellen, 10 halbe und 10 Kaufstellen zu 400 bis 600 Talern eingeteilt sind. Das Krankenhaus enthält 50 Betten, die auch für Familien der Stadt und für Dienstboten gegen Bezahlung benutzbar sind. — Das Vermögen des Hospitals betrug 1824 : 22075 Taler, die Einnahmen 5876 Taler und 1840 : 29235 Taler bezw. 8788 Taler. Die Gebäudetaxe 1865: 32000 Taler. — Die Finanzen der Anstalt verbesserten sich sehr durch den Verkauf vieler Äcker (namentlich solcher des früheren Antoniushospitals) als Baustellen[17]). — 1886 gestaltete man den Hospitalgarten gänzlich um. — 1890: 54 Hospitaliten. — 1892/3: Umbau des Hospitals mit Niederdruckdampfheizung für 146938 ℳ. Das Krankenhaus ist ausgeschieden, im südlichen Flügel befinden sich 35, im nördlichen 31 Hospitalitenzimmer. In jedem Zimmer wohnen 2 Hospitaliten. Im Mittelbau sind die Wohnung des Inspektors, der Versammlungssaal, der Betsaal, das Krankenzimmer usw. — 1894 betragen das Vermögen 2278060 ℳ und die Einnahmen 85000 ℳ. — 1899: Umgestaltung der alten Gartenanlagen. — 1912: 100 Hospitaliten — 1912/14 entsteht der 4stöckige Neubau an der Straßenfront (Glauchaerstraße) mit einem nach dem Park geöffneten Flügelbau mit 65 Zimmern für 86 Pfleglinge; dazu Verwalterwohnung, Dienstbotenräume, Kapelle usw. — 1914 wird der Garten ganz umgestaltet (3467 ℳ Unkosten). — 1915: 91 Hospitaliten (29 m. u. 62 w.) in Kauf-, Legaten- und Freistellen und 32 in halben Freistellen. —

Der Andreas-Gottesacker, dessen Reste noch heute an der Ecke Glauchaerstraße und Unterplan zu sehen sind: Grabkreuze und Grabsteine unter den Gebüschen der Anlagen (östlich vom älteren Hospitalbau), entstand aus dem Schafhof des Nonnenklosters 1573. Joachim Friedrich schenkte damals das Grundstück der Gemeinde Glaucha[18]). Ein Teil hieß später der Pestilenzacker, weil auf ihm die 800 Pesttoten der Gemeinde Glaucha 1681/2 bestattet wurden. Die Grabstellen kosteten auf diesem Friedhofe nichts. Bis 1861 ist er benutzt worden. — Auf dem Gottesacker stand eine Tafel zur Erinnerung an die Schenkung Joachim Friedrichs, und, da man zur Tür hineinging, ein Gebäude als Schwibbogen, mit Schindeln gedeckt: innen befand sich eine Kanzel, davor zwei Reihen Bänke für die Predigt bei Begräbnissen. Ein großes Kruzifix erhob sich mitten im Friedhof in einem Gehege, auch mit Schindeln gedeckt. — 1883 erwarb die Stadt einen Teil des Andreasgottesackers (den Pestilenzgottesacker), 6 ar für 8550 ℳ. — 1888 erwarb sie den Andreasgottesacker 34,87 ar für 51190 ℳ. — 1891 wurde er zu Anlagen freigelegt. — 1902 wurde der Gottesacker anläßlich der Zufahrtstraße zur Genzmerbrücke und zu Gartenanlagen verwendet. — 1906 gab die Stadt von dem ehemaligen Gottesacker dem Hospital 1253 qm. —

Der Hospitalplatz entstand 1825 durch die Niederlegung des alten Cyriakshospitals. Der Platz wurde der Stadt gegeben zur Abhaltung des Laurentiusmarktes: hier und in den angrenzenden Straßen wurde noch 1880 der Markt abgehalten. Auf der Stadtseite entstanden einige stattliche Bürgerhäuser und

1835, die auf Aktien gegründete Zuckersiederei[18a]), ein häßlicher, vielstöckiger Backsteinrohbau. Die „Hallische Zuckersiederei Compagnie" besaß obendrein einen ausgedehnten Oekonomiehof, den sog. Ochsenstall, am Böllberger Wege. Sie fabrizierte als eine der ersten in Deutschland Zucker aus Rüben. Aktienkapital: 366300 Taler. 1870/1: 320000 Zentner Rüben. 1872/4: Umbau der Fabrikräume mit dem höchsten Schornsteine in der Provinz (c. 63 m hoch). 1880: 181 Arbeiter. 1885 in Liquidation. — 1838 zählte der Hospitalplatz 10 Häuser. Er begann am Stege. — 1892 wurden die Häuser des Platzes als Teil der Glauchaer Straße umgenannt. Die alten, z. T. häßlichen Gebäude der Nordseite verschwinden, vielstöckige, moderne Mietshäuser entstehen (71 a. b. d. e.). — 1911 wurde der Platz, ehedem nur mit Bäumen bepflanzt, mit Anlagen versehen, 20 Bänke in ihnen (2900 ℳ Umkosten). Akazien, Linden und 2 Rondelgebüschanlagen schmücken ihn noch heute, doch sind nur noch 12 Bänke darin.

Die Glauchaerstraße Nr. 1 ist die Apotheke zum Deutschen Kaiser, wie ihr Name besagt, nach 1871 entstanden, als sechste Apotheke der Gesamtstadt[19]), ein 4stöckiges, glatt geputztes Eckhaus mit 5 und 6 Fenstern Front. Ehedem lagen vor dem Hause die Häuser „Zum Korbe", die an und später auf dem 1710 zugefüllten Korbteich entstanden waren. Auf dem Platze zwischen diesen und der hallischen Stadtmauer konnte jeder Glauchaer das Fleisch seines gemästeten Viehes öffentlich feilbieten.

Nr. 4/9 sind alte Häuser, deren Ursprung teilweise bis in den Anfang des 18. Jhdts. zurückgeht, 2- und 3stöckig.

Nr. 9, das Küsterhaus S. Georgen, Eckhaus am Stege, 1709 durch A. H. Francke angekauft; vordem hatte der Küster kein eigenes Haus.

Nr. 10 ist das vordere Eckhaus am Stege, ein neuerer, 4stöckiger Bau. Hier hat das ehemalige Rathaus von Glaucha gestanden. 1773 hat die Gemeinde noch keins besessen. — Hier und auf den Nebengrundstücken lag im Mittelalter ein Hof der Ritter vom Steine. Schon 1223 entbrannte ein Streit um einen Garten, der nach der Mittelwache zu lag und den der Pfarrer, der dort wohnte, für sich in Anspruch nahm. Natürlich bekam der Pfarrer Recht, und Ratmar vom Steine nebst seinen Brüdern wurden zur Herausgabe verurteilt.[20]) — Die Familie besaß den Ritterhof, der jährlich 10 neue Groschen und 6 Hühner an die Burg Giebichenstein zinsen mußte und der auch freie Gerichtsbarkeit hatte, bis zum Tode Ratmars vom Steine 1477. — Erzbischof Ernst verlieh nun den Hof an Claus Losebecher, 1478 an Tilo Knobel. — 1493 übergibt ihn Ernst dem Nonnenkloster als Ersatz für den Schaden, den das Kloster auf seinen Aeckern erlitten hatte, als der Erzbischof auf dem Martinsberge eine Burg bauen wollte. — 1557 wurde der Hof wie die anderen Güter zum Amte Giebichenstein geschlagen, später an Private verkauft. Zu Anfang des 18. Jhdts., lag die Kleinsche Färberei „Zum Strauße" hier, dann wurden durch den Ratmann Zerenner einige Häuser hier gebaut.

Nr. 15/16 ist die Hallische Molkerei von Zimmermann u. Comp., 2 stöckige neuere Häuser mit großem Hof und Torweg.

Nr. 17, das Bäcker-Innungshaus und Gesellenheim, 2 stöckig mit 8 Fenstern Front, ein neuerer Bau, der vorn das Bäckerwappen, eine Bretzel von 2 Löwen getragen mit Krone darüber, zeigt, die Jahreszahl 1907 und die Inschrift:

Die Löwen und das Schwert,
Hat uns Kaiser Karl verehrt.

Nr. 24, das Eckhaus an der Langen Straße, 2 stöckig mit 7 Fenstern Front, war ehedem Oberglaucha Nr. 1, die dritte Glauchasche Schule, die für die Weingärten.[21]) Sie war 1785 von der Gemeinde zum Schulhause angekauft worden. Die Weingartenschule war 1732 von den Franckeschen Stiftungen auf einer wüsten Stätte und in einem Gartengrundstück (für 100 Taler gekauft) erbaut worden. Sie umfaßte 3 Knaben- und 3 Mädchenklassen. 1750 : 101 Knaben und 109 Mädchen. Die Kinder brauchten kein Schulgeld zu bezahlen. — 1855 übernahm die Stadt Halle die Volksschule auch in Glaucha und eignete sich widerrechtlich auch das Schulhaus, das der Gemeinde gehörte, an.

Nr 25. Man sieht drei Kanonenkugeln aus der schweren Beschießung am 17. 10. 1806 durch die Franzosen, zum Dreieck gruppiert, eingemauert, in dem neuen, 1905 erbauten Hause, einem 2 stöckigen, 8 fenstrigen Gebäude. Einige Linden stehen davor.

Nr. 43 bildet die Ecke Torstraße, ein altes, 2 stöckiges Haus mit 4 Fenstern Front. Hier stand ehemals das alte Hamstertor mit seiner Steuerexpedition, auf seiner anderen Seite lag das alte Siechenhaus. Das Tor war widerlich eng, dorfähnliche Hütten lagen an ihm, zerlumpte Weiber und Kinder lungerten herum (Weise 1824). Unter ihm an der Saale lag eine Pforte, das Taubentor genannt.

Nr 44/45, auf der westlichen Seite der Glauchaer Straße, ist der Weingärten-Spielplatz; kahl, nur an der Seite mit Bäumen besetzt, zieht er sich bis zu der Straße Weingärten hinab, wird aber südlich von der Weingärten-Schule begrenzt. Er stößt auf den ehemaligen, etwa 3 Morgen großen Dönitz-

Wergeschen Garten, wie die Schule und das Asyl für Obdachlose. Ehemals lag hier auch das alte Siechenhaus. Es entstand aus Stiftungen von etwa 17000 Talern. 1854 kaufte die Stadt das Grundstück des Gärtners Dönitz, etwa 3 Morgen für 4460 Taler. 1855 : 17 Sieche; 1858 : 21; 1864 : 32. — 1863/4 baute man noch einen Flügel an das Wohngebäude. 1855 : 19557 Taler Kapitalvermögen. 1864 : 28250 Taler. 1887 : 54 Sieche. — 1888 wurde der große Neubau in der Beesener Straße begonnen.

Nr. 46/48 eine Insel alter Häuser des ursprünglichen Oberglaucha, an ihrer Rückseite, am Platz vor den Weingärten, ebenfalls zwei kleine, malerische Gehöfte, schon 1750 existierend.

Nr. 49/52. Freybergs Brauerei (bereits 1900 und früher hier), ein großer Gebäudekomplex, am Weingärtenplatz, wie auch am alten Oberplan sich erstreckend, in Backstein gebaut, 4stöckig mit Niederlagen und großem Hof, in dessen Mitte sich der hohe Schlot aus gelben Klinkern hebt. Die Freyberg-Brauerei ist 1816 von Chr. Gottfried Rauchfuß gegründet worden (vergl. Band I, S. 62, Große Brauhausstraße). 1920 hat sie sich mit der letzten einheimischen selbständigen Brauerei, mit der Schwemme-Brauerei, verschmolzen.

Nr. 68 das Hospital S. Cyriaci et Antonii s. oben. Die alte Linde, mitten in der Glauchaer Straße, von kreisrunder Bank umgeben, zeigt, wie weit ehedem der Andreas-Gottesacker gegangen. Jetzt ist dieser mit eisernem Staket abgegrenzt, einzelne Grabsteine träumen unter den Büschen noch, hinten erhebt sich der alte Hospitalbau, rechts der neue in Hufeisenform, dessen Ostflügel an der Glauchaer Straße liegt, neben ihm das kleine, stilvolle Pförtnerhaus. Der große Park des Hospitals zieht sich zur Saale hinab, mit seinen schönen, schattigen Wegen, von großen Rasenflächen durchbrochen, Ruhebänke finden sich allenthalben und reizende Blicke über die Saale und ringsum tiefer Frieden! —

Nr. 69—71 sind 4stöckige, moderne Mietshäuser mit Erkern in Zementputz, etwa 1910 entstanden. Das Eckhaus biegt nach Norden um, die Kefersteinstraße setzt sich hier an, zugleich wird der Hospitalplatz abgegrenzt.

Nr. 71 a, b, d, e. Große, moderne, 4stöckige Mietshäuser in Zementputz mit Erkern und Balkonen, die sich bis an die Kirche erstrecken, um 1909 entstanden.

Nr. 72 S. Georgenkirche und Kirchhof, siehe oben.

Nr. 73 das neue Gemeindehaus S. Georgen.

Nr. 74/79 sind die Häuser an dem rechten Ufer der Gerbersaale, auf dem Gelände des ehemaligen Dammweges, das seit dem 18. Jhdt. jedoch bebaut worden ist. Einige Häuser wie Nr. 74, 76, 78 stammen noch aus alter Zeit.

Westlich der Glauchaer Straße.

Die Kefersteinstraße liegt in der südwestlichen Ecke des Hospitalplatzes zur Saale hinab. Den Namen erhielt sie zur Erinnerung an den Stadtrat Hermann Keferstein (geb. 1837)[22]. Die Straße zählt bis jetzt nur ein modernes Mietshaus, 4stöckig, mit Zement beputzt, am Hospitalplatz. — 1911 wurde der Ausbau (Kanalisation usw.) der Straße begonnen, auch pflanzte man 19 Silberlinden für 725 ℳ an, doch die Bebauung ist durch die Kriegsverhältnisse stecken geblieben. Das Gelände der 11 zerkleinerten Baustellen ist Gartenbrachland und durch ein Staket gegen den Hospitalplatz zu abgeschlossen.

Der Zugang zur Genzmerbrücke wurde von der Glauchaerstraße westlich zur Saale hinab zu jener 90 m langen, eisernen Brücke über die Hauptsaale gelegt, die, mit Fahrbahn und Bürgersteigen versehen, Glaucha mit den Pulverweiden und den dortigen Elektrizitäts- und Gas-Werken verbindet. Sie wurde Frühjahr 1904 dem Verkehr übergeben. Der Zugang war nördlich vom Hospitalgarten, südlich von den Anlagen am Unterplan und von dem Verwaltungshaus der Städtischen Gas- und Wasser-Werke begrenzt.

Der Unterplan wird bereits 1750 als der „Hinterplan", d. h. als der hintere Plan Oberglauchas im Gegensatz zu dem oberen Plan erwähnt. 1660 wie noch 1750 finden wir nur ein paar Gehöfte an der Einbuchtung der Straße, etwa die alten Häuser Nr. 4. 5. 6., die hier einen kleinen, runden Platz, einen Plan bildeten. Dort, wo jetzt die Ueberfahrt an der Saale ist, standen (1750) lange Salpeterwände. 1820 entstand auf dem Gelände zwischen dem Hospitalgarten und dem Unterplan der Apollogarten, ein großes, s. Z. berühmtes Etablissement, das einen reizvollen Garten auf dem Abhang zur Saale besaß. Die Wirtschaft lag, wo heute das Haus der Gas- und Wasserwerke steht. — Man hatte von hier aus einen weiten Umblick auf die Pulverweiden, auf Böllberg und andere Orte. Auch fuhr man (an der heutigen Ueberfahrtsstelle) zur Rabeninsel ab. In kalten Wintern wie 1825/6 und 1829/30, entstand eine Eisbahn vom Apollogarten bis zur Rabeninsel, auf der Saale, an deren Ende man in Böllberg seinen Kaffee einnahm. Am Sonntag nachmittag gab es (später) große Tanzmusik und „Händel erster Sorte“, namentlich zwischen Zivil und Militär. Um 1860 ist die Wirtschaft, die sich überlebt hatte, bereits eingegangen. — Der Unterplan ist nur auf der Südseite bebaut, es sind meist alte, kleine Häuser; einige Neubauten entstanden nach Freigabe der Genzmerbrücke.

Nr. 12 ist das Verwaltungshaus der Städtischen Gas- und Wasserwerke. Alte Lagerräume liegen auf dem Abhang an der Saale, mit Winden versehen, dicke Kastanien beschatten den geräumigen Hof, seitwärts liegt das kleine, schmucke Gärtchen, und davor, mit freiem Blicke auf die Glauchaerstraße, steht das villenhafte, hell gestrichene, 3stöckige Haus mit Turm, 1882 erbaut.

Die Bäckerstraße, ehemals Bäckergasse, erst 1893 zur Bäckerstraße erhoben, ist eine enge, unansehnliche Gasse, die, parallel der Glauchaer Straße, dicht hinter ihr den Unterplan mit dem Oberplan (jetzt Saalberg) verbindet. Ihr Name ist jung, Dreyhaupt erwähnt ihn noch nicht, sie wurde wohl erst 1828 als „Bäckergäßchen“ eingeführt.[23]) Im 17. Jhdt. sehen wir noch keine Spur der Gasse, um 1750 ist sie bereits vorhanden. 1837: 10 Häuser; 1915: 9 Häuser. — Die Gasse ist etwa 6 Schritte breit, trägt den unverfälschten Charakter des alten, ärmlichen Glaucha in ihren 2- und 3stöckigen Häusern; die östliche Seite zählt zur Glauchaerstraße, es sind Höfe und Hinterbauten ihrer Häuser.

Der Saalberg hieß bis um 1850 der Oberplan; leider ist dieser alte Name, der schon 1750 vorhanden ist, abgeschafft worden. Er besteht aus zwei Straßenzügen, aus dem eigentlichen Oberplan, der von der Glauchaer Straße, parallel dem Unterplan, zur Saale hinabführt, und aus der Verbindungsgasse zwischen Unterplan und Oberplan, die parallel der Bäckergasse, westlich von ihr, verläuft. Diese Verbindung ist 1825 erst mit zwei Gehöften besetzt, sie hat daher keinen altertümlichen Charakter, ja es erheben sich in ihr einige hohe Mietshäuser, so Nr. 13 (1912 erbaut). Dagegen ist der eigentliche Oberplan schon um 1660 ziemlich bebaut, er bildete, wie heute noch ersichtlich, in der Mitte eine Ausbuchtung, einen Plan. Er ist als Straße etwa 8 Schritte breit und hat mit seinen 2- und 3stöckigen Häuserchen den Charakter Alt-Glauchas gewahrt. 1837: 20 Gehöfte, 1915: 25.

Die Weingärten sind ursprünglich ein Dorf gewesen, **Bellendorf** genannt, eine einzige Gasse, auf dem Abhang zur Saale, der mit Weingärten (bis nach Böllberg) besetzt war, gelegen. Dieses kleine Dorf lag außerhalb der Befestigung Glauchas (s. oben Allgemeines), jedoch schloß (später) ein Tor die Straße im Süden ab, das sogenannte Töpfertor, daher noch heute hier der Verbindungsweg mit der Glauchaer Straße „Am Töpfertor“ heißt. — Es gehörte schon im 15. Jhdt. das Dorf dem Rate der Stadt Halle[24]), und es wurde bereits 1499 „die Weingärten“ genannt; Erzbischof Ernst bestätigte dem Rate die Erbgerichte, Frohne, Abgaben und alle anderen Freiheiten im Dorfe. Das Amt Giebichenstein hatte jedoch die Obergerichte. An beiden Enden der Weingärten standen zwei Grenzsteine mit des Rates Wappen, die 1552 dahin gesetzt worden waren. Ein Rentherr hielt in des Rates Namen auf Ordnung und nahm die Abgaben ein. Kirchlich gehörte das Dörflein zu Glaucha, es bediente sich der Kirche daselbst, der Schule und des Kirchhofs, und sein Vieh genoß der Glauchaer Hutung und Weide[25]). — Ob der Name des Ortes Bellendorf von der sorbischen Gottheit Bel abzuleiten ist, fragt sich. Vielleicht hat er dieselbe Namenswurzel wie Böllberg, wird also „Felddorf“, von polije-Feld, bedeuten, was auf die höhere Lage des Ortes, der vor Ueberschwemmungen geschützt war, hindeuten würde. — Das kleine Dorf hat wiederholt schwere Kriegsbedrängnis ausstehen müssen. Zu Anfang des Jahres 1547 schlugen die einquartierten Soldaten des Kurfürsten Johann Friedrich von Sachsen den Weingärtnern Türen, Fenster und Oefen entzwei. Auf die Beschwerden antwortete der Fürst: „Ei, geduldet euch noch ein paar Monat, alsdann werdet ihr sie nicht mehr gebrauchen.“ — Im 30jährigen Kriege plünderten, raubten und sengten Wallensteiner, Kaiserliche, Kursächsische und Schweden um die Wette. — Der Weinbau der Bewohner, die ärmliche Fischer und Schiffer waren, nahm seit dem 30jährigen Krieg bedeutend ab. Um 1660 sind die Abhänge zur Saale bereits Kirschgärten geworden, etwa 16 Häuser stehen hier, dagegen wird die Ostseite der Straße bis zur Glauchaer Straße ganz von Weingärten eingenommen (der heutige Spielplatz usw.), nur drei Häuserchen stehen an den Seiten (die ehemalige Nr. 2, ferner Nr. 4, 5). Dasselbe Bild auch 1750. Die letzten Spuren des Weinbaues sahen wir selber noch vor 50 Jahren; auf dem sich erhebenden Gelände standen lange Reihen Weinstöcke. — Ueber die Schule, die seit 1732 die Weingärtner hatten, siehe Glauchaerstraße Nr. 24. — Im 7jährigen Kriege, besonders 1760, mußten die Weingärtner wiederum bittere Drangsal ausstehen, nicht allein, daß sie schwere Kontribution den Schwäbischen Truppen, den Feinden Friedrichs II., zahlen mußten, nein, ihre ärmlichen Häuser wurden geplündert, und sie selber lagerten unter freiem Himmel auf den

Pulverweiden. — 1805: 38 Wohnhäuser, 1837: 34, 1915: 36 Häuser. — Der Eintritt in die Weingärten ist von alters her ein größerer Platz, der von der Glauchaerstraße durch jene Häuserinsel (um 1700 entstanden), abgegrenzt wurde; er wurde ehedem auch Saalberg genannt. Auf dem Platze selbst stand noch bis ins 19. Jhdt., ein größerer Tümpel. Dieser wurde zugefüllt und der Platz dann später mit Akazien und darauf mit Linden bepflanzt; südlich wird er vom Spielplatz, nördlich von der Freybergischen Brauerei begrenzt. Der ehedem freie Zugang zur Saale, wo wohl das Taubentor gestanden hat, ist im vorigen Jahrhundert durch die Reinigungsstation verbaut worden. —

1855 wurde die Weingärtenstraße am Siechenhausgrundstück verbreitert (19 Quadratruten). — 1895 wurde sie längs dem ehemaligen Wergeschen Gartengrundstück reguliert und eingefriedigt (480 qm zur Verbreiterung). — 1906 werden die Weingärten auf der Südseite des Asyls bis zur Glauchaer Straße reguliert. — Ein großer Spielplatz (49,71 ar auf 80363 M taxiert) wurde 1907/10 an der Schule eingerichtet. Die Ausgaben betrugen etwa 4000 M. — Neben dem Spielplatz (südlich) steht die Weingärten-Volksschule und weiterhin das Asyl für Obdachlose; alles auf dem Dönitz-Wergeschen Gelände. —

Heute noch haben die Weingärten ihren alten, idyllischen Charakter durch die 2- und 3stöckigen Häuschen bewahrt, deren Gärten, ehemalige Weinberge, sich terrassenförmig zur Saale hinab strecken, und mannigfache Badeanstalten im freien Flusse erheben sich an ihnen, so die Franckesche Badeanstalt, das Johannisbad, die Hoffmannsche Anstalt.

Nr. 21 am Südende der Ostseite des Asyls für Obdachlose, ein 4stöckiger Bau mit verschiedenen Giebeln in Fachwerk, in dem ehemaligen Wergeschen Garten, von dem 2360 qm abgetrennt wurden.[26]) Es wurde 1902/3 für 180826 M erbaut, in 5 Geschossen mit 41 Einzelzimmern und 154 Betten und 5 großen Sälen und einer Krippe für kleine Kinder, auf 684 qm Flächenraum, nach Süden durch ein eisernes Gitter, nach den drei anderen Seiten durch eine Mauer eingefriedigt. Im Kellergeschoß liegt die Hausmannswohnung; im Erdgeschoß Arbeits- und Schlafsaal für die Knaben und Verwaltungszimmer und Krippe; im ersten Obergeschoß Arbeits- und Schlafsäle, Saal für kleine Kinder; im zweiten Obergeschoß Saal für einzelne Frauen; im Dachgeschoß die Wohnung des Aufsichtsbeamten. — Nur Frauen und Kinder werden aufgenommen, aber das Asyl, das nur für vorübergehende Obdachlosigkeit der Familien bestimmt gewesen, wurde immer mehr zum Armenhaus für

Frauen und Kinder. Sie gewöhnten sich, weil kein Arbeitszwang war, an keine Arbeit. 1909: 148 Frauen mit 476 Kindern und 18 Einzelpersonen. 1909 wurde der Schuppen zur Unterbringung der Möbel erweitert, er ist $18^1/_2$m lang, 8 m breit und $4^1/_2$ m hoch. —

Nr. 51. Die Kanalwässer-Reinigungsstation an der Stadtseite des Platzes, ein niedriger Backsteinbau, entstand, als die Stadt 1885 einen (sechsten) Hauptkanal für das Südviertel plante. Die Regierung forderte, daß die Abwässer vor Eintritt in den Fluß chemisch und mechanisch gereinigt werden sollten. Diese Klärstation für Schmutzgewässer ist seit Sommer 1886 in Betrieb, sie reinigt ein tägliches Quantum Wasser bis zu 3000 cbm. Die Anlagekosten beliefen sich auf 35 000 *M*. Die gepreßten Rückstände, täglich 20 Zentner (1890), wurden von den Landwirten meist unentgeltlich abgefahren. Der Hauptkanal tritt in einen Vorbrunnen ein, lagert hier die gröberen Stoffe ab, dann erfolgt die Beimengung der Chemikalien [27]), in zwei Klärbrunnen setzen sich die Schlammassen ab, diese werden durch eine Filterpresse gedrückt und hier in feste Massen verwandelt. Das geklärte Wasser fließt in die Saale ab. —

Oestlich der Glauchaer Straße.

Die Schützenstraße empfing ihren Namen „Schützengasse" erst 1828; 1893 wurde sie zur Schützenstraße erhoben. Sie richtet sich von Westen nach Osten, zweigt sich zugleich mit der Hirtenstraße von der Glauchaer Straße ab und trifft auf die Lerchenfeldstraße, ein Durchbruch zwischen Nr. 9 und Nr. 10 verbindet sie mit der parallel laufenden Hirtenstraße. Sie zeigt besonders im Anfang noch ihren alten Charakter durch die kleinen, 2stöckigen, oft recht bejahrten Häusern.

An der Ecke der Lerchenfeldstraße (Nr. 14), lagen ehemals die alten Glauchaer Schießgräben, von denen die Straße den Namen führt. Jetzt liegen auf dem Gelände die „Ballsäle" ein 2stöckiges Eckhaus mit 4 und 6 rundbogigen, hohen Fenstern [28]) und dem Konzertgarten, der Schützenstraße entlang, von alten Bäumen beschattet. Die Schießgräben erstreckten sich einst hier nach Westen zu, auf diesem Teil des ehemaligen großen Lerchenfeldes. 1824 wurde hier auf dem Flecke der Ballsäle ein neues Gebäude mit schönem Saal erbaut, da das alte Lokal zu klein war. Die Glauchaer Schützengesellschaft zählte damals viele Mitglieder. 1825 erhielt die Gesellschaft noch ein Stück Land, das vom Schießhaus bis zum ehemaligen Schaftor sich erstreckte, als Eigentum vom Magistrat gegen einen Kanon von zwei Talern. Man hielt Wochen- und Königsschießen ab. Jetzt hat die Gesellschaft ihren Sitz im „Goldenen Pflug“. — 1837 zählte die Schützengasse, mit dem großen Lerchenfeld an 20 Häuser, darunter Nr. 1833 das Schützenhaus, 1915: 25 Häuser.

Die Hirtenstraße, ursprünglich Hirtengasse, schon im Anfang des 19. Jhdts. benannt, 1893 zur Hirtenstraße erhoben, erstreckt sich wie die benachbarte Schützenstraße von Westen nach Osten, von der Glauchaer Straße zur Lerchenfeldstraße. Sie wahrt besonders zu Anfang noch den altglauchaischen Charakter in ihren dörflichen, sogar 1stöckigen Häuschen und ist etwa 8 Schritte breit. Den Namen empfing sie von dem Hirtenhause (Nr. 1814) und dem Hirtenteiche, zu dem die Herden Glauchas, besonders die Schafherden des Klosters, bezw. des Hospitals getrieben wurden. Er wurde 1868 ausgefüllt,[29]) war 55 Quadrat-Ruten groß und wurde 1869/1875 für 21 Taler jährlich verpachtet. 1885 wurde die Straße vor dem ehemaligen Hirtenteiche ausgebaut. — 1837 zählte die Gasse 10 Häuser, 1915: 17.

Die Jacobstraße siehe unten.

Die Deyboldsgasse ist eine enge, etwa 3 bis 4 Schritte breite Verbindungsgasse zwischen der Glauchaerstraße und der Lange Straße, von ein paar alten und auf der westlichen Seite von einem großen, neuen Mietshause besetzt. Der Name entstammt wohl einer ehemaligen Familie Glauchas Deybold[30]), er wurde in Teufelsgasse verdreht, so schon 1829 etwa bis 1850 aufgeführt. Die Gasse ist bereits 1750 auf Dreyhaupts Plan eingezeichnet.

Die Lange Straße, ehemals die „Lange Gasse“, seit 1883 die „Lange Straße“ genannt, ist ein Teil der ursprünglichen Hauptstraße Glauchas, die durch die Mittelwache, den Steg, die Lange Straße und durch Oberglaucha zum Hamstertor führte. — Der alte Charakter ist teilweise noch jetzt gewahrt, so in Häusern Nr. 1, 2, 3, 6, 13/15 usw. Der Name der Straße ist alt, er wird schon 1750 genannt. Ein kleiner Teich lag am Treffpunkt der Langen Gasse und des Steges, vor dem Hause Lange Straße Nr. 1, wo ehemals (1865) das Huthmannsche Bad lag, das um 1820 das Meiersche Bad hieß. Es bekam sein heilkräftiges, eisenhaltiges Wasser durch Röhren aus der Gegend des Gesundbrunnens. Die Meiersche Quelle selbst war auch salzhaltig wie andere in der Langen Gasse befindliche Brunnenwasser. Es beruht dies auf dem Buntsandsteinuntergrund.[30a]) — Der Teich wurde von der Wasserleitung bei

Ludewigetc. gespeist. 1852 wurde der Teich wegen der baufälligen Umfassungsmauer beseitigt und eine Zisterne angelegt, die etwa 10 Fuß weit und $11^1/_2$ Fuß tief mit Porphyrplatten abgedeckt wurde.[31]) — 1837 zählte die Lange Gasse 30 Häuser, 1915: 31.

Nr. 25 ist die Kleinkinderbewahranstalt, ein 2 stöckiger, rückwärtsgelegener, roter Backsteinbau. Sie wurde 1880 aus der Gommergasse (s. d.) hierhin verlegt, durch ein Legat der Frau Dr. Heller von 30000 ℳ konnte der Bau ausgeführt werden; statt 50 Kinder konnten nun 115 untergebracht werden.

Der Steg führt von der Glauchaer Straße südlich auf den Platz, der von ihm, der Taubenstraße, der Zwingerstraße und der Langen Straße gebildet wird. Hier steht die Volksschule der Taubenstraße. — Der Name „Der Steg" ist alt, schon bei Dreyhaupt überliefert und entstammt wohl noch dem Mittelalter[32]), da diese Straße, nebst der Langen Gasse und Oberglaucha, die ursprüngliche Hauptstraße des Dorfes wie Marktfleckens Glaucha war. Der alte Charakter ist gewahrt geblieben. Das Dampfsägewerk (Nr. 12), sein Hof, gewähren einen malerischen Anblick. — 1837 standen 17 Häuser „Am Steg", 1915: 19. —

Die Mittelwache beginnt an der Mauerstraße und führt parallel der Glauchaer Straße südlich auf den Steg. Die Straße wie der Name sind alt: im 16. Jhdt. teilte man den Flecken Glaucha in Ober-, Mittel- und Unterwache (s. oben, Allgemeines). Die Mittelwache umfaßte das Gebiet um die Kirche und zwischen Mauer- und Lange Straße. Die Mittelwache ist der Anfang der ursprünglichen Hauptstraße des Dorfes gewesen (siehe oben Lange Straße und Steg).

Am Anfang der Mittelwache lag der **Korbteich**, etwas vor der Kaiserapotheke; die paar Häuser, die ehemals zwischen der (neugebauten) Apotheke und dem Korbteich standen, hießen „Am Korbe". Der Korbteich selbst wurde 1710 zugeschüttet (s. Band I. 38). — Die Straße hat ihren altglauchaischen Charakter gewahrt. Bisweilen erinnern noch breite Toreinfahrten oder Hintergehöfte mit Stallungen an die ehemalige ländliche Zeit Glauchas. Aber mehr als dieses leuchtet uns ein Großer, A. H. Francke, in dieser Straße entgegen.

Nr. 2 wurde „die Tanne" genannt; 1695 kauft es Martin Reichenbach, als A. H. Francke dessen Wohnhaus (Mittelwache Nr. 7) gekauft hatte. 1722 wurde das Haus durch Pastor Wiegleb als Diakonatshaus für 650 Taler angekauft. 1797 wurde es für einen Spottpreis von der Gemeinde verschleudert.

Nr. 6 das Lehmannsche Haus, wurde Mitte März 1692 das Wohnhaus Franckes, der als Pfarrer in Glaucha eingezogen war; jetzt ist das Haus neugebaut, 4stöckig, in gelben Klinkern. Francke ließ ein Seitengebäude aufführen, in dem er seine ersten Waisenkinder unterbrachte; dann im Mai 1698 sein Pädagogium: 63 Schüler. Hier, wie in Nr. 7, ist die Geburtsstätte seines großen Werkes, der Franckeschen Stiftungen. Francke wohnte in Nr. 6 von 1692 bis 1702, alsdann in jenem Hause bei dem Waisenhause, das die Gedenktafel trägt (Franckeplatz Nr. 2). Unser Haus wurde Pfarrhaus der Gemeinde, die es 1797 zusammen mit Nr. 2 für den Spottpreis von 750 Talern verschleuderte.

Nr. 7, das Reichenbachsche Haus, zeigt die Inschrift: „In diesem Hause legte A. H. Francke den Grund zu seinen Stiftungen 1695". Sie wurde 1898 zum 200jährigen Jubiläum der Stiftungen angebracht. – Es ist ein altes, 2stöckiges Haus mit 7 Fenstern Front; Steintreppen führen zum Hausflur empor. 1730 wurde es völlig neugebaut, 50 Fuß lang und 28 Fuß tief. Das Haus wurde am 1. 10. 1695 von A. H. Francke für 365 Taler als Eigentum angekauft. Er legte hier die (Mittelwachische) deutsche Schule an, die 3 Knaben- und 3 Mädchenklassen zählte und 6 Pfennige bis 1 Groschen wöchentlich kostete. — Auch diente es zu Wohnungen der Waisenknaben und der Pädagogiumschüler, weswegen es mit dem Nebenhause lange Zeit den Namen des alten Pädagogium erhalten hat. — 1797 wurde diese deutsche Schule als „neue Bürgerschule" in das Waisenhaus verlegt. Das Haus gab nun die Pfarrerwohnung von Glaucha ab, aber erst 1822 wurde es für 1400 Taler von der Gemeinde Glaucha angekauft [33]. —

Nr. 8 steht auf dem Platze, wo im Mittelalter das Pfarrhaus des Pfarrers oder Propstes vom Nonnenkloster stand. Ueber den Prozeß um den Garten mit den Nachbarn, den Herrn von Stein, im Jahre 1223 s. Glauchaer Straße Nr. 10.

Die Gommergasse zweigt sich von der Mittelwache nach Südosten ab. Sie ist eine Sackgasse, die durch den Holzlagerplatz der Fournierwerke von Gräb und Söhne abgeschnitten wird. Der Straßenzug ist alt, schon 1660 vorhanden; der Name ist schwer zu erklären; er stammt wohl von einer Familie Gommer her. Die Gasse ist eng, nur 6 bis 8 Schritte breit, sie hat den altglauchaschen Charakter durchaus gewahrt. Die Häuser der Nordseite, Nr. 1/14 sind allesamt alt, eng aneinander gebaut, klein und dürftig. Auf der Südseite befindet sich der große Holzplatz der Fournierwerke. Den Schluß an der Mittelwache bildet ein modernes Mietshaus.

Nr. 3 war ehemals das Zeitlersche Witwenhaus (Nr. 1742); Haus und 1000 Taler Vermögen dazu wurden 1726 durch den Buchhändler J. Fr. Zeitler und seine Witwe gestiftet[34]). In dem Hause sollten vier arme Witwen, die sich des Bettelns schämten, aufgenommen werden, und jede sollte nebst freier Wohnung auch 5 Groschen wöchentlich erhalten. Die Universität sollte die Stiftung verwalten. Das Vermögen der Stiftung war 1865 bereits 3172 Taler.

Nr. 9, ehemals Nr. 1746, ist das Cansteinsche Witwenhaus. Es wurde auf Veranlassung Cansteins 1698 durch A. H. Francke von einem Tischlermeister Hald für 160 Taler gekauft, ein altes, 2stöckiges, ärmliches Haus mit 3 Fenstern Front. Es gehört den Franckeschen Stiftungen, und sie sollen es mit 4 Witwen besetzen, deren jede wöchentlich 12 Groschen bekommen soll, eine Magd soll ihnen zur Bedienung stehen, die wöchentlich 6 Groschen erhält, nebst freiem Holz und Licht[35]).

Nr. 11 war die ehemalige Kleinkinderbewahranstalt für Glaucha und den Strohhof, die zweite derartige Anstalt in Halle[36]). Sie wurde am 17. 7. 1843 eröffnet mit 30 Kindern, 1865: 60 Kindern. Sie verpflegte und beaufsichtigte Kinder von 2 — 6 Jahren durch eine Lehrerin. Jedes Kind zahlte der Anstalt wöchentlich 3 Sgr.; dafür erhielten die Kinder Frühstück, das Zubrot und Mittag, also bei weitem mehr, als der kleine Beitrag gab. Durch Privatwohltätigkeit und durch die Sparkassengesellschaft wurde das Defizit ersetzt. — Das Vermögen der Anstalt betrug 1865: 2150 Taler und das Anstaltsgebäude. — 1880 wurde das neue Heim in der Lange Straße Nr. 25 (s. d.) bezogen; jetzt ist noch eine Abzweigung in der Ludewigstraße Nr. 28 vorhanden (1898: 49 Kinder hier; in der Lange Straße: 83).

Die Mauerstraße hieß im 18. Jhdt. „Hinter der Mauer"; 1828 wurde die Gasse offiziell „Mauergasse" benannt, 1893: Mauerstraße. — Den Namen empfing sie von der äußersten Stadtmauer Halles, hinter der sich südlich Glauchas Einwohner ansiedelten und Unter-Glaucha mit dem Steinweg-Glaucha verbanden; hier an der äußersten Stadtmauer, dem (späteren) Waisenhaus gegenüber, stand der Grenzstein der Stadt, bis zu dem die Dirnen und sonstige Delinquenten vom Henkersknecht geführt und „ausgepaukt" wurden (s. Riebeckplatz). — Schon im 17. Jhdt. befanden sich einzelne Gehöfte hier, die sich schmal und eng hinter der Mauer hinzogen, welche die nördliche Seite der Gasse bildeten. 1837: 20 Häuser. — Die enge Gasse veränderte sich immer vorteilhafter, 1855 wurden der Moritzzwinger und seine Anlagen angelegt. Größere Häuser entstanden, die wenigen auf der Nordseite befindlichen Gehöfte verschwanden ebenfalls; 1898: Nr. 21, für 15000 ℳ von der Stadt angekauft; der Platz, 159 qm, wurde teils zur Straße, teils zu den Anlagen verwendet, 1899: Nr. 18 und 19 für 32000 ℳ gekauft, zu Anlagen benutzt, 1908: Nr. 20 für 18000 ℳ, eben deswegen. — Die Straße wurde breit, ca. 18 Schritte, die nördliche Seite bildeten die Anlagen, die südliche Seite meist neue und große Häuser, abgesehen von einigen alten oder älteren wie Nr. 3, 4 und 6. — 1915: 16 Häuser.

Nr. 1. Hier stand ehemals die sogen. Kaffeebrennerei, das Gründlersche Haus. 1811 kauften es die Franckeschen Stiftungen, verkauften es aber bereits 1820 für 2028 Taler an den Professor Dr. Vater.

Nr. 6, (Nr. 1730a) war der Gasthof zur Goldenen Krone. A. H. Francke pachtete ihn im Mai 1697 für seine erste Waisenklasse. Das Vordergebäude wurde gebaut, 1706 kaufte die Französin Louise Charbonet das Haus, um ein Gynecäum, eine Erziehungsanstalt für Mädchen wohlhabender Eltern, hier zu gründen. 1714 kaufte es nebst dem Garten Francke für seine Medikamentenexpedition. Es wurde 1753 neu aufgebaut mit Hinter- und Seitengebäuden. 1820 verkauften es die Stiftungen an Dr. Düffer für 3200 Taler. Um 1836 wohnte Arnold Ruge hier, der Herausgeber der berühmten „Hallischen Jahrbücher", jenes jungdeutschen Journales neuer Aesthetik und Weltanschauung [37]).

Nr. 7, die Christliche Herberge zur Heimat und Hospiz. 1865 wurde das Grundstück angekauft und 1866 zunächst im Hinterhaus bezogen: 2 Schlafsäle mit 25, später mit 40 Betten. Die Herberge entstand durch den Jünglingsverein, der 1854 gestiftet wurde. Sie soll die Wandergesellen der Gewerbe und des Handwerkerstandes aufnehmen, ein Hausvater steht der Anstalt vor [38]). 1890 wurde eine zweite Herberge in der Wuchererstraße Nr. 11 errichtet. — 1900 erfolgte der Neubau des Vorderhauses, ein geschmackvoller, 3stöckiger Bau in Zementputz und mit zwei Giebeln an der Straßenfront. Es befinden sich Gast- und Vereinszimmer in ihnen; im Hinterhaus stehen 80 Betten zur Verfügung und andere Gastzimmer für Reisende.

Nr. 9/10, das Elisabeth-Krankenhaus der Katholischen Kongregation der grauen Schwestern von der heiligen Elisabeth. Es ist 1913 erbaut, ein großer, sich einwärts hinziehender Bau in grauen Sandsteinen, mit drei Giebeln an der Straßenseite und der Statue der Heiligen über dem Portal [39]).

Nr. 11, die katholische Kirche, dem heiligen Franciscus und der heiligen Elisabeth geweiht[40]), am 3. 4. 1894 wurde der Bau begonnen, vordem wurde der Gottesdienst in der kleinen Garnisonkirche der Residenz (s. d. Band I) und noch früher im Kühlen Brunnen (s. d. Band I) abgehalten. Der Bauplatz der Kirche wurde für 56000 ℳ erworben, ihr Bau wurde auf 240000 ℳ veranschlagt. Der schlanke, spitze Turm, von vier kleineren Spitzen flankiert, in Schiefer gedeckt, erhebt sich neben dem Hauptschiff an der Straße, in das drei gotische Portale führen und das mit einem Dachreiter geschmückt ist. Leider ist der geschmackvolle Bau seitlich durch das Krankenhaus eingeengt und ferner in grauen Backsteinen, statt in Sandsteinen aufgeführt worden.

Nr. 12, das katholische Pfarramt, dicht neben der Kirche westlich gelegen, ein 3stöckiger Bau in grauen Backsteinen.

Der Franckeplatz.

Im Mittelalter zeigte sich unser Gelände als ein Platz vor dem Rannischen Tore der Altstadt, in den südlich der Steinweg einmündete, während östlich ein ziemlicher Hügel lag, hinter den sich Weinberge und Kirschgärten (also auf dem heutigen Gelände des Waisenhauses) hinzogen. Ein Kruzifix mit zwei Bildern wurde 1516 vom Rate der Stadt auf den Platz gesetzt, der ein Rastplatz für die heimkehrende Prozession am St. Markustage, am 25. April, war. Der grüne Hügel, auf dem wohl das Kruzifix stand, wurde späterhin als Tanzplatz benutzt, und allerlei Gasthäuser siedelten sich um ihn an, denn die fahrbelebte Landstraße von Merseburg, wie von Regensburg (über Nürnberg, Gera, Lützen, Burgliebenau, Döllnitz und das Dreierhaus (s. Band I. 42), führte hier (in dem Steinweg) vorüber. Dicht am Hügel gen Osten, erstand der große Gasthof „Zum Goldenen Adler", mit geräumigem Hof und Garten, südlich davon der „Zur Goldenen Rose" (in und bei Franckes Wohnhaus), und neben diesem der dritte Gasthof, das „Raubschiff", dessen westliches Ende am Steinweg auch das „Glücksschiff" genannt wurde. Es war dies eine sehr berüchtigte Herberge, die zu der Menge lüderlicher Wirtshäuser zählte, die dem alten Glaucha eigen waren. — Als A. H. Francke seine Stiftungen 1698 gründete, schuf er hier gründliche Aenderung. Er kaufte am 6. 4. den „Goldnen Adler" samt seinem großen Garten für 1950 Taler, am 15. 7. den grünen Hügel, 1702 die „Goldene Rose", 1706 alle Gebäude des Raubschiffes; die Wirtshäuser verschwanden, statt ihrer erhoben sich das Waisenhaus und die anderen wohltätigen Anstalten. — 1702 jedoch siedelten sich auf dem Gelände des heutigen Platzes dicht vor dem Rannischen Tore mehrere Häuser an, wenn man aus dem Tore (aus der Stadt) hinaustrat, zur linken ein Haus und zur rechten an der Stadtmauer vier Häuser. Nach einem langwierigen Prozeß wurden sie 1717 nicht Glaucha, sondern der hallischen Stadtgerichtsbarkeit zugesprochen, sie gehörten kirchlich zur Moritzpfarre. Später (1805) hatten sie sich bis auf 12 vermehrt. Diese häßlichen kleinen Häuser versperrten den Ausblick auf das Waisenhaus, daß man es erst sah, wenn man am Fuße seiner Treppe stand. Das Vidumsche Haus z. B. lag dicht vor der nördlichen Hälfte des Franckeschen Hauptgebäudes. Francke hatte es 1720 für 350 Taler gekauft. — Hier bis in den Steinweg empor wurde (noch 1880) Donnerstag nach Pfingsten der Glauchaer Kram-, Vieh- und Pferdemarkt abgehalten[41]. — 1819/1823 wurde das Rannische Tor, die alten Häuser vor dem Eingang, darunter auch das Vidumsche Haus, für 222 Taler von der Stadt angekauft und nebst den alten Befestigungen abgerissen, die Gräben wurden planiert und so entstand der freie weite Platz, der am 24. 5. 1823 Franckeplatz nach dem Gründer des Waisenhauses genannt wurde. Jetzt erst kam die Wucht des Hauptgebäudes der Stiftungen zur Geltung. Freilich schieden den Platz nach rechts und links Backsteinmauern von dem Stadtgräbengelände. Um ihn noch mehr zu verschönern, wollte man in seine Mitte ein Standbild Franckes setzen. Aber der Plan zerfiel[42], Francke bekam später sein Standbild in den Stiftungen selbst. — 1853 legte man ein Wasserbassin auf der Südwestseite des Platzes für 574 Taler an; es empfing das bis dahin unbenutzt ablaufende Wasser aus dem Röhrkasten der Stiftungen. — 1870 wurde der Platz mit englischen Anlagen durch den Verschönerungsverein für 600 Taler verziert. — 1877 erhielt er Plattentrottoir. 1897/8 elektrische Bahn, die Kreuzung der Strecken Hauptbahnhof—Mansfelder Straße mit der seit 1889 bestehenden Walhalla – Steinweg.

Nr. 1, die Franckeschen Stiftungen, insgesamt eine Nummer, über diese siehe weiter unten.

Nr. 2 Franckes Wohnhaus, dicht an den Stiftungen, an dem sogenannten Schwarzen Wege, auf der südlichen Seite des Platzes, ein kleines, altes, 2stöckiges Haus in Fachwerk, ehemals die Goldene Rose, 1702 von Francke angekauft. Auf einer eisernen Tafel lesen wir: „Hier wohnte A. H. Francke in den Jahren 1702/1715“[43]. Das Haus wurde die Wohnung der Direktoren der Stiftungen, mit dem Hauptgebäude ehemals durch einen verdeckten Gang verbunden. Im Hofe ließ schon Francke 1702 ein Laboratorium für die Zubereitung der essentia dulcis und anderer Arzneien der Apotheke anlegen. Noch im 19. Jhdt. wurden hier Medikamente verfertigt und in der Packstube des Wohnhauses zum Versenden zurecht gemacht. —

Nr. 3 und 4, alte, 2stöckige Häuser aus Franckes Zeit, enthalten Lehrerwohnungen, gehören ebenfalls den Stiftungen. Nr. 4 wurde für die Witwen der Direktoren bestimmt.

Nr. 5, Eckhaus am Steinweg, hier noch altertümlich vorgekragt. Es ist das ehemalige Glücksschiff oder Raubschiff, jene üble Spelunke, die durch das Legat eines Gönners 1704 und 1705 angekauft (für 1000 Taler) zu einem Frauenzimmerstift umgewandelt wurde. Hier sollten vier ältere adlige und bürgerliche Mädchen wohnen, sie bekamen außerdem Präbenden eine zu 100 Taler, die drei anderen zu je 50 Talern[44]). — In einem Nebengebäude des Raubschiffes war der Hauptteil der Latinaschüler bis 1711 untergebracht, auch wohnten die meisten auswärtigen Schüler hier. — Um 1760 mußte man wegen niederen Zinsfußes die Präbenden kürzen, auch mußte die Stiftung die Unterhaltung des Hauses von jetzt ab tragen. Der Zudrang der adligen Damen ließ nach, man vermietete die Wohnungen, ja, man verkaufte 1826 einen Teil an dem Steinwege. Jetzt wurden nur noch Präbenden ausgezahlt und zwar an Witwen oder ledige Töchter von Beamten. —

Der Steinweg und die Taubenstraße.

Der Steinweg Glauchas ist einerseits die uralte Fortsetzung der Rannischen Straße Althalles (s. Band I, S. 42). Anderseits begann in ihm die große Heer- und Handelsstraße, die in der Richtung der heutigen Liebenauerstraße über das Zollhaus (Dreierhaus) nach Döllnitz, Burgliebenau, Lützen, Gera, Nürnberg und Regensburg führte, eine Hauptstraße des hallischen Salzhandels. So erklärte es sich, daß sich diese Landstraße vor dem Tore der Stadt frühzeitig besiedelte, ähnlich wie vor dem Galgtore die Galgtorvorstadt, vor dem Steintore die Steintorvorstadt entstanden. Doch diese Rannischetor-Vorstadt entwickelte sich nicht als hallischer Besitz, wie die anderen Vorstädte, sondern wurde durch die erzbischöflichen Landesherrn dem Dorfe Glaucha, das westlich lag, zugewiesen. Weite Aecker und Gärten trennten sie zwar von dem Dorfe, und erst spät erwuchs die Verbindungsgasse hinter der Stadtmauer, die spätere Mauergasse. — Höfe adliger Herren, ursprünglich Kastelle und Warten, zum Schutze der Landstraße, waren die erste Besiedelung, Ackerbauer und Händler schlossen sich ihnen an. Nach der Eingemeindung in Glaucha zog sich eine gemeinsame Mauer von Glaucha her um den Steinweg, dessen Ausgang ein Tor, das äußere Rannische Tor, ein einfacher Torfahrtbau, befestigte (s. Glaucha, Allgemeines). Die älteste urkundliche Erwähnung unseres Steinwegs geschieht 1377: tu dem Steynwege vor deme Rodewelschen dore. Sehr wahrscheinlich ist aber unser Steinweg auch der „Stig vor dem Rannischen Tore", (an dheme Stige vor dheme Rodhewellen dhore), der um 1300 erwähnt wird. „Steg" wäre alsdann der älteste Name, und der jüngere Name „Steinweg" wäre aus der inzwischen erfolgten Neupflasterung zu erklären[45]). Gewöhnlich leitet man die Bezeichnung von den Herren von Stein ab, die wie die Herren von Zimmer an der Heerstraße hier ihre Kastelle, ihren Hof innehatten. Ein Hof der Herren von Stein lag jedoch der Glauchaer Kirche gegenüber (vergl. Glauchaer Straße Nr. 10), vielleicht lag also am Steinweg ein zweiter Besitz des reichen und mächtigen Geschlechtes.

Das erste Auftreten der Herren von Stein (auch de lapide genannt), setze ich 1223 in den drei Brüdern Burkard, Ludolf und Ratmar (siehe Glauchaer Straße Nr. 10). 1312 erscheinen Kuno (Kuneke) und Ratmar und ihr Vetter Ludeke (von ime Steine). Die beiden ersten schenkten 1318 ein Haus hinter dem Schülers Hof dem Glauchaer Nonnenkloster; dieses Ratmars Frau ist Clare. Kunos Sohn ist wiederum ein Ratmar. Dessen Bruder ist Hans (Johannes); beide haben ein Besitztum auf dem Sandberg bei der Jakobikapelle; Johannes Frau heißt Jutta. 1370: Ludeke Steyn und Tyderic de Stene. 1383 ist Sander von dem Steyne Schöffe (vomme Steine). 1376: Werner von deme Steyne, 1385 wird er und Sander mit einem Quart Meteritzsole beliehen. 1386 ist Werner Bornmeister am Gutjahrbrunnen; er wohnt in der großen Ulrichstraße, und seine Frau heißt Margarethe. 1406 und 1410: Ratmar vom Stein Ratsmeister, 1426 und 1433 ist er Oberbornmeister, sein Bruder ist Hans vom Stein. Dieser Ratmar vom Stein saß auf dem Freien Hof an der Glauchaer Kirche. 1420: Mews (Bartholomäus) Steyne; 1436: Claus (Claves) Steyn und Hans (vomme Stene), dessen Frau Else ist. 1488: Caspar vom Steine, Amtmann von Giebichenstein, er besaß Zinsen zu Neutz, Nauendorf, Teicha und Plötz. Er scheint der letzte des angesehenen, alten Rittergeschlechts gewesen zu sein. —

Schon zu Beginn des 17. Jhdts. entwickelte sich die Stärkefabrikation in Glaucha, sie hatte besonders auf dem Steinweg ihren Sitz. Die mit den vielen Fabriken verbundene

Schweinezucht (man mästete die Schweine durch die Abfälle), trug nicht zur Reinlichkeit der Straßen bei, auch wurden die schlimmen Gerüche als gesundheitswidrig angesehen. „Der Steinweg ist schändlich“ schreibt Augustin 1795, „in Pflaster wie in Schmutz, verwünscht von allen Reitern, Fuhrleuten und Fußgängern“, und ein boshaftes Studentendistichon hieß so:

„Liest du die Odyssee und schließt dann träumend die Augen;
Wahrlich, du denkst zu sein in des Eumäus Gehöft!“ — Von den 30 Stärkefabriken Glauchas lagen noch 1803 die meisten am Steinweg, und noch 1838 sind 12 hier vorhanden. Bis zu unseren Zeiten verunzierten die unansehnlichen Gehöfte die Straße. –

Auch die Scharfrichterei machte die Straße nicht beliebt. Sie muß sich schon um 1690 hier befunden haben[46]), denn 1701 am 2. 5. werden zwei Zigeunerinnen, die gestohlen hatten, hier auf dem Steinweg mit Ruten gestrichen und auf dem Rücken mit Galgen und Rad gebrannt. Der hallische Scharfrichter erhielt dafür 10 Taler. — Die Scharfrichterei kaufte Gebhard mit allen Gerechtsamen, nach seinem Tode erhielt sie sein Schwiegersohn Brand, dann dessen Sohn. das Köpfen mußte der Meister, das Hängen seine Knechte verrichten. Nach Brands Tode setzte die Witwe das Geschäft fort, bis sie den Vorsteher der Waisenhausapotheke Keitel heiratete und die Scharfrichterei erst an Schmidt, dann an Lutze, zuletzt an Hoffmann verpachtete. Diese wurden von den Exekutionen dispensiert, man ließ gewöhnlich den Scharfrichter aus Leipzig kommen. In der westfälischen Zeit verlor die hallische Scharfrichterei sehr durch die Aufhebung ihrer Privilegien. Der Pächter Hoffmann ging nach Leipzig zurück, und der Besitzer Keitel starb in Berlin arg verschuldet[47]). Die Scharfrichterei wurde subhastiert, und der Stärkefabrikant Merkel erstand sie 1820 für 3810 Taler. Seit dieser Zeit befand sich die Cavillerey vor dem Steintore. —

1819 wurde das obere Rannische Tor (am Rannischen Platz) neu erbaut: zwei elegante Pylonen aus Quadersteinen wurden errichtet, neben ihnen stand das Torhaus und die Steuerkontrolle (Nr, 1700b die Toreinnehmerwohnung oder Nr. 27 im Jahre 1855, 1870: Nr. 27a). Nach Aufhebung der Mahl- und Schlachtsteuer vom 31. 12. 1874 kaufte die Stadt die staatlichen Kontrollhäuser an, so auch das am Rannischen Tor für 2017 *M*.

Noch 1880 fand auf dem Steinweg wie einst auf dem Franckeplatz (s. d.) der 1684 gestiftete, dreitägige Kram-, Pferde- und Viehmarkt statt. Um 1890 beginnt eine starke Erneuerung und Verschönernng der Straße. Wiederholt fanden Neuregulierungen der Straßenfront wegen Neubauten statt, die alten Häuser, die Stärkefabriken verschwanden, auch alte Gasthöfe und Bierstuben wie der Gasthof zum Pelikan (1855: Nr. 44, ehemals Nr. 1718, wo der Sattlermeister Koch 1845 Gastgeber zum Pelikan war)[47a]); große, vielstöckige Mietshäuser entstanden, und Laden an Laden zeugt von dem reichen Handel und Wandel des heutigen Steinwegs. Nur wenige alte Häuser künden noch von Alt-Glaucha, so Nr. 5, 6, 8, 9, 21, 50 und 51. — Am 30. 8. 1889 wurde die Linie der Stadtbahn Hauptbahnhof, Magdeburgerstraße, Steinstraße, Markt, Steinweg eröffnet (seit 1891 elektrisch). 1837: 53 Häuser; 1915: 56 bezw. 58 Häuser.

Nr. 2, ein 4 stöckiges, neueres Haus mit 7 Fenstern Front in roten Backsteinen erbaut, ist das Standesamt Halle-Süd. Seit der Eingemeindung von Giebichenstein, Trotha und Cröllwitz (1900) ist das Standesamt in Süd und Nord geteilt worden.[48])

Nr. 9, (Nr. 1682a) war ehedem Besitz der Franckeschen Stiftungen; das Trautmannsche Haus mit Vorder-, Hinterhaus und Garten wird 1725 für 600 Taler und 650 Taler gekauft. Im Hause wohnte der Oekonomie-Inspektor und Justitiar der Güter. 1819 wurde es für 1183 Taler verkauft.

Nr. 12, das Waliersche Haus, war ebenfalls Besitz der Stiftungen, 1735 für 2000 Taler gekauft, der Garten wurde zum Waisengarten geschlagen, das Haus für 1300 Taler 1737 verkauft.

Nr. 23, ein schmales, 3 stöckiges, modernes Haus in Zementputz mit größeren Hintergebäuden, ist die Buchdruckerei E. Karras G. m. b. H.

Nr. 24, (Nr. 1699) wurde von A. H. Francke 1724 für 700 Taler gekauft, es hieß allgemein das Nähpult, ein dem Einfall nahes Häuschen mit einer Stube, aber größerem Obstgarten. Francke baute nunmehr ein Haus mit acht Stuben und Kammern, die von acht Familien bewohnt wurden! Es zeigten sich aber auch die Wassererscheinungen des Steinwegs: eine Röhrenleitung mußte das Kellerwasser ablenken. — 1836 wurde das Haus für 1800 Taler von den Stiftungen verkauft. —

Nr. 25 (ehemals Nr. 26), jenes große, 3 stöckige Haus mit 12 Fenstern Front im überladenen Barock der siebziger Jahre, war die ehemalige berühmte Augenklinik des Professor Gräfe. Seit 1875 wurde die Anstalt als Universitätsaugenklinik angesehen, bis sie in den achtziger Jahren in den Klinikenkomplex der Magdeburger Straße verlegt wurde. — Die Gräfesche Augenklinik war als Privatinstitut 1859 gegründet und hochberühmt durch ihren Gründer geworden[49]). Seit 1868 umfaßte das ganze Gebäude 70 Betten in 22 Zimmern. Von 1872/8 waren 7540 größere Augenoperationen unternommen worden. Seit 1875 wurde eine jährliche staatliche Subvention von 2400 ℳ gezahlt; zwei Assistenten wurden im Laufe der Zeit an der Klinik angestellt[49 a])

Nr. 28, ein 4 stöckiges, in gelblichen Backsteinen erbautes Eckhaus an der Lindenstraße, ist die Kronenapotheke. Sie erhielt 1893 die Konzession zugleich mit der Mohrenapotheke in der Reilstraße Nr. 134 und der Hohenzollernapotheke in der Merseburgerstraße Nr. 19. —

Nr. 54 (1863: Nr. 47, Nr. 1721), ist das ehemalige Burjansche Grundstück, das A. H. Francke 1711 vom Gastwirt Burjan kaufte für 1050 Taler[49 b]). 1745 wurde das 2 stöckige Hinterhaus erbaut. 1752 Umbau. Ein Laboratorium für die Medikamenten-Expedition wurde eingerichtet. 1832 verkauften die Stiftungen das Haus. —

Die Taubenstraße ist ein bereits im Mittelalter vorhandener kleiner Straßenzug, der vom unteren Steinweg westwärts abbiegt und sich mit dem Steg und Lange Straße in einem kleinen Platz heutzutage vereint. Der Name bedeutet taube, blinde Straße, Sackstraße, Sackgasse[50]). Freilich ein boshaftes älteres Studentendistichon frägt anders:

„Was dir den Namen gegeben, ist mir schon lange ein Rätsel.
Haben die Frauen vielleicht dorten ein Taubengemüt?"

Der Plan des Olearius (1667) verzeichnet sie auch als eine ländliche Feld- und Ackerstraße; ebenso ist die Taubengasse, von Dreyhaupt 1750 als solche erwähnt, zu dessen Zeit ebenfalls noch mit wenigen Gehöften besetzt, sonst nur von Gärten umgeben. Noch um 1825 kann man sie auf die Hälfte als unbebaut ansehen, 1837: 19 Häuser, 1915: 27. — 1883 wurde die Taubengasse zur Taubenstraße erhoben. — Heute ist sie ein etwa 15 Schritt breiter Straßenzug, der noch einige alte, 2 stöckige Häuser in Nr. 3, 4, 5, 6, 7, 8, 17 und besonders 15 enthält neben neueren und modernen, deren einige davon freundliche Vorgärten aufweisen. —

Nr. 17 ist die Glauchaschule, eine Volksschule mit 3 stöckigen Nebenbauten und 4 stöckigem Mittelbau in gelben Klinkern. 1877/8 wurde das Gelände für 42.451 ℳ gekauft, 1880 wurde eine 36 klassige Volksschule erbaut für 277.554 ℳ (also im Ganzen 320.000 ℳ Wert!). 1911 wurde die Schule in 2 Rektorate geteilt und ein Umbau für 8000 ℳ vorgenommen, durch den ein Zeichensaal und vier Lehrer- und Sammlungszimmer gewonnen wurden.

Der Rannische Platz.

Trat man in mittelalterlicher Zeit aus dem oberen Rannischen Tor auf den vor ihm liegenden Platz, so sah man sich von Feldern und Kirschgärten umgeben, weiterhin ragten Weinberge empor. Drei Wege spalteten sich hier: der linke, der Handelsweg über Burgliebenau (die Regensburger Straße), der mittlere führte nach Merseburg, der rechte (etwa die heutige Torstraße) mündete auf die Straße nach Böllberg, die aus dem Hamstertor hinausführte. — Schafherden des Klosters und später auch noch die Schweineherden der Stärkefabrikanten weideten hier. So trieben die Glauchaer nach dem 30 jährigen Kriege 4—500 Schafe und 5—600 Schweine auf die Weide. Nach langem Prozeß kam 1679 ein Vergleich zu stande: das Land rechts vom Steinweg und seiner Verlängerung dürfe von den Glauchaern als Weide betrieben werden. — Erst im 19. Jhrdt. findet eine allmähliche Verschönerung und Kultivierung des Platzes wie seiner Umgebung statt: Tongruben, Lachen, ein Teich und einige schmucklose Gartenhäuser waren bisher alles, was man sehen konnte; als Weinberge finden wir noch den von Ludewigetc. und den Keutelschen; auf den häßlichen Tongruben gleich rechts der Beesener Straße zwischen Wolf- und Canfteinstraße legte nun der Stadtrat Schmidt 1820 seinen prächtigen Garten an, andere Gärten sind Leiters Garten (später Preßlers Berg), der große Richtersche Garten (das Terrain Liebenauer Straße, Hoch- und Beesener-Straße), Hupens Anlage (nördlich von Schmidts Garten bis zum Rannischen Platze) und Hupens Plantage (die heutigen Vereinsstraßen). Den ganzen Komplex faßte man unter der Bezeichnung „Vor dem Rannischen Tore“ zusammen. 1837: 8 Grundstücke, 1855: 15. — Auch der große Teich auf der östlichen Seite des Platzes unweit der Toreinnehmerwohnung wurde im Frühjahr 1868 zugefüllt, — jedoch erst nach dem Kriege 1870/1 begann die Bautätigkeit hier einzusetzen: die Vereinsstraßen entstanden zuerst, und dann fing man an, die fünf großen Hauptstraßen, die auf den Platz münden, weiter anzubauen: die Torstraße, die Wörmlitzer-, Beesener-, Liebenauer- und Lindenstraße. Der freundliche, sonnige Platz wird obendrein von zwei elektrischen Straßenbahnlinien getroffen: die Strecke Steinweg endet hier (seit 1889) und die Strecke Bahnhof-Böllberg (seit 1897/8) durchquert den Platz.[51]).

Das neue Glauchaer Viertel.

Bereits 1880 hatte der Stadtbaurat Lohausen einen großzügigen Bebauungsplan Halles aufgestellt, der die Stadt auf das Doppelte vergrößerte, auch unser Gelände zwischen Tor- und Taubenstraße war darin einbegriffen. Aber erst in den folgenden Jahren wurde der Plan fertig gestellt, und die Straßen baute man aus, d. h. man kanalisierte, legte Gas- und Wasserleitung, pflasterte usw. Eine der ersten Straßen war die Torstraße, sie war bereits 1875 gepflastert worden, die Schwetschke- und Zwingerstraße folgten 1885, die Bertram-, Lerchenfeld- und Jakobstraße folgten einige Jahre später, so daß um 1890 die höchste Bautätigkeit in unserem Viertel herrschte. Die Straßen, die also fast alle um dieselbe Zeit entstanden sind, deren Häuser der Wohnungsnot abhelfen sollten, also Mietshäuser sind, gewähren allenthalben denselben eintönigen, gleichen Anblick, schnurgerade ziehen sie dahin, zu beiden Seiten eng mit vierstöckigen Mietshäusern besetzt, die in roten oder gelben Backsteinen oder mit glattem Putz ihre Außenseiten zeigen. Nur selten belebt eine Baumreihe das endlose Steinwerk des Pflasters wie der Häuser.

Die Jakobstraße empfing ihren Namen von dem Kommerzienrat Jakob (1798/1866), dem Begründer der hallischen Zuckerfabrik. Die Bebauung der Straße vollzog sich in verschiedenen Absätzen, ein Jahrzehnt hindurch. Dicht aneinander gereihte, 4 stöckige Mietshäuser meist in gelben und roten Backsteinen ziehen sich schnurgerade dahin, eine Reihe von Akazien bezw. Linden gibt der Nordseite ein freundlicheres Aussehen. Die Breite mißt etwa 20 Schritte. 1915: 64 Häuser. Die Straße verbindet den Steinweg mit der Glauchaerstraße und läuft von Ost nach West.

Die Albert-Schmidt-Straße nennt sich nach dem ehemaligen Stadtverordneten Johann Albert Schmidt (1816/1892), der große Schenkungen dem Städtischen Museum auf dem Großen Berlin (50.000 ℳ als Grundstock zu dem neuen Museumsbau auf der Moritzburg), bedürftigen Leuten (25.000 ℳ Unterstützungskapital), dem Archäologischen Museum (12.500 ℳ) und dem Verschönerungsverein (500 ℳ jährliche Zinsen aus einem Kapital von 12 500 ℳ) machte. — Die Straße, 1894 polizeilich benannt, geht parallel der Jakobstraße, freilich nur ein Viertel so groß wie diese, und verbindet die Lerchenfeld- mit der Zwingerstraße, ist 20 Schritt breit und mit ebensolchen 4 stöckigen Mietshäusern in gelben oder roten Backsteinen besetzt. — 1915: 10 Häuser.

Die Schwetschke-Straße empfing ihren Namen von der hallischen Familie Schwetschke (s. Band I, S. 51, Gr. Märkerstraße Nr. 10), von der besonders zwei Glieder erwähnenswert sind: Karl August Schwetschke und sein Sohn Karl Gustav[52]. — Die Straße ist 20 Schritt breit, jedoch auf beiden Seiten mit Vorgärten besetzt, so daß sie einen lichten freundlichen Eindruck trotz der drei- und vierstöckigen, eng aneinandergebauten Mietshäuser gewährt. Sie geht parallel der Jakobstraße von Ost nach West und verbindet den Steinweg mit der Lerchenfeldstraße. — 1915: 41 Häuser.

Die Lerchenfeldstraße führt von Norden nach Süden, parallel der westlichen Glauchaer Straße, über das ehemalige Lerchenfeld, von dem sie den Namen empfing, und verbindet die Lange-Straße mit der Torstraße.

Nr. 14 sind die Ballsäle, das Gelände des ehemaligen Glauchaer Schützenhauses (s. Schützenstraße).

Lerchenfeld nannte sich schon im Mittelalter das Terrain, das zu beiden Seiten der jetzigen Lerchenfeldstraße lag und Acker war. Ich finde es 1310 zum ersten Mal erwähnt: Volkmar Coyan hat dem Nonnenkloster Glaucha (Aebtissin Gertrud) den vierten Teil des Lerchenfeldes geschenkt zu seinem Seelgeräte[53]. — Um 1376 wird ein Garten der Brüder Drose by dem lerkenfelde erwähnt. — 1504 wird eine starke Quelle auf dem Lerchenfelde vom Rate der Stadt Halle in Röhren in den Brunnen auf dem Alten Markt geleitet; die Leitung geht aber bald wieder ein. — 1573 erhielt die Gemeinde Glaucha das Lerchenfeld (wie auch den Schafhof) durch den Erzbischof Joachim Friedrich aus den Besitzungen des ehemaligen Nonnenklosters. — 1585 wurde eines Hallmeisters Sohn, der einen Bornknecht auf dem Steinwege erstochen hatte, auf dem Lerchenfeld enthauptet. Die Amtsstadt Glaucha, unter Giebichensteiner Blutgerichtsbarkeit, hatte also ihren eigenen Hinrichtungsplatz! — 1738 wurde ein toter Bettelmann auf dem Lerchenfelde, wo man ihn gefunden, begraben! — Man unterschied übrigens ein großes und ein kleines Lerchenfeld: jenes lag am und im Glauchaer Schützengraben (Schützenhaus), dieses östlich davon in der heutigen Zwingerstraße. — Offenbar hat das Lerchenfeld in alter Zeit seinen Namen vom Fange der Lerchen erhalten. Die Halloren durften die Lerchen in dem gesamten Pfännergehege „streichen" (1716 Erneuerung des uralten Privilegiums). Und noch 1870 boten die Hallorenweiber die Lerchen auf einem Teil des Marktes aus, dem sogenannten Lerchenmarkt (s. Band I, Markt)[54].

Die Zwingerstraße zieht östlich parallel der Lerchenfeldstraße von der Taubenstraße auf die Torstraße. Die Straße ist

20 Schritte breit und mit drei- und vierstöckigen Häusern besetzt. Sie wurde 1884 polizeilich benannt und 1885 ausgebaut (d. h. kanalisiert usw.). Der Weg der Straße ist alt, ehemals zog er sich durch Gärten rechter und linker Hand dahin, wo er in die Torstraße mündete: hier stand ein Tor (s. Glaucha, Allgemeines), welches nur vom Kloster, später vom Hospital bei landwirtschaftlicher Arbeit benutzt wurde, daher es auch von diesem erhalten wurde.

Die Bertramstraße empfing ihren Namen nach dem hallischen Oberbürgermeister Bertram (1843/1855)[55]). Sie zieht von Nordwest nach Südost gewissermaßen als Fortsetzung des Steges, durchschneidet Jakob- und Schwetschkestraße und stößt auf den Rannischen Platz. — Die Straße ist in verschiedenen Zeitabschnitten (1886—1900 und später) bebaut worden. Sie ist 20 Schritte breit und ist auf der nördlichen Seite mit Akazien (ehemals Linden) besetzt worden. — Am Beginn der Straße in der Umgebung stilvoller Häuser wurde 1909 ein kleiner Platz von 180 qm mit 16 Lindenbäumen für 761 ℳ bepflanzt. —

Die Torstraße bildet den Abschluß des Altglauchaer Geländes im Süden. Sie läuft auf der alten Amtsstadtgrenze zwischen dem Rannischen- und dem Hamstertore (von den Toren empfing sie ihren Namen!) von Osten nach Westen. Ihr Straßenzug ist bereits bei Olearius (1667) und Dreyhaupt (1750) deutlich markiert. — In der Mitte der Straße auf der südlichen Seite etwas westlich von der heutigen Mittelschule (westlich von der ehemaligen Hupeschen Plantage) befand sich der sogenannte Schweineteich, 70 Quadratruten groß, zu dem die Glauchaer ehedem ihre Schweine trieben. Er ist 1868 zu Ackerland ausgefüllt und 1873 für fünf Taler jährlich verpachtet worden. — Die Torstraße wurde 1873 polizeilich benannt, 1875 gepflastert und zu bebauen begonnen, die erste der neuen Straßen Altglauchas. Sie ist etwa 20 Schritte breit, auf beiden Seiten mit Vorgärten versehen, ihre Häuser sind drei- und vierstöckig, meist älteren Datums. — 1897/8 erhielt sie elektrische Bahn (Stadtbahnlinie Hauptbahnhof — Böllbergerweg). —

Nr. 13/14, die Torschule, Knaben- und Mädchen-Mittelschule, auf 3714 qm erbaut: der ehemalige Steinlagerplatz wurde hinzugekauft. Die Schule entstand 1903/5 mit 407 000 ℳ Unkosten für den Bau und die innere Einrichtung. Zu den 4 Geschossen wurden 32 Klassenzimmer für je 48 Schüler eingerichtet, ferner ein Zeichensaal, ein naturwissenschaftliches Zimmer, ein Bibliothekszimmer, 2 Lehrer- und 2 Sammlungsräume.

Ein geschlossener Gang verbindet den Anbau 200 qm groß (Turnhalle und Aula). Es ist ein massiver Putzbau mit roten Ziegeln. Die Schule begann am 13. 10. 1905 mit 7 Klassen Knaben (320) und 9 Klassen Mädchen (382). — 1914: 16 Knaben- und 15 Mädchenklassen (692 und 679 Schulkinder). —

Anhang.

1. Vgl. Glucha in Westpreußen, Gluchow und Gluchowo in Posen Ober- und Nieder-Glaucha bei Düben, Glauchau im Kgr. Sachsen, ferner Laucha, Lauchstedt, Lochau, Lauchhammer, Dobri-lugk. — 2. Neuwerk bekommt Kirche und Pfarre zu Werben dafür. — 3. Die Reste des Wehres sollen noch jetzt bei niederem Wasserstand erkennbar sein; es zog sich vom Ratswerder zu den Pulverweiden hinüber. — 4. Die geschröpften Glauchaer erwiderten: es wäre ihnen so lieb, daß sie ein Habicht krauete, als daß es ein Sperber täte; der Erzbischof habe durch die Einlösung der Bürger den Pfandschilling doppelt und dreifach erhalten. — 5. Mauer- und Torturmreste waren noch 1880 am Hamstertor zu sehen. — 5a. Dies Tor wurde um 1740 nicht mehr benutzt. Es war verschlossen und wurde nur vom Hospital zum Getreidefahren benutzt, daher es auch das Hospital unterhalten mußte. — 6. Diesem größten Amte im erzbischöflichen Saalkreise unterstanden auch die Städte Neumarkt, Könnern und Löbejün, ferner 58 Dörfer in 5 Pflegschaften. Diese Größe erhielt zwar das Amt erst nach der Einführung der Reformation uud nach der Einziehung des Klosters Neuwerk, s. meine Gesch. d. Saalkreises S. 136. — 7. Lange zuvor hatte man den Plan, vor dem hallischen Rannischen Tore ein Rathaus mit einem Ratskeller zu bauen. — 8. Die Bezeichnung Mittelwache ist noch heutigen Tages in der Straße „Mittelwache" erhalten. — 8a. D. h. der ursprüngliche Steuerbeitrag, der 70. Pfennig, war verzwölffacht worden! — 8b. Am 11. 6. 1827 ging ein schweres Gewitter mit wolkenbruchartigem Regen nieder, daß die armen Jahrmarktsleute vor dem Rannischen Tore schlimm dabei weg kamen! — 9. Die Akten sind 1626 bei dem Feuer in der Gerichtsstube zu Glaucha verbrannt. Eine Fahne zeigte die Jahreszahl 1704. — 10. Sie wohnte also in einem Hause am Korbteiche, dieser war noch nicht zugeschüttet, s. oben. — 11. Erst 1573 wurde der Andreas-Gottesacker eingerichtet (s. unten), auf welchem die bestattet wurden, welche keine Begräbnisstätte auf dem Georgsgottesacker besaßen. — 12. Südwestlich der Kirche träumerisch unter Baum und Strauch versteckt steht der schmale, hohe Sandstein mit einem schwarzen Kreuz und Inschrift darunter geschmückt. — 13. Der neue Kantor wurde mit einem Stocke vor allen Schülern feierlichst investiert! Zu Ostern und zu Michaeli fand ein Examen aller Schüler vor dem Inspektor statt. 1699 erhielt die Schule durch Francke 3 Klassen: die des Pastors, des Rektors und des Kantors. Im 18. Jhrdt. besaß Glaucha 3 Schulen: außer dieser noch die in der Mittelwache (wird 1798 als Bürgerschule ins Waisenhaus verlegt) und die für die Weingärten, Oberglaucha Nr. 1, 1785 von der Gemeinde angekauft; doch schon 1786 wurde die älteste Schule abgerissen. — 14. Die Mönchs- und Nonnen-Cisterzienser Klöster pflegten einen Beinamen von der heiligen Jungfrau Maria zu führen, z. B. Marienborn, Marienkron, Marienstuhl, Mariensaal, Mariengarten, Mariensee, Marienstern, Marienwalde, Marienwerder, Marienzelle usw. — 15. Das Kloster besaß fast alle Aecker in der Glauchaer Umgebung, daher

der Ort keinen Landbesitz erwerben konnte! Außerdem eine reiche Flur im hallischen Felde, Wiesen zu Planena, das Burgholz zu Radewell, einen Weinberg zu Böllberg, das Vorwerk Burg bei Radewell, Solgüter (28 Pfannen), Erbzinsen von Häusern (126 Gulden). — 16. Diese soll ihren Namen von einem Kammerrat Hornickel erhalten haben, der dort den vom Herzog Augustus 1660 angelegten Weinberg besaß. — 17. So verkaufte man 1872/4 zwischen Geiststraße und Strafanstalt 20 Morgen für 40.000 Taler, ferner, Gelände in der Klosterstraße, Terrain an die Magdeburg-Halberstädter und an die Halle-Sorauer Eisenbahngesellschaft. — 18. Hier am Schafhof empfing er auch am 7. 1. 1574 den aus Polen nach Frankreich heimkehrenden Heinrich III., dessen Gefolge 3000 Pferde und 300 Maulesel mit sich führte. Er quartierte ihn in der Residenz ein. Am 11. 1. reiste der König wieder ab, nicht ohne daß Joachim Friedrich ihn und seine Familie wegen des scheußlichen Blutbades in der Bartholomäusnacht heftig getadelt hatte. — 18a. Bereits 1830/1838 bestand in Halle eine Zuckersiederei, die aber noch indischen Zucker raffinierte, vgl. Kleiner Berlin (Band I, S. 55). Sie brannte zweimal ab und endete mit dem Bankerott des Besitzers. — 19. Die Apotheken sind chronologisch geordnet: die Hirschapotheke, die Löwenapotheke, die Engelapotheke, die Waisenhausapotheke, die Adlerapotheke (Neumarkt) und die Apotheke zum deutschen Kaiser (Glaucha). — 20. Diese meine Darstellung des Topographischen wird aus der Urkunde richtig konstruiert worden sein. — 21. Vgl die Anmerkung Nr. 13. — 22. Ueber die Familie vgl. auch Band I, Kl. Klausstraße. — 23. Wenigstens finde ich in Rundes Chronik diesen Namen allerdings für den Strohhof angeführt und nicht für Glaucha. Doch mag dies ein Irrtum Rundes sein, auf dem Strohhof habe ich die Gasse nicht unterbringen können. — 24. Bellendorf wurde später „Weingarten", auch „Wein- und Kirschgärten" genannt. Wann es zu Halle gekommen, weiß man nicht. — 25. Diese und andere Privilegien sind erst 1817 bei der Eingemeindung Glauchas in Halle aufgehoben worden. — 26. Der Garten betrug 1895 7334 qm und hatte einen Taxwert von 88.000 ℳ. — 27. Es werden in Wasser aufgelöster ungelöschter Kalk und ferner eine Mischung von schwefelsaurer Tonerde und Kieselsäurehydrat zugeführt. — 28. In der abgeschrägten Ecke ist das alte Glauchaer Stadtwappen, offenbar ein Ueberrest des alten Schießhauses, eingelassen worden: der quer geteilte Schild, in dessen unterer Hälfte der Ritter Georg in eckig knieender Stellung den Drachen tötet. — 27. Er lag auf der Nordseite der Hirtengasse, etwa dem Durchbruch gegenüber auf dem Gelände von Nr. 12. — 30. So wohnte 1837 die Witwe eines Maurermeisters noch hier in Halle, wie noch 2 andere Familien desselben Namens. — 30a. Im Keller eines Hauses der Langenstraße (1868 = Nr. 5 b) trat Wasser in großen Mengen auf, es mußte durch einen Stollen in den Kanal geleitet werden, es hatte ebenfalls einen bitterlich salzigen Geschmack. — 31. Diese Glauchasche Wasserleitung (Aufsammlung und Fassung mehrerer Quellen bei Ludewigetc.) wurde 1563 im Auftrage des hallischen Rates begonnen. Sie erstreckte sich ursprünglich bis auf den Alten Markt (siehe Band I). Später versorgte diese durch das Lerchenfeld gehende Leitung nur noch unseren kleinen Teich. — 32. So gab es in Halle die hohen Stige (s. Band I) und einen Stieg vor dem Rannischen Tore um 1300 (vermutlich der Steinweg). — 33. Erst 1889 ist die letzte Abzahlung von 700 Talern geleistet worden. — 34. Joh. Fr. Zeitler besaß die alte Hoffmannsche Buchhandlung, deren Privileg 1715 durch den König bestätigt worden war. — 35. Franckes opferwilliger und tatkräftiger Pietismus wirkte weiterhin anregend: auch der Geheimrat Samuel Stryk (s. Band I, Kleine Klausstraße) gründete in Glaucha ein Witwenhaus, es hat sich aber nur bis 1749 gehalten, da die Regierung das Haus wegen der Schulden subhastieren lassen mußte. Der überschüssige Erlös von etwa 50 Talern wurde der Armenkasse zugeführt. — 36. Die erste Kinderbewahranstalt war 1837 begründet worden s. Band I, Alte Promenade. Außerdem bestehen heute die Kinderbewahranstalt des Frauenvereins im Martinsberg 21, die in Giebichenstein, in Neumarkt und in Adelheidsruh Roonstraße 3, ferner die der Katholischen Kirchengemeinde, also 7 Anstalten, alle durch Bürgerwohltätigkeit für das ärmere Volk ins Leben gerufen! — 37. Arnold Ruge, 1802 auf Rügen geboren, 1830 Hilfslehrer am Pädagogium zu Halle, dann 1832 Dozent der historischen Philologie an der Universität, heiratete die Tochter des Professor Düffer und widmete sich dann der Hegelschen Philosophie, ganz zurückgezogen in dem schönen Düfferschen Garten zu Giebichenstein (Saalschloßbrauerei). 1838 erschienen die hallischen Jahrbücher unter Mithilfe seines ehemaligen Amtsgenossen Echtermeyer. Die Zeitschrift wurde wegen „Atheismus" verfolgt und verboten. 1843 ging sie endlich ein. Ruge, ein Mann voll Idealismus, aber von geringer Welterfahrung, gehörte später dem Frankfurter Parlamente an, ging dann aber, verbittert über die heimischen Verhältnisse, nach England, wo er zu Brighton 1880 gestorben ist. — 38. Es kostete das Nachtquartier 1½ Sgr., monatlich 1 Taler 2½ Sgr. — 39. Das andere Krankenhaus der heiligen Elisabeth befindet sich Barbarastraße Nr. 4, es wurde bereits Anfang September 1904 geöffnet. — 40. Elisabeth, die Königstochter von Ungarn, Landgräfin von Thüringen, Gemahlin Ludwigs des Heiligen, die, 24 Jahre alt, verwitwet und in tiefster Askese und Armut 1229 starb, ist neben der heiligen Lucardis, der Cisterzienser Nonne in Ober-Weimar, die Hauptheilige Thüringens. — 41. Er wurde ihnen 1684 durch den Großen Kurfürsten verliehen, siehe Glaucha, Allgemeines. — 42. Bürgermeister Mellin hatte bereits eine Subskription eröffnet! — 43. Vorher wohnte Francke in der Mittelwache Nr. 6 (s. d.) in den Jahren 1682/1702; später in dem Pfarrhaus von St. Ulrich, Kleine Brauhausgasse (s. Band I S. 75). Seine Gattin wollte ihm dahin durchaus nicht folgen, sie blieb noch mehrere Monate in Glaucha wohnen. Erst die Freunde mußten den Zwischenfall beilegen. — 44. Jener Gönner, Geheimrat von Chalkowski, hatte 3000 Taler Kapital gestiftet, für die Zinsen zu den 3 Präbenden. Eine Dame, Generalin von Lethmat, hatte noch 2000 Taler Kapital geschenkt, aus deren Zinsen die vierte, größte Präbende geschaffen wurde. Man wollte mit dem Damenstift zugleich eine Erziehungsanstalt für Kinder höheren Standes verknüpfen, doch zerschlug sich der Plan. Bis 1770 fanden Glieder alter adliger Familien wie von Bismark, von Gersdorf, von Biedersee, von Bünau, von Schönberg usw, hier Unterkunft. — 45. Vgl. dazu Band I, S. 106 die Bemerkungen über die Steinstraße und die Anmerkung Nr. 8. Die Gegend des Steinwegs war wie auch im übrigen Glaucha vielfach morastig, vgl. Glaucha, Allgemeines. In der nahen Taubenstraße, oben am Tore gab es Quellen, Teiche usw. — 46 Die Scharfrichterei war bis 1607 auf dem Strohhof. Dann ließ der Rat das Amt nicht wieder besetzen, man nahm den Leipziger Henker in Dienst. Erst um 1687 nahm man für Halle und den Saalkreis einen eigenen Henker wieder an, s. Strohhof und Anmerkung 4 daselbst. — 47. Keitel hatte in Berlin eine chemische Fabrik angelegt, aber ohne Glück und Geschick — 47a. Noch um 1880 existiert der wohlbekannte Gasthof zum Pelikan, schon um 1824 ist er vorhanden. — 48. Das Standesamt befand sich ursprünglich im alten Sparkassengebäude in der Rathausstraße, dann im neuen Ratskeller; nach der Eingemeindung wurde ein Standesamt Nord in Giebichenstein (erst Burgstraße 38, dann Große Brunnenstraße 3 a) eingerichtet und ein Standesamt Süd, hier Steinweg Nr. 2. — 49. Karl Alfred Gräfe, Vetter des berühmten Berliner Augenarztes Albrecht von Gräfe, war 1830 zu Martinskirchen in der Provinz Sachsen geboren, studierte 1850/1854 in Halle und Berlin Medizin, war Assistent bei seinem Vetter Albrecht in Berlin und begründete alsdann 1858/9 seine Anstalt in Halle, zugleich Professor der

Augenheilkunde an der Universität. Es suchten an 4000 Kranke jährlich Hilfe bei ihm. — 49a Das Gelände (138 Quadratruten) wurde 1853 von den Franckeschen Stiftungen für 1900 Taler als Baustelle verkauft. Dr. Gruber baute hier das spätere Gräfesche Haus. — 49b. Francke beseitigte möglichst alle Wirtschaften in der Nähe seiner Stiftungen, so den Goldenen Adler, die Goldene Rose, das Raubschiff, die Goldene Krone und 1711 die Burjansche Gastwirtschaft. — 50. Der Name Taubegasse oder Sack begegnet uns wiederholt in der hallischen Topographie, siehe Band I, Kühler Brunnen, ferner Leipzigerstraße, Band I, S. 68 und S. 63, Rannische Straße usw. — 51. Die Bedürfnisanstalt, nicht gerade ästhetisch, wenn auch praktisch hier auf dem Platze gelegen, ist 1895 auf 40 qm für 7600 ℳ mit einem Wärterinnenraum errichtet. — 52. Karl August Schwetschke (* 1756 zu Glauchau, † 1839 zu Halle) kam 1771 nach Halle, wurde Gehilfe in der Waisenhausbuchhandlung, 1788 Mitbesitzer der Klemm-Hemmerdeschen Buchhandlung im Hause Ecke Markt-Kleinschmieden, trat 1819 in den Verlag und die Druckerei von Gebauer, Gr. Märkerstraße Nr. 10, ein, beides geht nach dem Tode des letzten Gebauer (1819) an ihn über. Sein Sohn ist Dr. Karl Gustav Schwetschke, (1804/1881), seit 1828 Redakteur der Hallischen Zeitung, ein geistreicher Schriftsteller und scharfsinniger Forscher hallischer Geschichte. — 53. D. h. zum Beten und Messehalten für seine Seele im Fegefeuer. — 54. Die besten und fettesten Lerchen wurden zwischen Halle und Schkeuditz und nach Delitzsch zu (die sogenannten Leipziger Lerchen) gefangen. — 55. Karl August Wilhelm Bertram war ein Franzosenfeind, in der westfälischen Zeit Sekretär der Unterpräfektur Halle. Er machte sich um die schönen Anlagen des Logengartens (s. Band I), des Hospitalgartens (s. Glaucha, Cyriakshospital) und des Stadtgottesackers sehr verdient. 1843 wurde er Oberbürgermeister, 1855 trat er wegen Kränklichkeit von seinem Amte zurück. Er wohnte Kleine Ulrichstraße Nr. 1010 (später Nr. 16). —

Die Franckeschen Stiftungen.

Der Ursitz der Franckeschen Stiftungen ist in der Mittelwache Nr. 6 und Nr. 7 anzusehen (s. d.). Sie wurden 1698 in das heutige Gebäude verlegt, das im Süden Alt-Halles, südlich der Befestigung zwischen dem (hallischen) Rannischen Tore und der großen Bastei (s. Band I, Neue Promenade) lag, und zwar teilweise auf Glauchaschem Grund und Boden [1]), auf dem östlichen Gebiete der ehemaligen Amtsstadt. Die kurfürstlichen Privilegien wiesen jedoch die sämtlichen Anstalten der Glauchaschen Kirche zu. Bei der Cansteinschen Bibelanstalt standen das hallische und das Giebichensteiner Wappen frei an der dortigen ehemaligen offenen Feldstraße. Sie wurden 1727 in die Mauer dieses Hauses eingesetzt. — Im Mittelalter war das gesamte Gebiet der Stiftungen nördlich der Landwehr (Lindenstraße) mit großen Kirschgärten besetzt (vgl. die Grenzbeschreibung 1473). — Das Terrain der Stiftungen dehnt sich heute zwischen Neuer Promenade und Lindenstraße (Norden und Süden) und zwischen Steinweg und Verbindungsweg Königstraße-Lindenstraße (Westen und Osten) aus. Dieser große Komplex, ein mächtiges unregelmäßiges Viereck, ist allmählich aus den verschiedensten Bestandteilen zusammengeschweißt worden. Im allgemeinen ist die Nordseite mit Bauten bedeckt, die Südhälfte dagegen mit großen Gärten.

Erwerbung des Geländes.

Der Gasthof zum Goldenen Adler bildet den Anfang der Erwerbung: am 6. 4. 1698 kaufte A. H. Francke ihn nebst Hof und großem Garten für 1950 Taler. Sein Hauptgebäude stand da, wo heute die Knaben-Waisen-Anstalt sich befindet, also auf dem Nordflügel des Hauptgebäudes. Hier wurden zunächst die 71 Waisenknaben untergebracht, die 30 Waisenmädchen oben in dem Wirtschaftsgebäude des Gasthofs (Pfingsten 1698.) Der alte Gasthof wich erst nach Franckes Tode einem neuen Baue im Jahre 1732[2]). Uebrigens lag er zum Teil auf städtischem Gebiet und gehörte zur Ulrichsparochie. Bald nach dem Ankauf des Adlers zeigte sich der Erwerb zu klein, neues Gelände für einen großartigen neuen Bau wurde gekauft.

Der grüne Hügel lag seitwärts vom Goldenen Adler, etwas vorspringend, dort, wo die Freitreppe des Hauptgebäudes steht. Dieser mit Gras bewachsene Hügel diente als Tanzplatz und für sonstige Lustbarkeiten. Er gehörte teils dem Rate der Stadt Halle, teils dem Amte Giebichenstein. Francke kaufte die hallische Hälfte für 30 Taler, endlich auch den Glauchaschen Anteil[3]). Hier wurde am 13. 7. 1698 der Grundstein zum großen Hauptgebäude gelegt.

Die Goldene Rose, ein anderes Wirtshaus, das südlich vom Grünen Hügel lag, wurde am 7. 6. 1702 von Francke erworben für 1200 Taler. Es wurde sein eigenes Wohnhaus (Franckeplatz Nr. 2, s. d.), in dem er von 1702 bis 1715 wohnte. Später wurde es die Direktorenwohnung, durch einen über dem Tor (dem Eingang in die Fahrstraße) erbauten Gang mit dem Hauptgebäude ehemals verbunden.

Der Mateweißische Garten wurde am 29. 6. 1703 von Francke erkauft für 1350 Taler, der größte Zuwachs, den das Gelände der Stiftungen bisher erfuhr: 90 Ruten lang, also 340 Meter zog er sich östlich vom Goldenen Adler auf dem heutigen Vorderhof bis zum Pädagogium empor, ein großer Obstgarten mit Weinberg, Kelter, Winzerhaus, Scheunen, Ställen und Gartenhaus; auf ihm stehen das lange Gebäude mit den Lehrerwohnungen, auf der rechten Seite des Vorderhofes die Bibelanstalt, Bibliothek, Oekonomiehaus, und zuletzt steht auf ihm auch das Pädagogium[1]).

Der Pohlmannsche Garten und Weinberg wurden am 14. 8. 1703 für 2050 Taler erstanden; sie lagen südlich vom Mateweißischen. Er wurde anfangs zu einem Viehhof für die

Oekonomie des Speisesaals eingerichtet, jetzt liegen ein Teil d Plantage und mehrere Gebäude auf ihm (Turnhalle Gartenstall usw.).

Das Raubschiff, der berüchtigte Gasthof (Franckeplatz Nr. 5), Ecke Steinweg, der sich noch weiter in die Straße emporzog, wurde 1706 erworben, teils um Klassen und Schüler der Latina unterzubringen, teils um ein Damenstift hier zu begründen (s. Franckeplatz). —

Das Wagnitzsche Haus (ein Teil von Franckeplatz Nr. 3) wurde 1706 ebenfalls erworben, um Schüler auch hier unterzubringen, da das Schülerhaus oder das lange Gebäude links auf dem Vorderhof noch gar nicht existierte.

Der Bürgersche Garten wurde 1714 für 1200 Taler angekauft, er lag westlich vom Pohlmannschen Garten, später befand sich der Bauhof auf ihm; hinter ihm südlich lag der Hennickesche Feldacker, der spätere Feldgarten. Durch den Ankauf konnte man die gerade Straße, parallel und südlich dem Vorderhof, die sogenannte Fahrstraße, anlegen; sie führt zu dem Roten Tore empor.

Das Beckersche Haus, ein Teil vom Franckeplatz Nr. 3 wurde 1716 gekauft als Wohnhaus für die Schüler. So befand sich jetzt die ganze Reihe der Häuser am Franckeplatz im Besitz der Stiftungen.

Der Grünigksche Garten, westlich vom Bürgerschen Garten, wurde 1718 für 400 Taler erworben. Hier legte man die Wirtschafts- und Stallgebäude der Oekonomie an.

Der Neukirchsche Garten, am 20. 5. 1718 gekauft, gab den Raum für den Ballonplatz und den botanischen Garten her.

Der Langische Garten, am 16. 11. 1712 für 500 Taler gekauft, und der Schmidtsche Garten, am 17. 6. 1718 für 910 Taler gekauft, machten den **Apothekergarten** und das dahinter liegende Ackerstück aus, welches später durch die Königstraße und davon westlich gelegene Häuser (Reichsbank usw.) durchbrochen worden ist. Schon 1848 wurden 183 und 200 Quadratruten für 500 Taler an die Stadt Halle überlassen. Der südlich vom Apothekergarten gelegene Lehmteich vor dem ehemaligen Roten Tore wurde 1756 den Stiftungen schon von der Stadt übergeben, sie mußten aber das Teichwasser durch Röhren ableiten, daß es nicht die benachbarten Hospitaläcker überschwemmte. 1859 ist der Teich ausgefüllt worden. —

Der Hennickesche Feldacker, südlich vom Bürgerschen Garten wurde für 800 Taler 13 Morgen groß angekauft. Er wurde der große **Feldgarten der Stiftungen**, der erst 1732 im Süden durch eine Lehmwand geschlossen und zum Bau von Futterkräutern für die Oekonomie benutzt wurde. Zwei Wege an der Ost- und Westseite führten über den Acker südwärts auf die Landwehr (den 1547 angelegten Schanzgraben). — Eine Pforte („das Schwarze Tor") führte beim Wohnhause an der Lindenstraße hier ins Freie. 1792 pflanzte man die in Mode gekommenen italienischen Pappeln an der südlichen Wand, vorher hatte man auch Maulbeerbäume im Feldgarten großgezogen. Jetzt ist sein Gebiet zu zwei Dritteln und mehr Turn- und Spielplatz geworden —

Der Förstersche Garten, dem Grünigkschen benachbart, westlich von ihm gelegen, wurde 1724 für 1050 Taler erstanden. Auf ihm wurden Oekonomiegebäude errichtet, die sogenannte Meierei. Ein Pächter wohnte hier, denn bis 1850 bestellte er den hiesigen Ackerbesitz der Stiftungen, der bis auf 17 Hufen angewachsen war.

Der Eckebrechtsche Garten, benachbart dem Försterschen wurde für 530 Taler 1724 erworben.

Der Schubertsche Weinberg, am 9. 3. 1723 gekauft, Hennickens Weinberg, am 4. 10. 1725[4a]), der Rietnersche Weinberg, 1726, der Schneidersche oder Hippiussche Weinberg 1727 gekauft, wurden nebst dem Pohlmannschen Weinberg (s. oben) zur **Plantage** vereinigt. Diese vier Weinberge kosteten 4480 Taler. — Der Name „Plantage" (vorher „der Weinberg") tritt erst um 1750 auf, nachdem 1744 die Anpflanzung der Maulbeerbäume zum Zwecke des Seidenbaues durch Friedrich den Großen allgemein anbefohlen worden war. Sehr ausgedehnte Pflanzungen, Plantagen, dehnten sich nun über diese ehemaligen Weinberge aus. Am Eingang in die Plantage wurde 1754 ein eigenes „Tirage- und Kartage-Haus" erbaut, das spätere Gärtnerhaus. Den höchsten Ertrag erzielte das Jahr 1756: 119 Pfund reine Seide und 119 Pfund Florettseide. Da der Seidenbau immer mehr zurückging, pflanzte man bereits 1789 Obstbäume in die Plantage. 1804 ging der Seidenbau für immer ein, und 1805 wurde die Plantage an einen Gärtner verpachtet[5]). Die ganze Plantage war ehedem mit einer Lehmmauer umschlossen.

Den Zeitlerschen Garten (1712 erworben), den Mertzischen (1723), den Kettnerschen (1724), den Trautmannschen (1725), den Walterschen (1725), den Schäfferschen (1725), den Premingerschen (1726), den Seidlerschen (1729), den Cramerschen (1733) und den Reginsschen Garten (1737 gekauft), alle diese 10 Gärten zog man zu dem großen

Waisengarten (20 Morgen groß) zusammen. Sie lagen auf der Südseite hinter der östlichen Seite des Steinwegs und erstreckten sich bis an das Rannische Tor. Diese Wein- und Kirschgärten waren durch Zäune und lebende Hecken von einander getrennt und so ebenfalls nach dem Felde, nach der Landstraße und Landwehr, abgeschlossen. Erst als Besitz der Stiftungen wurden sie hier mit einer Lehmmauer eingefriedigt. Der nördliche Teil wurde mit Küchengewächsen bepflanzt, hier lag die Wohnung des Gärtners in dem Hause am Steinweg (der Taubenstraße gegenüber) Nr. 1682b. Das südliche Teil war Obstgarten, ein Gewächshaus war 1744 an seiner äußersten Südwestecke (am oberen Rannischen Tore) angelegt worden, hier führte eine Tür zum Steinwege hinaus. Ein kleiner Teich befand sich auf der Westseite des Gartens in dem ehemaligen Walterschen Garten.

Mit dem Jahre 1737, zehn Jahre nach Franckes, des Stifters, Tode (1727), ist die Gebäuderweiterung abgeschlossen. Es traten keine weiteren Ankäufe dazu. Das gesamte Areal betrug etwa 80 Morgen; wohl aber traten nun, besonders im 19. Jhrdt., Verkäufe und Kürzungen ein, so daß man heute den Flächeninhalt auf 72 Morgen abschätzt. – Man verkaufte auf dem Steinweg, das dem Raubschiff zugehörige Nebenhaus, Steinweg Nr. 1 (1826), ferner Nr. 9 (1819), Nr. 12 (1737) Nr. 24 (1836). – Als Baustellen (1853) Nr. 25, desgleichen Nr. 29 (1888). An der Lindenstraße wurden Nr. 1/14 in den Jahren 1888/1893 (Nr. 3: 1908) als Baustellen veräußert. – An der Königstraße wurde bereits 1858 der alte Apothekergarten geöffnet, der zum großen Teil in diese Straße aufging, dann wurden die Baustellen Nr. 89 (Reichsbank) bis Nr. 93 in den Jahren 1870/1871 veräußert. Der Plan, die Südstraße zu verlängern und so die östliche Seite abzuschneiden — man hatte dieser Verlängerung aus Anlaß des 90. Geburtstages des ehemaligen Oberbürgermeisters Voß (26. 11. 1906) den Namen Voßstraße bereits gegeben – ist nicht verwirklicht worden.

Bemerkt sei zum Schluß, daß die Stiftungen, abgesehen von diesem Gelände noch großes Ackergebiet in der Umgebung der Stadt (1850: 17 Hufen) besaßen[6]), zudem auch Güter bezw. Rittergüter an sich brachten, die erst durch Administratoren verwaltet, seit 1777 aber verpachtet wurden, wie auch die Meierei 1794 (s. oben). – Man erwarb 1729 das Rittergut Canena von den Heroldschen Erben für 14.000 Taler, 1735 die beiden Rittergüter zu Reideburg von Brenckenhoff für 37.000 Taler und 1745 das Rittergut zu Berga vom Amtshauptmann von Görmar für 24.000 Taler. 1754 wurde das Rittergut Burgwall bei Reideburg für 13.300 Taler erstanden und 1890 das Freigut Stichelsdorf (370 Morgen groß) für die an der Lindenstraße verkauften Baustellen. Aber auch an diesem Besitz haben sich in jüngster Zeit durch Verkauf starke Veränderungen vollzogen. So wurde Canena bereits am 7. 1. 1909 an den Bruckdorf-Nietlebener Bergbau-Verein für 1.400.000 ℳ verkauft; auch Reideburg ist veräußert worden usw.

Ehemals besaßen die Stiftungen auch eine eigene Wasserleitung. Ursprünglich mußte das Saalewasser in Bierfässern eingefahren werden, das war ebenso ungesund wie kostspielig. 1706 wurde eine Wasserleitung von der Pfännerhöhe, hier war ein Sammelbrunnen angelegt, in einem Stollen zuletzt durch den Feldgarten in die Stiftungen geführt[7]. 1717/18 mußte eine Verbesserung, die man weiter südlich auf den Hügeln vor dem äußeren Rannischen Tor begann, eingeführt werden[8]. Da durch die allmähliche Bebauung das Wasser verdorben wurde, mußten die Stiftungen 1872 sich der neuen städtischen (Beesener) Wasserleitung anschließen. —

Bemerkt sei, daß die Stiftungen wie ein großer (östlicher) Teil der Stadt auf Braunkohle steht (vgl. Schimmelstraße, Dümmlers Garten), daß man 1819 Bohrungen im Waisengarten, Feldgarten und in der Plantage vornahm, um abbaubare Braunkohle zu finden. Im Waisengarten und Feldgarten stieß man schon in 7 Fuß Tiefe auf Braunkohle, in der Plantage in 14 Fuß Tiefe; ebenfalls befindet sich auf dem Bauplatze in 14 Fuß Tiefe eine brauchbare Braunkohle.

Bebauung des Geländes.

Die vielen Gebäude der Franckeschen Stiftungen sind in verschiedenen Zeiten entstanden, die des 18. Jhrdts., die den Stiftungen ihren bleibenden Charakter aufgeprägt haben, schließen mit 1745 ab; bis zu Franckes Tode (1727) waren jedoch viele von ihnen noch nicht geschaffen worden. Trotz ihrer Regelmäßigkeit sind sie nicht nach einem bestimmten Plane von Anfang an entworfen worden. Es sind vier gerade Reihen, die durch drei schnurgerade Wege (Hinterhof, Vorderhof, die Fahrstraße) von einander geschieden sind. — Die Bauten des 19. und 20. Jhrdts., z. B. Höhere Mädchenschule, Oberrealschule, Lateinische Hauptschule, haben sich weiter südlich, nicht zusammenhängend entwickelt. —

1698 wurde das Hauptgebäude begonnen, das sich auf dem grünen Hügel erhebt. Am 13. 7. (a. St.) wurde der Grundstein gelegt; der Bau wurde massiv aufgeführt, nicht in Fachwerk, wie Francke zuerst wollte[9]. Am 13. 7. 1699 wurde der erste Ziegel auf das Dach gehängt. Ostern 1700 wurde ein

Teil des gewaltigen Baues bezogen, der sich dreistöckig mit hohem Kellergeschoß mit großer Freitreppe vor dem giebelbedachten fünffenstrigen Mittelstück (im ganzen 15 Fenster Front!) erhebt: in der Giebelfront zeigen sich zwei schwarze, nach einer goldenen Sonne fliegende Adler mit der Unterschrift Jes. 40, 31: „Die auf den Herren harren, kriegen neue Kraft, daß sie auffahren mit Flügeln wie Adler.“ Die Front ist gegen Westen gerichtet, 125 Fuß lang und 43 Fuß breit. Der Bau kostete 20.000 Taler. Dieses erste von Francke erbaute Haus ist in seinem Aeußeren ziemlich unverändert geblieben (1854: die Fenster des oberen Stockes vergrößert; 1833 die jetzige Freitreppe gelegt). Die Räume des Gebäudes wurden zu verschiedenen Zeiten verschiedentlich benutzt: das erste Stockwerk bezogen zunächst die Waisen (aus der Mittelwache Nr. 6, s. d.), die oberen Stockwerke wurden für den Schulunterricht eingerichtet, die Buchhandlung führte der tüchtige Elers aus der kleinen Kammer des Pfarrhauses 1700 in die südwestlichen Räume über[10]). Die Waisenhaus-Druckerei (1701 gegründet) wurde ebenfalls in das Hauptgebäude (nordwestliches Erdgeschoß) verlegt[11]). Man hatte das erste nötige Material aus der 1694 in Halle gegründeten Henckelschen Offizin für 542 Taler erworben. Ferner wurde die neu gegründete Apotheke 1701 in das Erdgeschoß der Südseite verlegt, 1703 in den ehemaligen Speisesaal im ersten Stockwerk der Nordseite, ihr Laboratorium befand sich 1732 in dem neuen Gebäude auf dem Platz des Goldenen Adlers-Gasthofes. So bestand sie hier bis 1. 4. 1870[12]). Andere Laboratorien für die Apotheke legte man an: 1701 in einem Hause am Steg, 1702 in der „Rose“, 1707 im Hintergebäude des Wagnitzschen Hauses. — Im Anschluß an die Apotheke entwickelten sich durch den vortrefflichen Arzt der Stiftungen Johann Juncker (seit 1716) das Klinische Institut (s. Band I, S. 182), das bis 1786, bis zur Gründung des Universitätsklinikums Bestand hatte, und die Medikamenten-Expedition (seit 1702 in Franckes Wohnhaus, in dessen Hofe, 1732 wurde das Laboratorium verbessert, seit 1753 auch in der Goldenen Krone, s. Mauerstraße). 1711 wurde endlich die lateinische Schule (bisher auf verschiedene Häuser, so auch auf das „Raubschiff“, verteilt) in die beiden oberen Stockwerke des Hauptgebäudes verlegt (nach Erbauung des neuen Speise- und Versammlungssaales in einem anderen Gebäude)[13]). Sie blieb hier bis zum Bau der neuen Lateinschule. — In dem unteren Boden befindet sich die Naturalien- und Kunstkammer (seit 1732, vorher in verschiedenen Zimmern), die ehemals einen großen Ruf hatte, kulturhistorisch betrachtet der Typus eines Kabinets um 1750[13a]).

Durch eine schmale Treppe gelangt man in den inneren Hof der Stiftungen, in den Vorderhof, 800 Fuß lang oder 250 m; an seinen beiden Seiten ziehen sich bis hinauf zum Denkmal des Stifters zwei Reihen hoher Häuser, die in verschiedenen Jahren entstanden sind.

Das erste Gebäude rechter Hand, dem Hauptgebäude angebaut, ist 1710/11 in Fachwerk erbaut (1729 die langen Seitenmauern massiv!) 1759/61 bedeutend ausgebessert, 1837 neu gebaut; es enthält den Speisesaal und den großen Versammlungssaal, jener im unteren Stockwerk ist 100 Fuß lang, 40 Fuß breit, 20 Fuß hoch; dieser in den oberen zwei Stockwerken ist 152 Fuß lang; er ist mit den Bildnissen sämtlicher Direktoren, auch mit sinnvollen Wandsprüchen geschmückt, welche auf die Geschichte der Stiftungen sich beziehen: er dient besonders gottesdienstlichen Zwecken. — Am 4. 8. 1711 versammelten sich hier oben zum ersten Mal sämtliche Schulkinder: 1331. Am 11. 11. 1711 in dem unteren Saal 336 Speisende, 1744: 788. (Schüler, Waisenknaben, Studenten, Lehrer, Beamte.)

Das zweite Gebäude rechter Hand ist das Englische Haus, 4 Stock hoch, aus Fachwerk 1709/10 erbaut. Ursprünglich wohnten in den oberen Stockwerken Schüler aus England (1706: 4, dann 12), dann Beamte; dann befanden sich Hauptkasse, Archiv, Rechnungsexpedition hier bis 1817. Auch die 1845 errichtete „Parallelschule" befand sich in diesem Hause.

Das östlich anstoßende Gebäude, das dritte rechts, ist das ehemalige Waisenmägdlein-Haus, 3 Stock hoch aus Fachwerk 1709/1710 erbaut, 54 Fuß lang und nur 31 Fuß breit[14]). Das Haus diente ursprünglich zu Wohnungen und Klassenräumen der Waisenmädchen. 1745 erneuert und zu Wohnungen von Beamten eingerichtet. 1820 bezog der Inspektor der deutschen Schulen das Haus.

Das nächste, durch breiten Zwischenraum getrennte Haus gehört der Cansteinschen Bibelanstalt, nach Franckes Tod gebaut, ursprünglich zwei Häuser: das östliche mit 7 Fenstern Front 1727/8 erbaut und das westliche mit 8 Fenstern Front 1734/5 erbaut, zusammen 140 Fuß lang und 37 Fuß breit. Ehemals war jenes das Bibelhaus, dieses das Druckerhaus (mit den stehenbleibenden Formen der verschiedenen Bibelausgaben!). Erst seit 1775 wurde der Name „Cansteinische Bibelanstalt" allgemeiner, da er damals zum ersten Male auf den Bibeln erschien[15]). Später befanden sich im Hause Beamtenwohnungen, die Bibelexpedition und das Bibelmagazin.

Dann folgt das Bibliotheksgebäude, 1726/28 erbaut, 2 stöckig, massiv 113½ Fuß lang, 37 Fuß breit und 51 Fuß hoch[16]). Die Bibliothek zählte damals bereits 18000 Bände, jetzt etwa 45000 Bände und Handschriften, besonders für die Geschichte der Theologie im 18. Jhrdt. wertvoll. — Das Haus wurde 1746 stark erneuert wegen Risse. 1858: massives Treppenhaus. Der Bibliothekssaal mißt 102 × 36 Fuß.

Das oberste Gebäude, den Schluß der rechten Seite, bildet die Hauptkasse und Expedition, ein 2 stöckiges, nur im Erdgeschoß massives Haus, 1747/48 erbaut, ehemals zu wirtschaftlichen Zwecken dienend, zur Speisung der Latinaschüler, daher Traiteurhaus genannt, später 1816 umgestaltet, zur Hauptkasse, Expedition und zum Archiv der Stiftungen benutzt. —

Auf der linken Seite des Vorderhofes stößt an das Hauptgebäude ein massives vierstöckiges Haus, 1732 erbaut auf dem Boden des damals abgerissenen Goldenen-Adlergebäudes (s. oben). Hier erhielt die Apotheke ihr Laboratorium und ihre Materialienkammer, sie selber lag ja benachbart im Hauptgebäude (so bis 1. 4. 1870). Das Haus selbst wurde das Knaben-Waisenhaus. Vor diesem Hause befand sich wie gegenüber vor dem Speisesaalhaus eine auf hölzernen Säulen ruhende Bedachung, eine Art Veranda; sie wurde um 1830 etwa abgebrochen.

Neben diesem Hause ostwärts liegt das neue Mädchenhaus oder die Mädchenwaisenanstalt, ein vierstöckiger Fachwerkbau mit drei Eingängen (wie das vorige), 1716/1717 erbaut. In dieses wurden die Schulzimmer der Mädchenfreischule und auch solche der Knabenfreischule gelegt, ferner die Schlafsäle. Ursprünglich war das Haus zu einem Brau- und Darrhause bestimmt gewesen; als die Zahl der Schulkinder stark zunahm (1737: 2090!), baute man ein neues Brauhaus an der Fahrstraße. Das Haus wurde 1741/44 gänzlich erneuert (164 Fuß lang und 37 Fuß breit) und lediglich für die Waisenmädchen (50) und Waisenknaben (150) eingerichtet.

Eine Durchfahrt trennt von diesem Hause das weiter östlich gelegene Lange Gebäude oder das Schülerhaus, 1713/15 erbaut, 365 Fuß lang und 37 Fuß breit, mit 6 Eingängen, von denen die drei unteren sechs Stockwerke haben, die drei oberen fünf. Jeder Stock zählt 46 Fenster nach Süden wie nach Norden (im ganzen 247 Fenster vorn, 244 hinten!). Eingang Nr. 3 und 4 sind 1713 erbaut, sie bilden den Kern des Schulhauses, das für die Schüler, die bisher mit ihren Inspektoren noch zerstreut in Glaucha wohnten, errichtet wurde; 1714 wurden Eingang Nr. 1 und 2, 1715 Eingang Nr. 5 und 6 dazu gefügt; das Ganze ist ein solider Fachwerkbau. Beide

Anbauten waren für Studierende bestimmt, für Kandidaten des Lehramtes wie des Predigtamtes (Ober- und Unterkollegium). Schon 1725 wurde Eingang Nr. 5 ebenfalls für die Schüler benutzt. 1797 wurde in Eingang Nr. 1 die alte Mittelwachische Schule als „neue Bürgerschule" verlegt (s. Mittelwache Nr. 7). Eingang Nr. 3, 4 und 5 ist die Pensionsanstalt für die Schüler der Latina (und der 1810 neugegründeten Realschule, s. unten). Mannigfache Erneuerungen des Hauses fanden um 1870 statt, besonders 1862.

Parallel dem Vorderhof zieht sich nördlich, also hinter der Knaben- und Mädchen-Waisenanstalt usw., der Hinterhof hin, der rechts von der obengenannten Reihe Gebäude (die nördliche Seite des Vorderhofs) begrenzt wird, links oben (nördlich) von den großen Abortgebäuden. Diese wurden 1734/6 lang gestreckt, einstöckig errichtet und zwar auf einem alten Wege, der sich ursprünglich hinter der äußersten Stadtringmauer zwischen dieser und den ehemaligen Gärten, (und dem Goldenen Adler) nach der Lehmbreite (Königsplatz) hinzog. Der hallische Rat hatte ihn bereits 1715 an Francke verkauft. 1734 gewannen die Stiftungen auch den ganzen gewaltigen Zwinger zwischen ihnen und der innersten Stadtmauer, (die heutige Neue Promenade) bis zur Basteiecke, wo der Pfännerschützengraben begann, zu freiem Gebrauch gegen einen jährlichen Kanon von 100 Talern (s. Band I, S. 65 und 66). Der an den Stiftungen zunächstgelegene Unterzwinger war Obstgarten und Obstbaumschule, auch lag nach dem Rannischen Tore zu der gewaltige Fischteich; der nach der Stadt zu gelegene Oberzwinger war teils mit Maulbeerbäumen besetzt, teils Gartenland. — Als die Stadt 1845 jene Fahrstraße an den Stiftungen entlang legen wollte, mußte sie 1847 den Zwinger für 2024½ Taler zurückkaufen. Die Abortanlagen sind dann 1889 gänzlich erneuert und verbessert worden.

Ebenfalls parallel dem Vorderhof, aber südlich von ihm also hinter dem Speisehaus, Englischem Haus usw. zieht sich ein dritter breiter Weg von Westen nach Osten, die sogenannte Fahrstraße oder der „Schwarze Weg". Ein Gang über dem Tore, das in Westen stand, verband ehemals das Hauptgebäude mit Franckes Wohnhaus. Die Fahrstraße wurde 1714 begonnen, als man den Bürgerschen Garten gekauft hatte, und durch diesen hindurchgelegt. 1719 wurde sie bis zum Roten Tore (östliches Tor) verlängert, und zugleich wurde die Feldstraße südlich vom Apothekergarten auf die Lehmbreite (Königsplatz) angelegt. 1861 ist das äußere Rote Tor gänzlich geschlossen worden [16a]. Das neue Königsviertel entstand (s. d.). Beim Roten Tor lag der Rotetorteich oder der Lehmteich, um den sich ähnliche Sagen wie die des Gütchenteiches rankten[16b]).

Auf der südlichen Seite der Fahrstraße liegen zunächst östlich des Franckeschen Wohnhauses das alte Brauhaus und Backhaus, 1738/1741 massiv erbaut. Als die Anstalt das Brauen einstellte, wurde das Brauhaus der Cansteinschen Bibelanstalt für 4493 Taler übergeben und als Papiermagazin eingerichtet. Das Backhaus wurde dem Speisewirt zur Benutzung gegeben, auch einige Räume an die Bürgerschule. —

Das nächste Haus ostwärts gehört der Cansteinschen Bibelanstalt, liegt südlich vom oben erwähnten alten Bibelhaus; es barg ehemals die Druckerei, die sich jetzt im angebauten Hintergebäude befindet. — Das Haus ist 140 1/2 Fuß lang und 29 1/2 Fuß breit, ist zweistöckig, ein Fachwerkbau und 1744 gebaut. Es war zu Niederlagen für die gedruckten Bibeln und zu Papiervorräten bestimmt. 1830 wurde die Druckerei in das Haus verlegt.

Südlich hinter der Druckerei liegt das Krankenhaus, 1721 in dem unteren Teile des Bürgerschen Gartens erbaut. Vorher, seit 1708, befand es sich in dem kleinen Wohnhause des ehemaligen Pohlmannschen Gartens. Der Bau kostete 2447 Taler. Es ist ein massives, 2stöckiges, 48 Fuß langes und 33 1/2 Fuß breites Gebäude. Der Trockenheit wegen liegt das Erdgeschoß ziemlich hoch über dem Erdboden; hier befanden sich die Zimmer des Arztes und Hilfsarztes, in der oberen Etage die Krankenzimmer, im Dachraum auch eine „Tollstube" für Geisteskranke. —

Oestlich davon liegt der alte Bauhof, wo sich ganz im Osten, also dem Botanischen Garten gegenüber, der Bauschuppen für die Zimmerleute ehemals befand, hier wurden auch die Braunkohlensteine geformt und das Brennholz (seit 1794) aufbewahrt. Jetzt sind hier Anlagen, und im Süden erhebt sich die Höhere Töchterschule. — Als im Herbste 1813 über 2000 Verwundete in den Stiftungen untergebracht waren, wurden jeden Tag die Toten in einem Schuppen des Bauhofs gesammelt und am anderen Morgen auf einem Bretterwagen vor das Rote Tor gefahren auf die kleine Wiese, wo man die Leichen nackt in einer großen, tiefen Grube übereinander schichtete und mit einem Sacktuch bedeckte, ehe man die Grube schloß (s. Königsplatz).

Südlich vom alten Brau- und Backhaus liegt die ehemalige Meierei mit ihren Ställen und Scheunen in Quadratform auf dem Försterschen Garten (s. d.), 1724 und in den folgenden Jahren erbaut. Die Meierei bewohnte ein Pächter, der die

17 Hufen in den benachbarten Feldmarken bewirtschaftete, dabei eine bedeutende Milchwirtschaft betrieb. Große Kuh- und Schweineställe nahmen die Südlinie ein, Pferdeställe und Wagenschuppen standen auf dem Flecke der Realschule. 1850 wurde die Meierei aufgelöst und die Pächterwohnung zu Lehrerwohnungen umgeändert.

Südlich vom Franckeschen Wohnhaus, westlich der Meierei liegt das schmale, massive Gebäude des Papiermagazins, 1732 auf dem Grünigkschen Garten (s. oben) aufgeführt.

Alle drei Straßen (Hinterhof, Vorderhof und Fahrstraße) werden im Osten abgeschlossen bezw. flankiert durch das Pädagogium. Dieses wurde am Ende des Mateweißischen Gartens, gerade östlich entgegengesetzt dem Hauptgebäude, über 10 m höher als dieses gelegen, errichtet[17]), fast auf allen Seiten von Feld und Gärten umgeben, und zwar im Jahre 1711. Der Bau kostete 13000 Taler, die Möbelierung 1169, diese Kosten trug das Waisenhaus, das Pädagogium sollte dafür jährlich 600 Taler Pacht zahlen: denn es ist eine durchaus selbständige Anstalt gewesen, die nur unter demselben Direktor wie das Waisenhaus stand. Das Mittelgebäude ist Fachwerk, 191 Fuß lang, 30 Fuß breit, 5 Stockwerke hoch, jedes zu 26 Fenstern in der Front. In der Mitte wurde über das Dach hinaus ein Altan emporgeführt, der 72 Fuß über der Erde als Observatorium dienen sollte. Im Westen wurden 2 Flügel, ein Quergebäude, (nur 15 Fuß tief) sofort angebaut, im Osten wurde der nördliche Flügel 1714/15, der südliche 1719/20 angebaut (der Krankenflügel). Der Hof wurde mit Linden und Kastanien bepflanzt und durch eine Mauer gegen die Straße abgeschlossen, 1797 wurde diese durch eine Gitterwand mit 14 steinernen Pfeilern ersetzt. — Am 19. 4. 1713 zogen Lehrer und Schüler aus dem Hause Mittelwache Nr. 6 in ihr neues Heim. — In dem Hauptgebäude (Mittelgebäude) lagen die Wohnungen der Schüler und Lehrer und ferner die Klassenzimmer; im ersten Stockwerk der Speisesaal; im Erdgeschoß die 1850 geschenkte Kefernsteinsche Mineraliensammlung. — 1826 und 1855 wurde das Hauptgebäude neu geputzt. Die Flügel auf der Westseite wurden 1848 (auf der Nordseite) und 1858 (auf der Südseite) abgerissen. In den Neubau wurden Amtswohnungen des Direktors usw. gelegt. — An das Pädagogium schließt sich an der Südostecke das Neue Haus oder das Aktusgebäude (1802 aufgeführt). 1832 wurde das obere Stockwerk zu einer Familienwohnung eingerichtet. Das alte Brauhaus des Pädagogiums (1714/15 erbaut) stand an der Nordostecke, es ging 1794 ein und wurde abgebrochen[17a]). — Dem

Pädagogium gegenüber, auf der Südseite der Fahrstraße, liegen der Ballonplatz und der Botanische Garten. Jener erhielt den Namen von einem im 18. Jhrdt. beliebten Jugendspiel, er war ein Rasenplatz von 130 Quadratruten, rings von schattigen Baumgängen und Anpflanzungen umgeben. 1788 wurde auf der Ostseite die Francke-Urne aus Sandstein zur Erinnerung an den Stifter aufgestellt[18]). Oestlich von ihr in der englischen Gartenanlage schütteten zum Andenken an die hundertjährige Stiftungsfeier (1796) die Scholaren (Schüler des Pädagogiums) einen Hügel auf, auf dem ein 8seitiger Pavillon sich erhob mit der Aufschrift: Spem novi seculi meditantibus[19]). Am südwestlichen Ende des Ballonplatzes entstand 1797 ein Musis et amicis geweihtes Lusthaus; auch dieses ist verschwunden, ebenso die alte, kleine, ländliche Hütte von Baumrinde mit der Ueberschrift: „Die Ruhe am Abend." — Kegelbahn und Turnplatz schlossen sich an, jene entlang der Baumallee, die 1791 auf der Grenze der südlich liegenden Plantage gepflanzt wurde, dieser auf der Plantage selbst 1816 eingerichtet. — Westlich vom Ballonplatze befand sich der Botanische Garten des Pädagogiums; er wurde aus einem Teile des Waisengartens (dem Zeitlerschen Garten) hierher verlegt. 1767 wurde ein Gewächshaus in ihm an der Fahrstraße auf Kosten eines Engländers errichtet, in dessen oberer Etage eine Sommerwohnung für den Direktor eingerichtet wurde, die durch einen Ueberbau über die Fahrstraße mit dem Westflügel des Pädagogiums verbunden war. Später wurden die Räume Lehrerwohnung, auch Klassenzimmer der Höheren Töchterschule (1861).

Ursprünglich war das Pädagogium von den übrigen Stiftungen durch eine Mauer auf dem Vorderhof getrennt. Zwei Seitentüren, später eine Mitteltür, führten in dasselbe hinein, seit 1829 steht hier das Denkmal A. H. Franckes als der schönste und wirkungsvollste Abschluß des Vorderhofes, auf dem geeignetsten Platz, nämlich vor seiner Lieblingsschöpfung, dem Pädagogium (Westflügel), aber auch sonst inmitten aller seiner Schöpfungen; der Platz wurde 1828 mit Platten belegt und eine Freitreppe mit 8 Stufen erbaut, in der Mitte des Raumes steht das Denkmal. Ueber dem Untersatze von Kunzendorfer Marmor liegt ein Würfel von fein poliertem, zartgeädertem Marmor, auf diesem steht die Bronzegruppe: Francke, im Predigergewand, ist von zwei Kindern umgeben, er legt die linke Hand auf das kleine betende Mädchen, der etwas größere Knabe zu seiner Rechten trägt die Bibel, den Dank der beiden Waisen sucht seine Rechte nach oben zu weisen, von wo allein das Heil und die Hilfe ihnen, den Waisen, gekommen ist. Auf der Vorderseite des Denkmals steht der Name: August Hermann

Francke[20]), darunter in kleinen Buchstaben: „Er vertrauete Gott". Auf der hinteren Seite: „Dem Gründer dieser Anstalten die dankbare Nachwelt 1829". Die Gruppe ist von Rauch in Berlin modelliert und in der Gießerei von Hopfgarten gegossen worden mit 6000 Talern Gesamtunkosten. Am 5. November 1829 wurde das Denkmal feierlich enthüllt[21]). —

Sonstige Häuser aus der alten Zeit der Stiftungen sind noch das alte Winzer- und Kelterhaus in Hennickens Weinberg (1725 angekauft) im Süden der Plantage am Turnplatz; Turnhalle I ist ihm jetzt angebaut. Es wurde für den Gärtner der Plantage eingerichtet, später zu Familienwohnungen benutzt. — Ferner das Wohnhaus am Ende des Feldgartens an der Lindenstraße; es wurde 1745 gebaut und diente dem Röhrmeister und dem Bauaufseher wie noch anderen Beamten zur Wohnung. —

Die Bauten des 19. und 20. Jhrdts. haben sich, wie erwähnt, zwangloser, frei von der alten Gruppierung entwickelt.

Eine Turnhalle entwickelte sich südlich vom Botanischen Garten aus der Bergscheune des Pohlmannschen Gartens (1839); sie ist 1856 erweitert worden. Es ist jetzt die Turnhalle Nr. III, die anderen Turnhallen, neueren Ursprungs, sind Nr. II an der Südwestecke der Plantage und ihr benachbart Nr. I im Süden der Plantage, bereits in der Nähe der Lindenstraße.

Eine Realschule wurde östlich der Meierei vor dem Waisengarten 1856/57 erbaut. Die alten Pferde- und Wagenställe der Meierei, die hier standen, wurden beseitigt. Am 14. 10. 1857 wurde das neue Schulhaus eingeweiht, es ist in Petersberger Porphyr als Rohbau aufgeführt, Gesimse, Fenster und Türeinfassungen bestehen aus hellen Klinkern der Salzmündener Ziegelei. Eine 6 Fuß hohe Freitreppe führt in den Eingang. Jedes der 3 Stockwerke ist 13/14 Fuß hoch. Große Korridore führen hindurch. Im obersten Stocke legte man einen großen Zeichensaal an, in anderen Räumen befinden sich naturwissenschaftliche, physikalische, mineralogische Sammlungen, ein großer Hofraum dient den Schülern zur Erholung. Alles kennzeichnet die neue Zeit, alles unterscheidet sich von dem alten Teile der Stiftungen: überall Licht, Freiheit und Luft. Das Haus steht isoliert mitten in Freiheit. So wie dieses sind auch die anderen Schulbauten aufgeführt[22]).

Ein Schulhaus der Höheren Töchterschule wurde zwischen dem ehemaligen Bauhof (s. oben) und dem Feldgarten 1894/6 erbaut, ein 3stöckiger Rohbau mit 15 Fenstern Front und einem Türmchen in der Mitte des Daches[23]) für 146 000 ℳ. Der Bauhof wurde an eine entferntere Stelle verlegt.

Ein neues Schulgebäude der Lateinischen Hauptschule erstand 1904/6 (am 28. 9. 1906 feierlich eingeweiht) südlich der alten Oberrealschule in dem Waisenhausgarten, ein vornehmer, 3 teilig gegliederter, 3 stöckiger Bau. Der Mittelbau mit Frontgiebelchen und Türmchen in der Mitte des Daches gekrönt, jeder Seitenteil hat 5 Fenster Front. — Der Bau erhebt sich zwischen Feldgarten und Waisengarten in durchaus freier Lage, von Sonne und Luft allenthalben umgeben. Auf großem Schulplatz und in weiter Wandelhalle können sich die Schüler erholen.

Ein neues Schulgebäude der Oberrealschule wurde in dem Waisengarten neben der Lateinischen Hauptschule errichtet (1913).

Die Apotheke erhielt 1869 einen neuen, stattlichen Bau in gelben Klinkersteinen an der neu angelegten Königstraße, westlich von den 1870/71 abgetretenen Baustellen. Sie siedelte am 1. 4. 1870 aus dem alten Hauptgebäude dahin über. Der Apothekergarten befindet sich südlich dicht hinter ihr, ehemals erstreckte er sich in die abgetretenen Baustellen und in die Königstraße hinein. —

A. H. Francke starb 1727: bei seinem Tode befanden sich die Stiftungen in blühendster Zunahme: 100 Waisenknaben, 34 Waisenmädchen, 1725 Schulkinder in den „deutschen Schulen", 400 in der Latina, 82 im Pädagogium, zusammen über 2300 Kinder und eine große Anzahl Lehrer und junge Leute (187 Lehrer, 8 Lehrerinnen, Inspektoren, Aufseher und Aufseherinnen der Waisen). Es waren schon die meisten der alten Gebäude bereits fertig gestellt, als Glanzleistungen standen das Hauptgebäude und das Pädagogium da. Der Grundbesitz bei Halle war vorteilhaft vermehrt, zudem waren verschiedene Rittergüter erworben worden. — Um 1740 war die Abrundung des Stiftungsgeländes wie die Bautätigkeit auf ihm abgeschlossen, und bereits um die Mitte des Jahrhunderts beginnt ein allmählicher Niedergang. 1743 etwa 2500 Schulkinder (darunter 550 der Latina), 200 verpflegte Waisenkinder, 778 tägliche Speisende auf freiem Tisch! Viehseuchen, kostspielige Erneuerungsbauten auf den Rittergütern und besonders der 7 jährige Krieg schädigten immer mehr: 1758/1761 große Brandschatzungen der Anstalt durch die Feinde. Noch schlimmer wirkten die schweren Teuerungsjahre 1771/3 auf die Finanzen der Stiftungen, man mußte Schulden bis zu 21500 Talern aufnehmen. Die Zahl der Waisen wurde von 200 auf 150 herabgesetzt. Die Einnahmen besonders aus der Apotheke verringerten sich gewaltig (s. oben, Anmerk. 12). Um 1780 sind die Einkünfte um ein Drittel zurückgegangen. Allerlei Einschränkungen und Veränderungen fanden statt: 1785 Aufgabe der Weingartenschule (s. Glauchaer-Straße Nr. 24), 1786 Aufgabe der Klinik (s. oben), 1797 Verlegung der alten Mittelwachischen Schule in das Waisenhaus (in den westlichen Teil des Langen Gebäudes oder Schülerhauses), Erhöhung des Schulgeldes, weitere Verminderung der Waisen (1798) auf 105 (75 Knaben, 30 Mädchen) und des Freitisches (nur noch 200!), Aufhebung des unrentablen Seidenbaues (1804), Anpflanzung von Obstbäumen, Verpachtung der Plantage und übrigen Gärten, Abstoßung der Häuser in Glaucha (abgesehen von denen des Franckeplatzes!). Ferner schädigte die Konkurrenz neuer Bildungsanstalten (des Dessauer Philanthropins, des Klosters Bergen); 1784: nur noch 17 Scholaren im Pädagogium (darunter 4 aus der Stadt). Endlich sichert Friedrich Wilhelm II. 1797 dem Pädagogium (aus Anlaß seines 100 jährigen Bestehens 1796) eine jährliche Unterstützung von 600 Talern zu. Und dann wurden vom 1. 1. 1800: 4000 Taler jährliche Unterstützung durch Friedrich Wilhelm III. zugewiesen, ein Viertel davon für das Pädagogium! — 1800: 104 Schüler des Pädagogiums, 75 Waisenknaben, 30 Waisenmädchen, 211 Schüler der Latina, 989 Bürgerschulkinder, also nur noch 1305 Schulkinder (außer den Scholaren) und 122 Lehrer! Weitere Zuschüsse des Staates (eine außerordentliche von 16000 Talern) und Erhöhung des Beitrags auf 4300 Taler sind nötig, besonders wegen der Baufälligkeit der Gebäude. Der Krieg zertrümmerte die preußische Herrschaft und die letzten großen Versprechungen staatlicher Hilfe, auch brachte er schwere Kontributionen; doch die westfälische Regierung unterstützte ganz bedeutend die Stiftungen: Deckung der 18000 Taler Fehlbedarf (1807) und Vereinigung des städtischen und reformierten Gymnasiums mit der Latina (1808)[24]): die Einkünfte des reformierten Gymnasiums erhielten die Stiftungen nicht, für die des städtischen lutherischen zahlte die Stadt 2400 Taler jährlich, später nur 1000 Taler, dagegen wurden die Bibliotheken beider Gymnasien mit der der Latina vereinigt. Die Latina wurde zur „Lateinischen Hauptschule" erhoben[25]). Nach der Schlacht bei Leipzig wurden die Stiftungen zu großen Lazaretten umgewandelt: 2063 Preußen lagen in ihnen, später noch mehr. Nur das Pädagogium setzte den Unterricht fort, die übrigen Schulen wurden anderweitig untergebracht. Die Latina wurde in das Pädagogium verlegt, die Bürger-Knaben- und -Mädchenschule in das Schmalzische Haus in der kleinen Steinstraße (s. Band I, S. 99), die Freischule in das Armenhaus am Bauhofe. Wegen des Lazarett-Typhus begann der Unterricht erst im März und April 1814 wieder. — 1814: ein staatlicher Zuschuß von 12000 Talern in monatlichen Raten. 1816: Geschenk von 1000 Dukaten durch den König; 1817: monatlicher

Zuschuß des Staates von 1500 Talern! — 1817 Eingemeindung Glauchas, also auch der Stiftungen, nach Halle. — 1830: 2275 Schulkinder und zwar 114 Waisenknaben und 16 Waisenmädchen, 94 Schüler im Pädagogium (darunter 45 Hausscholaren), 409 in der Latina, 134 in der Realschule, 1638 in den deutschen Schulen (Bürger- und Freischulen). — 1832 hörte die Sonderstellung der Stiftungen (direkt unter dem Kultusministerium) auf, sie wurden wie alle übrigen höheren Schulen unter das Provinzialschulkollegium und Konsistorium gestellt. — Nochmalige letzte Blüte des Pädagogiums 1847: 77 Hausscholaren. — Abschaffung des Fachsystems auf der Latina 1832 und Einführung des Klassensystems. — 1857 wurden die Stiftungen mit Gasleitung versehen (1859 auch die Wohnstuben der Schüler). 1862 mußte in der Fahrstraße noch eine zweite Leitung gelegt werden. — 1863 zählt das Pädagogium 177 Scholaren, darunter nur 30 Hausschüler! Wegen des kostspieligen Haushaltes geht das Pädagogium als selbständiges Gymnasium Ostern 1870 ein. Es wird jetzt für Alumnen der Latina und Oberrealschule benutzt. — Der Wert sämtlicher Gebäude der Stiftungen wurde 1863 auf 313 266 Taler geschätzt. — 1863: 3496 Schulkinder und zwar im Pädagogium 177 (30 Hausscholaren), in der Latina 620 (194 Pensionäre), in der Realschule 453 (58 Pensionäre), in der höheren Töchterschule 331, Knabenbürgerschule 692, Parallelschule (Vorbereitungsschule) 142, Mädchenbürgerschule 445, Knabenfreischule 319, Mädchenfreischule 317. — 1900: 3036 und zwar in der Latina 683, in der Realschule 458, in der Bürgerschule 679, in der mittleren Töchterschule 483, in der höheren 417, in der Vorschule 221, im Lehrerinnenseminar 95. — Der Gesamtetat 1870 betrug 170 307 Taler, darunter 19000 Taler Staats- und Stadtzuschuß; unter den Einnahmen befanden sich 16 000 Taler aus Grundeigentum und 7723 Taler aus Zinsen. Um 1900 betrug der Umsatz schon über eine Million Mark. — 1898 am 29./30. Juni und 1. Juli fand das 200jährige Jubiläum der Stiftungen statt (eigentlich ist der 24. Juli der Festtag)[26]) und am 21. 10. 1910 das 200jährige Jubiläum der Cansteinschen Bibelanstalt, an das sich eine bemerkenswerte Bibelausstellung knüpfte[27]). — 1911 besuchten die sechs Lehranstalten: 580 Schüler die Latina, 578 die Oberrealschule, 473 das Lyzeum bezw. Oberlyzeum, 504 die Mädchenmittelschule, 670 die Knabenmittelschule, 251 die Vorschule, zusammen 3056 Schüler. — Der Grundbesitz der Stiftungen betrug 1913: in den Ringmauern: 18.32 ha; auf den Gütern: 482.50 ha; in der Stadtflur usw. 63.38 ha. –

Uebersicht der Stiftungen.

I. Unterrichtsanstalten: 1. Die Latina (1697 gegründet, 1808 mit dem lutherischen und reformierten Gymnasium in Halle vereinigt). — 2. Die Oberrealschule (1835 gegründet). — 3. Das Lyzeum und Oberlyzeum (1835 gegründet). — 4. Die Vorschule für Latina und Oberrealschule (1845 gegründet). — 5. Die Knabenmittelschule (1695 gegründet). — 6. Die Mädchenmittelschule (1695 gegründet). —

II. Erziehungsanstalten: 1. Die Waisenanstalt (1695 gegründet). — 2. Das Alumnat des Pädagogiums (1696 gegründet; 1873 Alumnat für Schüler der Latina und Oberrealschule). — 3. Die Pensionsanstalt (1697 gegründet, für Schüler der Latina und Oberrealschule).

III. Erwerbende Anstalten: 1. Die Buchhandlung, Verlag und Sortiment (1698 gegründet). — 2. Die Buchdruckerei (1701 gegründet). — 3. Die Apotheke und Medikamentenexpedition (1698 gegründet). —

IV. Andere mit den Stiftungen verbundene Anstalten: 1. Die Cansteinsche Bibelanstalt (1710 gegründet). — 2. Die Ostindische Missionsanstalt (1705 gegründet)[28]). — 3. Das Frauenzimmerstift (1706 gegründet)[29]). — 4. Das Cansteinsche Witwenhaus (1698 gegründet). — 5. Der Stadtsingechor (1808 vom lutherischen Gymnasium übernommen). —

V. Verwaltung. 1. Hauptverwaltung, ihr Direktor ist der jedesmalige Direktor der Gesamtstiftungen. — 2. Bauwesen. — 3. Krankenanstalt. —

Die Direktoren der Stiftungen.

I. Die Direktoren: 1. A. H. Francke (1695 — 1727). — 2. Joh. Anast. Freylinghausen (1727 — 1739). — 3. Gotthilf August Francke (1739 — 1769). — 4. Joh. Georg Knapp (1769 — 1771). — 5. Gottl. Anast. Freylinghausen (1771 — 1785). — 6. Joh. Ludwig Schulze (1785 — 1799). — 7. A. H. Niemeyer (1799 — 1828) und 8. Chr. Georg Knapp (1799 — 1825). — 9. Joh. August Jacobs (1828 — 1829) — 10. H. Agathon Niemeyer (1830 — 1851). — 11. Gustav Kramer (1853 — 1878). — 12. Theodor Adler (1878 — 1880). — 13. Otto Frick (1880 — 1892). — 14. Wilhelm Fries (1892 — 1921). —

II. Die Kondirektoren: 1. J. D. Herrnschmid (1716 — 1723). — 2. Joh. Anast. Freylinghausen (1723 — 1727). — 3. G. A. Francke (1727 — 1739). — 4. Joh. Georg Knapp (1739 — 1769). — 5. Gottl. Anast. Freylinghausen (1769 — 1771). — 6. Joh. Ludwig Schulze (1771 — 1785). — 7. A. H. Niemeyer (1785 — 1799) und 8. Chr. Georg Knapp (1785

— 1799). — 9. Joh. Aug. Jacobs (1825 — 1828). — 10. H. Agathon Niemeyer (1829 — 1830). — 11. Maximilian Schmidt (1833 — 1841). — 12. Fr. August Eckstein (1849 — 1863). — 13. Theodor Adler (1863 — 1878). — 14. Otto Frick (1878 — 1880). — 15. Wilhelm Fries (1881 — 1892). — 16. Ferdinand Becher (1892 — 1897). — 17. Alfred Rausch. — 18. Rudolf Gräber.

Anhang.

1. Sie wurden daher auch „Glauchasche Stiftungen", „Glauchasches Waisenhaus" vordem genannt. — 2. Das Gasthofsschild befindet sich noch heute im Museum des Waisenhauses: es zeigt einen ausgespreizten fliegenden Adler, der einen Palmenzweig im Schnabel hält. — 3. Nach vielen Streitigkeiten, da die Glauchaer hier ein Gebäude aufführen wollten. — 4. Mateweiß hatte ihn für sein großartiges Institut, das Salomons-Athenäum, bestimmt, s. Band I, S. 59. Es sollte Ostern 1702 erstehen, es verzögerte sich durch allerlei Schwierigkeiten, und so kam ihm Francke durch sein Pädagogium (Privilegium vom 19. 9. 1702) zuvor. Mateweiß verkaufte nun diesem seinen Garten. — 4a. Im Hennickeschen Weinberg, in der Nähe der Lindenstraße entdeckte man eine gute Sandgrube, die für die Bauten viele Kosten ersparte. — 5. Die jungen Maulbeerbäume hatte man 1744/5 aus der Lombardei bezogen. Außer in der Plantage pflanzte man auch in dem südlichen Feldgarten, im Waisengarten, im damals gepachteten Stadtzwinger, auf einem Weinberg an der Nietlebener Heide, auch auf Aeckern bei Canena und Reideburg viele Tausende solcher Bäume und verdiente durch die Aufzucht und den Verkauf dieser ein gut Stück Geld. — 6. Schon 1698 kaufte man ein Bauerngut in Giebichenstein an, das man aber bald wieder verkaufte; Zuwendungen geschahen 1699: $^1/_2$ Hufe in der Hordorfer Mark; 1702: 6 Acker Land im halleschen Stadtfelde; 1716: 1 Hufe im Giebichensteiner Feld. Dann wurden gekauft von 1722/25: 1 Hufe im hallischen Gebiet, 2 im Wörmlitzer, 1 Hufe und zehn Aecker im Diemitzer, 1 Hufe im Reideburger, $^1/_2$ Hufe im Canenaer Gebiet; bei Franckes Tode im Ganzen schon 8 Hufen! Ferner 1727/39: 3 Hufen im Hallischen, $2^1/_2$ im Giebichensteiner und 2 im Böllberger Flurgebiet. — 7. Die Festschrift (1863) S. 88 verlegt diese Quelle auf die „Lehmbreite", also etwa Königsplatz. Hier hätte man eine sumpfige Stelle gefunden, nachgegraben nnd 2 große, eichene, ganz verschüttete Kasten mit der Jahreszahl 1606 gefunden. Also gerade vor hundert Jahren hätte man hier eine Wasserleitung angelegt, die Röhren durch den jetzigen Feldgarten geführt und die Rannische Straße mit Wasser versorgt. — 8. Man trieb nach Süden bis über das Chausseehaus an der Merseburger Chaussee einen Stollen (den Oberstollen) 6325 Fuß lang und führte das Wasser aus einer 18 Fuß tief unter der Erde lagernden Quellsandschicht. Diese Röhrenstrecke traf im Feldgarten eine zweite (den Unterstollen), die von einem hinter dem ehemaligen Fürstenbergschen Garten bezw. Okelschen Weinberg angelegten Sammelbrunnen am Teiche vor dem Rannischen Tore vorbei durch den Feldgarten geführt ist. Die ganze Leitung lieferte täglich 60/70000 Kannen Wasser, das überflüssige Wasser lief seit 1853 in die Zisterne auf dem Franckeplatze. — 9. Der spätere Regierungspräsident von Danckelmann riet dazu. Die Steine holte man aus einem Steinbruch in einem Bauernhof zu Giebichenstein, dem „Brotsack", den Francke am 10. 4. 1698

angekauft hatte. Dazu schenkte der Kurfürst 100000 Bausteine und 30000 Dachziegeln aus der Giebichensteiner Amtsziegelei, auch gewährte er eine allgemeine Landeskollekte. Andere wertvolle Privilegien wurden gegeben: Back- und Braugerechtigkeit, die Gründungen von Buchladen, Buchdruckerei und Apotheke, Freiheit von Einquartierungen, auch ein Zeitungsprivilegium. In allem zeigte sich Franckes eminent praktischer und scharfer Blick. — 10. Die Buchhandlung des Waisenhauses (Privileg 1698) wurde eine Hauptquelle der Einnahmen der Stiftungen: unter Ehlers Leitung bereits 2000 Taler Reingewinn! 1778: 4000 Taler! 1821 wurde das Berliner Zweiggeschäft verkauft. Hervorragende Werke wurden verlegt, so von Francke, Spener, Freylinghausen (dessen Gesangbuch!), Bogatzki (dessen Gulden Schatzkästlein in 150000 Exemplaren gedruckt ist!), Niemeyer, Meckel, Daniel (geographische Lehrbücher), Peter (Römische Geschichte), Echtermeyer, ferner alte Klassiker usw. — 11. Der umsichtige Francke erwarb für seine Druckerei auch eine Papiermühle. Die von Kermes in Cröllwitz für 6500 Taler, sie wurde für 400 (460) Taler an Johann Christian Keferstein verpachtet. — 12. Die Apotheke war sehr wichtig für Glaucha, das keine eigene Apotheke besaß. Sie war die vierte Apotheke von Gesamt-Halle. Sie lieferte für die Armen unentgeltlich und war wegen ihrer großen Beliebtheit auch eine reiche Einnahmequelle der Stiftungen, in den Jahren 1760/70: jährlich 30000 Taler! Dann aber weniger, 1780: 20000 Taler, 1790: 13000 Taler, 1796: 7400 Taler! Viele Medikamente waren als „Geheimmittel" in Mißkredit gekommen! — 13. Die „Latina" wurde September 1697 angelegt, 1704: 6 Klassen, 1709: 256 Schüler (darunter 64 Waisenknaben). — 13a. Die Sammlung ist durch Freunde, Gönner, Missionare und durch Ankauf zustande gekommen, meist im 18. Jhrdt.; eine Sammlung seltener Natur- und Kunstprodukte, Tier- und Pflanzenmerkwürdigkeiten. Fremde Kleidungen, Geräte, Waffen, Gewebe, z. B. der Dajaken auf Borneo, Religionsheiligtümer aus China, Japan, Indien, Mexiko, die besonders wertvoll sind, die zwei Weltsystem-Modelle (Brahe und Kopernikus) vom Oberdiakonus Semler († 1740). — 14. Die kleinere Breite rührt daher, weil zur Zeit der Erbauung die öffentliche Feldstraße dicht daran vorbeiging. — 15. Karl Hildebrand von Canstein (1667 — 1719), Sohn eines brandenburgischen Staatsbeamten, seit 1698 intimer Freund von Francke, unterstützte Ehlers Plan, die Typen der gesamten Bibel stehen zu lassen, um so zu jeder Zeit billige Bibeln dem Volke darbieten zu können. Sie wurden 1713 in stehenden Lettern zum ersten Mal gedruckt, noch nicht in der eigenen Druckerei, sondern bei Stefan Orban in Halle in der „Taubenstraße", wohl Kuhgasse (s. Band I, S. 52) Bis 1825 gingen 2 Millionen Gesamtbibeln in die Welt und 1 Million Neue Testamente. — 16. Dies wie andere Häuser wurde erbaut aus Steinen von einem Steinbruch, die man auf erkauften Aeckern in der Wörmlitzer Flur 1714 gefunden hatte. — 16a. Man unterscheidet ein inneres und äußeres Rotes Tor: das erwähnte ist das äußere Rote Tor. Das innere lag am Beginn des Pädagogiums und des Ballonplatzes, 1719 errichtet. Das äußere ist 1749 angelegt worden, um den Zwischenraum der beiden Tore nicht weiter von Duellanten und Dieben benutzen zu lassen. — 16b. Der Rotetorteich solle unergründlich und ein Schloß in ihm versunken sein, dessen Spitzen man noch bei klarem Wetter im Teiche erkennen könne. — 17. Das Hauptgebäude auf dem ehemaligen Grünen Hügel liegt 85 m über Nullpunkt, das Pädagogium (Mittelgebäude) 95 m. Die Höhenverhältnisse der Stiftungen steigen von 85 m bis zu 110 m in der Plantage empor. — 17a. Hertzberg, A. H. Francke u. s. Hallisches Waisenhaus 1898. S. 106 irrt er, wenn er das alte Brauhaus auf dem Platze des Aktussaales annimmt. 18. Es ist eine auf 6 Fuß hohem Piedestal stehende gewaltige Urne aus Sandstein. Verschiedene Inschriften zieren das Ganze. „Franken dem Stifter" steht im Medaillon der Urne, an den Seiten des Piedestals:

„Dank und Verehrung; — Er hat Gutes getan und ist nicht ermüdet; — Er erndtet ohne Aufhören; Ihm errichtet dies Denkmal das Pädagogium im fünfundsiebzigsten Stiftungsjahre 1788". — 19. Der Pavillon ist längst verschwunden, der künstliche Hügel hieß aber immer noch der Spes. — 20. Erst seit der Aufstellung dieses Denkmals hat man sich gewöhnt, den Namen richtig zu schreiben; vordem findet man oft genug den Namen Franke gedruckt. Selbst die von den 3 Direktoren herausgegebene Beschreibung des Hallischen Waisenhauses schreibt stets Franke! — 21. Der Piedestal des Denkmals ist von Schinkel entworfen worden. Uebrigens wollte man das Denkmal ursprünglich auf dem Franckeplatz errichten (s. d.). — 22. Die Schüler der praktischen Realfächer wurden 1810 von der Latina getrennt und als „Realschule" in den ersten Eingang des langen Schülerhauses gesetzt. 1835 wurde sie reformiert und am 4. 5. mit 61 Schülern eröffnet auch als „Realschule". Am 19. 3. 1838 erstes Abiturientenexamen. 1853: 8 Schuljahre. 1852/5 jährlich 500 Schüler. 1861: zur Realschule I. Ordnung erhoben. 1882 zum „Realgymnasium" umgewandelt. 1891 Teilung: die untere Hälfte wurde lateinlose höhere Bürgerschule oder Realschule, der Oberbau wurde eine Oberrealschule. — 23. Die höhere Töchterschule wurde 1835 gegründet, zunächst aus der Bürgermädchenschule mit erhöhtem Schulgeld emporgeführt. Das Französische wurde obligatorisch, 1850: das Englische. Am 8. 10. 1835: 67 Schülerinnen. Am 11. 7. 1836 wurde die Schule in das untere Stockwerk der Bibliothek am Schwarzen Wege verlegt, wo sie bis 1896 geblieben ist. 1840: 160 Schülerinnen in 7 Klassen; 1850: 220. 1861: 331 in 9 Klassen. 1879 wurde das Lehrerinnenseminar aus kleinen Anfängen herausgebildet, 1896 staatlich anerkannt. Die höhere Töchterschule führt jetzt den Fremdworttitel: „Ober-Lyzeum". — 24. Siehe darüber Band I, S. 120 und Band I, Reformiertes Gymnasium. — 25. Diese Bezeichnung „Lateinische Hauptschule" ist seitdem üblich geworden, wohl auch nach der Gründung des Hallischen Stadtgymnasiums (1868). — 26. Zwar gründete schon 1695 zu Ostern Francke seine Armenschule im Glauchaer Pfarrhause, und noch in demselben Jahre begannen die Bürgerschule und die Waisenanstalt, 1696 das Pädagogium. Jedoch setzte schon der Sohn Franckes das 50 jährige Jubiläum auf den 13. bezw. 24. Juli 1748 fest, d. h. auf den Termin der Grundsteinlegung zum Hauptgebäude, das alle vereinzelte Stiftungen sammelte und vereinte zu dem, was sie noch heute sind. — 27. Sämtliche Ausgaben und Auflagen der Cansteinschen Bibel, ferner eine Bibelsammlung vom Jahre 1522 ab, darunter die Stadesche Bibel, die der Cansteinschen Bibel als Grundlage gedient hat, dazu Bibeln in 70 verschiedenen Sprachen. — 28. Sie besitzt eine reichhaltige Bibliothek und unterstützt durch Jahresbeiträge die Leipziger Mission, die Geßnersche Mission und die Mission der Brüdergemeinde im West-Himalaja. — 29. Das Stift gewährt jetzt nur noch Präbenden an Hinterlassene von Beamten der Stiftungen, keine Freiwohnungen mehr. —

Das Südviertel. Allgemeines.

Das Südviertel Halles liegt auf der Hochfläche, die sich südlich von der Tor- und Lindenstraße nach der Saale hin abdacht. Seine Grenzen sind im Westen der Böllbergerweg, im Osten der Bahnkörper der Staatsbahnen, im Norden Torstraße, Lindenstraße und östliche Königstraße, im Süden die Gemarkungsgrenze des Stadtkreises Halle[1]). Schon in älterer Zeit war das Gelände hie und da unregelmäßig von einzelnen Gehöften an den drei alten Landstraßen, die heute Wörmlitzer, Beesener und Liebenauer Straße benannt werden, inmitten weiter Gärten und Felder besiedelt gewesen (vgl. oben Rannischer Platz). Aus den weiten Feldern erhoben sich vereinzelt große Weinberge, nach Glaucha zu ansehnliche Kirschgärten. Herzog Augustus hatte auf dem hochgelegenen Terrain des heutigen Ludewigetc. um 1660 ein Lusthaus für seine Gemahlin in einem bereits vorhandenen Weinberge erbaut; ein anderer, großer Weinberg befand sich nordöstlich von diesem, etwas nördlich vom heutigen neuen Siechenhaus. — Um 1820 finden wir hier den stattlichen Garten Richters, östlich von ihm Leiters Garten (an dem Pfännerhöhe-Hügel), westlich von ihm Hupens Anlage und dabei südlich Schmidts berühmten Gesellschaftsgarten. — 1837 sind bereits 8 Grundstücke „Vor dem Rannischen Tore" verzeichnet. — 1855: 15; neu entstanden waren Preßlers Berg, die Preßlerschen Fabrikgebäude, eine Oekonomie Kögel usw. — 1864 entstand das Gesellschaftslokal Bellevue in der Lindenstraße, andere Gebäude bildeten bereits die Südseite der älteren, östlichen Lindenstraße. — In den 70er Jahren entwickelten sich zunächst die fünf Vereinsstraßen bis 1872, dann die Ludewigstraße (in der Nordseite) und die dem Rannischen Tore zunächst liegenden Teile der Wörmlitzer, Beesener und Liebenauer Straße. Die Pfänner-Höhe zeigte eine Reihe Fabrikanlagen, an der Ecke der heutigen Turmstraße (damals „Hinter der Landwehr") das große Quadrat der Kuntzischen Cichoriendarre; andere Fabriken blühten an der Merseburger Chaussee empor. — In dem folgenden Jahrzehnt (1880/1890) sehen wir die Bebauung planmäßig bis zur Ludewig- und Cansteinstraße vorrücken, abgesehen von zwei öden Baulandinseln westlich zwischen Wegscheider- und Geseniusstraße und östlich zwischen Streiberstraße und Pfännerhöhe; dagegen ist die Merseburger Chaussee (Merseburger Straße) auf der Westseite bis zur Thüringerstraße, auf der Ostseite bis fast an Löfts Hof besetzt. — Bereits 1887 wurde der Südfriedhof eingeweiht, damit war die Südgrenze der Stadterweiterung vorläufig gezogen. — 1893 erstand die neue Kirche des Südviertels, die Johanniskirche, andere große öffentliche Bauten als Kristallisationspunkte folgten: 1894 wurden das Paul Riebeckstift und die Provinzialblindenanstalt an der Lutherstraße in Angriff genommen; bereits 1887/8 war die Volksschule an der Liebenauer-Straße erbaut worden, 1900/01 eine andere Volksschule an der Huttenstraße. 1888/1892 entstand das große städtische Siechenhaus an der Beesener Straße. An der Merseburger Straße sind das Krankenhaus Bergmannstrost und die Artilleriekaserne zu erwähnen; besonders die letzte hat die Bebauung speziell der Merseburger Straße ein gut Stück weiter geführt. —

Die Einteilung des gewaltigen Südviertels geschieht am besten nach jenen alten Hauptstraßenzügen, die sich vom Rannischen Platz aus strahlenförmig nach Süden verteilen, also I zwischen Böllberger Weg und Wörmlitzer Straße, II zwischen Wörmlitzer- und Liebenauer Straße, III zwischen Liebenauer und Merseburger Straße und zuletzt IV Merseburger Straße und östliches Gebiet.

I. Zwischen Böllberger Weg und Wörmlitzer Straße.

Der **Böllberger Weg** ist der uralte, bereits frühmittelalterliche Verbindungsweg zwischen Glaucha und dem $1^1/_2$ km südlich gelegenen Dorfe Böllberg gewesen, das sich auf der Höhe des westlichen Abhangs zur Saale entlang zog. Bis in das 19te Jahrhundert blieb er gänzlich unbebaut, eine kahle Fahrstraße durch Felder, westlich ehemals von Weinabhängen, später von Obstgärten begrenzt, mit schönen, weiten Fernblicken auf das Saaleniederland, seinen vielen Wiesen und fernen, blauen Höhenzügen. — Um 1820 finden wir südlich vom heutigen Stadtgut eine Siedlung „Thielens Berg“ oder „Thielens Garten“, die sich bis zur Saale hinab, ein großer Garten, erstreckte. Dann entwickelten sich die Oekonomie „der Ochsenstall“, eine Brauerei von Kropp, die große Ziegelfabrik von Eisentraut und Hampke, und daneben südlich legten um 1870 die Gebrüder Schulze die Bierbrauerei zum Feldschlößchen an. 1890 wird die Rauchfußsche Brauerei auf den Böllberger Weg verlegt, 1892/3 erstand die große Weingärten-Volksschule, 1894 legte man den Fußgängerweg durch das Rauchfußsche Grundstück bis zur Saalebrücke der Hafenbahn (auf die Pulverweiden führend) an; die Hafenbahn war 1893/4 entstanden. — 1897/8 eröffnete man die neue Strecke der elektrischen Stadtbahn: Hauptbahnhof — Böllberger Weg durch die Landwehr-, Linden-, Torstraße, auf den Böllberger Weg bis zur Hafenbahnkreuzung. — Heutigen Tages ist der Böllberger Weg zu einem erheblichen Teile auch mit hohen Mietshäusern bebaut, so am Beginn der linken (östlichen) Seite bis Nr. 23 (außer den Baustellen Nr. 15 und 16), dann Nr. 26/30, Nr. 55/66 (außer Nr. 64), die rechte (westliche) Seite wird von Gärten, Fabrikanlagen, größeren Gehöften, wie vom Stadtgut, von der Volksschule besetzt.

Nr. 65, die Geschwister Röser-Waisenstiftung auf der Ostseite der Straße, schon in der Nähe Böllbergs. — Die Stiftung entstand am 12. 10. 1894: das Rösersche Grundstück (Wert 25000 ℳ) wurde nebst einem Barvermögen von 137 256 ℳ zur Gründung einer Waisenanstalt der Stadt überwiesen. Es sollen Knaben und Mädchen im Alter von 5—12 Jahren aufgenommen werden. Die Stiftung untersteht dem Magistrate. 1902: 10 Waisenmädchen; 1914: 11[2]). –

Nr. 84. Ehemalige Hallische Aktien-Bierbrauerei. — Das Feldschlößchen der Brauereibesitzer Gebrüder Schulze entstand um 1870 außer der älteren Kroppschen Brauerei. 10 Jahre später war diese neue Brauerei die größte Dampfbrauerei in Halle: 36 Arbeiter. 1890 (schon Aktien-Gesellschaft) braute sie 30000 hl jährlich[3]). Schon um 1906 hat die Hallische Aktien-Brauerei das Feldschlößchen aufgekauft und sich selbst dorthin aus der Stadt verlegt. Jetzt gehört auch die Hallische Aktien-Bierbrauerei dem Konzern der Engelhardtschen Bierbrauereien an.

Nr. 85. Hallische Röhrenwerke, A. G., entstanden auf dem Gelände der schon um 1865 bestehenden Ziegelei von Eisentraut und Hampke. Damals befand sich noch die Ziegelei von E. Oehring am Böllberger Weg (diese Nr. 5b, jene Nr. 1 benannt). — Das Fabrikanwesen wurde 1900 als G. m. b. H. gegründet und später in eine A. G. umgewandelt. Sie befindet sich an der Endstation der Straßenbahnlinie Hauptbahnhof — Rabeninsel. Die Betriebseinrichtungen bestehen (1907) aus zwei gewaltigen Dampfkesseln, die 2 Dampfmaschinen von 310 P. S. speisen, zwei Gleichstromdynamomaschinen geben Kraft und Licht. Die massiven Arbeitshallen haben 4500 qm Grundfläche. Es werden schmiedeeiserne Röhren besonders für alle Systeme von Zentralheizungen hergestellt.

Nr. 93. Das Stadtgut, es entstand aus den Oekonomiegehöften, dem sogenannten Ochsenstall, als Wirtschaftsgebäuden und den Kämmerei-Ackergrundstücken sowie aus den Hospitaläckern, jene betrugen 53.70 ha. Alle Felder zusammen betrugen 178.61 ha. Das neugebildete Gut wurde bis 1909 für jährlich 23 600 ℳ verpachtet (also 119 ℳ pro 1 ha). — 1909 fanden große Umbauten des Herrenhauses, der Pferde- und Ochsenställe für 27 600 ℳ statt. — 1914: 202.78 ha für 24000 ℳ verpachtet. — Die Gebäude bilden ein großes Viereck, an der Straße gelegen zwischen älteren und neueren Ställen steht das 2stöckige, schmucklose Wohnhaus. — Der Ochsenstall war ehedem der Oekonomiehof der Zuckersiederei-Compagnie am Hospitalplatz (s. d.).

Nr. 115. Rauchfuß-Brauerei (s. Band I, S. 64 und S. 55). Schon Wilhelm Rauchfuß, der Sohn des Begründers, baute die großen Keltereien am Böllberger Weg[4]), legte große Gärten, Parkanlagen, Gewächshäuser usw. hier an. Jetzt wird das Terrain durch die Hafenverbindungsbahn und durch den Fußgängerweg durchschnitten. — Nach seinem Tode wurde das Unternehmen in eine Aktien-Gesellschaft umgewandelt: die Brauerei wurde 1890 vom Kleinen Berlin auf den Böllberger Weg verlegt. — 1907 Umbau des Sudhauses und 1911/12 Neubau des Kesselhauses mit zwei Riesenkesseln, neuen Dampf- und Eismaschinen. — Auch diese Brauerei mit ihren Anhängseln gehört jetzt dem Engelhardt-Konzern (Berlin) an.

Nr. 116. Ein altes, 1 stöckiges, längliches Haus, etwas zurückgelegen, früher die Aushilfe des Siechenhauses, dahinter liegt das Asyl für Obdachlose (s. Weingärten).

Nr. 117. Der Schulgarten an der Weingärtenschule, 1913 für 3465 ℳ geschaffen, eine Beetefläche von 2942 qm mit Schülerbeeten von 8/10 qm, die von 217 Kindern selbständig bearbeitet werden.

Nr. 125. Die Weingärtenschule, eine Volksschule, die 1892/3 als 24 klassige Volksschule erbaut wurde, zu 161.700 ℳ in der Feuertaxe und zu 202 500 ℳ im Gesamtwert (1893). Die Gebäude im Rohbau sind im alten Wergeschen Garten und im Garten des alten Siechenhauses aufgeführt worden.

Eine große Anzahl teils vorhandener, teils geplanter Straßen verbinden bezw. sollen verbinden den Böllberger Weg mit der Wörmlitzer Straße, führen also westöstlich, so die Geseniusstraße, die Ludewigstraße, die Leostraße, die Eckteinstraße, der Stadtgutweg, die Semlerstraße. Die beiden letzten verbindet von Norden nach Süden die geplante Harrachstraße. Nach der Einmündung der Wörmlitzer Straße in den Böllberger Weg, schon dem Dorfe Böllberg gegenüber, läuft die sehr lange Huttenstraße in den Böllberger Weg, die von der Merseburger Straße bei Nr. 99 sich abzweigt.

Die Semlerstraße (projektiert) führt den Namen von dem Professor der Theologie Johann Salomo Semler (1725/1791), der seit 1753 an unserer Universität zu ihrem Ruhme wirkte[5]).

Die Harrachstraße (projektiert) nennt sich nach dem Grafen Karl Philipp von Harrach (* 1832), der das Schlesische Konvikt in der Wilhelmstraße 1868 begründete.

Der Stadtgutweg biegt gerade dem Stadtgut gegenüber ostwärts zur Wörmlitzerstraße ab. Er zählt bis jetzt zwei Mietshäuser an seinem Beginn (am Böllberger Weg). Die Straße ist bereits gepflastert und mit Linden bepflanzt.

Die Eckſteinſtraße (projektiert) empfing ihre Bezeichnung von dem trefflichen Rektor der Latina und Kondirektor der Franckeſchen Stiftungen Friedrich Auguſt Eckſtein (1849 – 1863).

Die Leoſtraße (projektiert) benennt ſich nach dem Geſchichtsprofeſſor Leo an unſerer Univerſität, dem Vielgehaßten und Vielbewunderten[6]).

Die Ludewigſtraße[7]) führt ihre Benennung von dem ehemaligen Kanzler unſerer Univerſität Peter von Ludewig († 1743). Sein damaliger Sommerſitz nebſt ſeinem Park liegt noch heute an unſerer Straße. Dieſe wurde 1873 polizeilich benannt, 1877 zuerſt mit Oellampen beleuchtet. Die Straße war um dieſe Zeit auf der Nordſeite, und zwar die weſtliche Hälfte, bebaut. Später entſtanden gegenüber jene 8 gleichen, nicht beſonders ſchönen Rohbaumietshäuſer des Spar- und Bauvereins. Die Straße iſt etwa 20 Schritte breit, mit Vorgärten verſehen; ſie zweigt ſich bei dem Grundſtück Ludewigetc. (Nr. 28) von der Wörmlitzer Straße ab und führt direkt weſtwärts zum Böllberger Weg, zuletzt ſtark ſich ſenkend. — 1877: 16 Häuſer, 1915: 38 Häuſer und 13 Bauſtellen.

Nr. 28. Ludewigetc. nebſt dem ſtattlichen Park[8]) waren ehemals ausgedehnte Weinberganlagen, die ſich von dem hochgelegenen Gelände ſüd- und weſtwärts hinabzogen. 1660 legte hier Herzog Auguſtus, der Adminiſtrator, für ſeine Gemahlin Anna Maria ein Luſthaus nebſt Garten an. Um 1700 gehörte die Beſitzung dem Kammerrat von Hornigk. 1722 erwarb der Kanzler Ludewig das Anweſen, zu dem er jedoch wegen ſeiner vielſeitigen und ſchweren Amtsarbeiten und Studien ſelten hinaus kam[9]) Die Töchter verkauften die Beſitzung nach des Vaters Tode (1743); gegen Ende des Jhdts. diente ſie mit Garten und Weinberg als Tabagie, jedoch wohl nicht allzulange Zeit. Das Haus hatte damals noch ganz den Charakter eines Weinberghauſes, turmhaft, viereckig erhob es ſich, daß man einen weiten Fernblick von ihm hatte[10]). In der Folge wurde das Haus mehrfach umgebaut, ſo laut Inſchrift an dem jetzigen Gebäude 1849 von J. Koegel: es wurde ein 2ſtöckiger mit giebelverziertem Mittelbau zu 3 Fenſtern Front und 2 Fenſtern zu jeder Seite. Wie das Haus, verfiel und verwilderte in den letzten Jahrzehnten auch der Park. Zwar riß man die alten Schuppen und Ställe nieder, ihre kahlen Fundamente lugen aus Gras, Buſchwerk und Geſtrüpp. Die alte Lehmmauer zerfiel, und ein Bretterzaun ſchützt jetzt gegen den Feldweg (die Fortſetzung der Wörmlitzer Straße). In dem weiten Garten ragen

Wald- und Obstbäume empor: Linden, Pappeln, Ahorne zwischen Eichen und Rüstern, dazwischen dichtes Buschwerk. Nachtigallen, Finken, Amseln singen in der weiten, grünen Wildnis. —

Nr. 37. Die Kinder-Heil- und Pflegestätte des Vaterländischen Frauenvereins, ein 2stöckiges Haus in Kalkputz, 1896 eröffnet zur Aufnahme und Pflege für schwache Kinder von 2—15 Jahren. Die Baukosten betrugen 65 100 ℳ. Die Stätte bietet Raum für 27 Kinder, 2 Schlafräume zu 6 und 14 Betten befinden sich im Obergeschoß. 1896 wurden 19 Kinder verpflegt, 1897/8: 94; 1898/9: 124. —

Die Geseniusstraße empfing ihren Namen nach dem Orientalisten und Bibelkritiker Wilhelm Gesenius (1776/1842) vgl. Band I, S. 137 und 142. — Die freundliche Straße hat Vorgärten und ist mit Rüstern besetzt, die Häuser sind modern geschmackvoll, 3 und 4stöckig erbaut. Die Straße ist erst zur Hälfte gediehen, von der Wörmlitzer- bis zur Röpziger-Straße, Nr. 1/7 und 28/35 (Nr. 32 ist Baustelle), die Westhälfte bis zum Böllberger Weg ist noch Baugelände.

Die Wegscheiderstraße, genannt nach dem Theologen Julius August Ludwig Wegscheider (1771/1849)[11]), verbindet die Vereinsstraße Nr. V mit der Tholuckstraße, ist etwa 20 Schritt breit, mit 4stöckigen, aneinander gebauten Mietshäusern besetzt. Die eine Straßenseite ist mit Linden bepflanzt. 1904 wurde die Straße von der Vereinsstraße aus bebaut. —

Den Straßenblock Ludewig-Torstraße und Böllberger Weg-Wörmlitzer Straße durchziehen nun auch von Norden nach Süden einige Straßen: die Tholuck-, Röpziger- und Wittestraße. Die nordöstliche Ecke des Blockes am Rannischen Platze durchschneiden die fünf parallelen Vereinsstraßen.

Die Tholuckstraße wurde nach dem Theologen Friedrich August Gottrau Tholuck (1799/1877) 1892 polizeilich benannt[12]), 1910 weiterhin ausgebaut, ist aber erst in ihrem nördlichen Stück (Torstraße bis Ludewigstraße) mit etwa 9 Gebäuden besetzt. Die Straße soll über den Ludewigschen Garten, die Wörmlitzer Straße durchschneidend, bis auf die Lutherstraße fortgeführt werden.

Die Röpziger Straße nennt sich nach dem Dorfe Röpzig jenseits der Saale, auf das dieser Weg in seiner Verlängerung hinführt. Die gewaltig lange Straße ist in 200 Baustellen eingeteilt, von denen etwa 22 auf dem nördlichen Stücke bebaut sind. Die Straße beginnt hier an der Torstraße, ist mit Vorgärten und beiderseits mit Rüstern besetzt, etwa 20 Schritte breit, von neueren 3- und 4stöckigen Mietshäusern gebildet. 1909/10 wurde ein zweites Stück zwischen Wegscheider- und Ludewigstraße ausgebaut.

Nr. 100 sind die Baumschulen Huths, G. m. b. H., weit nach Süden inmitten der Felder gelegen.

Die Wittestraße empfing ihre Bezeichnung nach dem Rechtsgelehrten und Danteforscher Karl Witte (1800/1883)[13]), 1904 polizeilich benannt und in den folgenden Jahren ausgebaut. Die Straße ist etwa 20 Schritt breit mit Rüstern bepflanzt, mit 4stöckigen, aneinander gebauten Mietshäusern besetzt und ist noch nicht vollendet; etwa 15 Häuser. —

Die Röntgenstraße hat ihren Namen von Wilhelm Konrad Röntgen, dem Physiker und Entdecker der nach ihm benannten Röntgenstrahlen (* 1845). Die Straße verbindet die Witte- mit der Röpziger Straße, ist mit 4 modernen, 4stöckigen Mietshäusern besetzt.

Die Vereinsstraßen Nr. I bis Nr. V wurden so benannt, weil sie vom Hallischen Wohnungsverein angelegt und bebaut worden sind. Das Gelände war die ehemalige $5^1/_2$ Morgen große Hupesche Kirschplantage[14]) (schon um 1820), später (1870) gehörte es den Stösselschen Erben. Der Hallische Wohnungsverein bildete sich, um der Wohnungsnot abzuhelfen, im September 1871; er stellte bis Herbst 1872, also in einem Jahre, 40 Wohnhäuser fertig. Er löste sich 1878 wieder auf, nachdem die 5 Vereinsstraßen mit 43 Häusern besetzt waren. – 1873 wurden die Straßen polizeilich benannt. Die Häuser sind allesamt mit kleinen Vorgärten ausgestattet, die Breite der Straßen beträgt nur $7^1/_2$ m, aber die Gebäude sind klein, 2 und 3stöckig. Man baute 3 Klassen Häuser: für 8/900 Taler zu 4 Räumen, für 12/1400 Taler zu 6 Räumen und für 2500 Taler zu 10 Räumen, in Putz wie in Rohbau. — Die Vereinsstraße Nr. V ist nur auf der östlichen Seite mit jenen älteren Häusern besetzt, auf der westlichen mit neueren großen Mietshäusern. Die Straße ist auch breiter als die übrigen vier. —

Die Wörmlitzer Straße entstand aus einer bereits im Mittelalter vorhandenen Feldstraße, die zur Höhe empor an den Weinbergen (später Ludewigetc.) vorüberführt. — Um 1820 finden wir auf ihrer Westseite an ihrem Beginn vor dem Rannischen Platze die große Kirschplantage Hupes (heutige Vereinsstraßen) und auf ihrer Ostseite die ebenso große „Anlage" Hupes, die bis zur heutigen Wolfstraße führte, dahinter südlich die öden Tongruben der Stadt, auf denen 1820 Schmidts Garten entstand; weiterhin war freies Feld.

Schmidts Garten entwickelte sich 1819 auf den Tongruben, die dem Stadtrat Schmidt zur Anlage eines Gartens vom Magistrat gegen einen Kanon überlassen wurden. 1821 pflanzte er die ersten Bäume und eröffnete etwas später seinen bekannten s. Z. hochberühmten Gesellschaftsgarten (Nr. 1700 a). Es war das erste großstädtische „Etablissement" Halles, es fanden regelmäßige Gartenkonzerte statt, zur Winterzeit versammelte sich im Wintergarten unter Apfelsinen- und Pomeranzenbäumen ein bunter Damenflor, und heißer Punsch und Glühwein wurden dargereicht. Schmidt hat 1828 noch eine Brauerei in Glaucha angelegt, deren Bier er in seinem Garten ausschenken ließ [15]). Nach 1846 bestand „Schmidts Garten", der durch den später gegründeten schöner gelegenen „Preßlers Berg" nicht ersetzt wurde.

In den 40er Jahren entstand an der nördlichen Ecke Wörmlitzer Straße — Wolfstraße die Fabrik chemischer Produkte (Schwefelsäurefabrik) des Apothekers Preßler (Nr. 1700 g). — In den 60er Jahren entstanden aufwärts auf der Ostseite bis zur heutigen Cansteinstraße weitere Gehöfte, freilich nicht an der Straße gelegen, unter dem Namen „Vor dem Rannischen Tore". — 1865 wurde die Straße polizeilich benannt und zwar nach dem hinter Böllberg gelegenen Dorfe Wörmlitz [16]). 1869 wurde sie mit vier Gaslaternen erleuchtet, 1872 die Breite der Straße reguliert, auf 15 m festgesetzt, die Fahrbahn auf 9 m, die beiderseitigen Trottoirs auf je 3 m. Sie zählt 1870 bereits 9 Hausnummern, 1879: 19 (die 9 angrenzenden Häuser der Vereinsstraßen mitgerechnet). — 1880/90 wurde die Westseite bis Ludewigetc. bebaut. — 1895 baute man die Straße von Ludewigetc. provisorisch durch Gärten und Felder bis zur Mündung in die Lutherstraße für 26 000 ℳ aus und besetzte sie mit zwei Reihen Ahornbäumen. Sie ist jedoch nur bebaut bis Ludewigetc., östlich mit 20, westlich mit 26 Gebäuden (Nr. 94/118); langsam steigt sie zur Höhe Ludewigetc. bergan in südwestlicher Richtung, sie ist etwa 20 Schritt breit, später mit Vorgärten rechts und links versehen.

Nr. 18, die um 1890 gegründete hallische Werkzeugmaschinenfabrik von Ernst Meinel, 1898 Meinel und Achtelstetter, 1901 Achtelstetter allein, 1909 G. m. b. H.

Der Gesundbrunnen liegt mitten im Felde bei der Einmündung der Straße in die Lutherstraße, eine kleine Oase, von alten Akazien beschattet, an einem Spielplatz mit Kastanien bepflanzt und von Jelängerjeliebergebüsch umgeben. — Die Quelle des berühmten Brunnens war seit dem frühesten Mittelalter bekannt, sie kam südwärts von höher gelegenem Terrain, trat hier auf dem Felde in einer Senke zu Tage; man erkannte ihre Heilkraft, verehrte sie, faßte sie vorsichtig in Holzröhren, leitete sie zur Saale hinab gerade westlich durch eine mäßige Schlucht zu dem Ufer. Hier und nicht oben auf dem Felde stand eine Kapelle[17]), dem heiligen Mauritius geweiht, an der man von dem Brunnen trank, und dabei in einem Anbau lag wohl der Röhrenkasten, in dem man badete. Ein Geistlicher wohnte hier, den das Moritzkloster zu Halle bestellte, denn 1310 hatte Erzbischof Burkard das kleine Heiligtum dem Moritzkloster geschenkt. Die Kapelle war bei solcher Lage den vielen Lahmen und Gebrechlichen leicht zugänglich, da man zu Wasser zu ihr gelangte. Zu Wasser machte auch das Talgericht nebst den Halloren (Bornknechten) ihre Wallfahrt, nämlich auf Flößen, Donnerstag nach Pfingsten hierher; nachdem man die Messe gehört, wurden alle, auch die fremden Gäste, festlich bewirtet[18]). Zu Wasser mit Kähnen und Flößen wallfahrtete auch der Rat der Stadt samt den Seinigen um Jacobi Fest hierher und brachte seine Geschenke dar. Eine Menge Krücken hatten die Geheilten an und in der Kapelle geweiht und aufgehängt. — Nach der Reformation wurde die Wasserfahrt statt zu dem Borne zu der Rabeninsel gemacht bis in den 30jähr. Krieg. Die Kapelle aber zerfiel und lag wüst, wennschon noch Olearius ihre Stelle an der Saale kannte. Die Röhren verfaulten, das Wasser verstopfte sich, und die Quelle (stärker denn heutzutage) trat auf den Feldern empor. Um 1646, in der Epidemie der Gesundbrunnensuche, erinnerte man sich des heiligen Borns (hillige born) und taufte ihn zum Gesundbrunnen um. Wieder in Vergessenheit geraten, suchte ihn Dr. Abel von neuem in Aufnahme zu bringen durch sein Schriftchen 1696: „Notwendiger Bericht des edlen und verdoppelten heilsamen Hallischen Gesundbrunnens." Aber durch dessen Marktschreierei, daß der Brunnen für alle Krankheiten nützlich sei, selbst für Schwangere und Säugende, wegen der unglücklichen Kuren kam er in den Verruf und wurde der Krätzebrunnen geschmäht, bis endlich Kammerrat von Hornigk (auf dem nahen Ludewigetc.) und Dr. Stisser den König Friedrich I. veranlaßten, die Quelle aufgraben, reinigen, in Stein fassen und ein achtseitiges, massives Häuschen darüber setzen zu lassen[19]). In den acht Feldern unter dem achtseitigen, glatten, mit einer Spitze verzierten Dach sah man auf einem Friese den Spruch, der wohl so zu lesen ist:

Verletze, Wanderer, nicht dies Haus, nicht diese Quelle,
Kein Menschenfreund zerstört, was ihm und andern nützt.
So fleuß denn, heiliger Born, von Menschen ungeschützt,
Geschützt von Gott, zum Heil der Schwachen immer helle.

1795 wurde der Brunnen des Bankiers Gründler Eigentum, dann besaß ihn der Seifensiedemeister Schmidt, der das Haus verbessern und die Inschrift erneuern ließ. 1807 kaufte ihn Reil für 300 Taler, um ihn für seine Badeanstalt, Reils Bad, zu benutzen (s. Band I, S. 182/3). — 1827 erstand ihn von den Reilschen Erben der Tischler Kyritz, der auch Reils Bad erworben hatte. Das Brunnenhaus verfiel immer mehr, so daß um 1850 nur die Umfassungsmauern übrig waren. — 1858 kaufte ihn die Universität, und 1885 veräußerte ihn diese an die Stadt. — 1901/2 wurde ein neuer Oberbau auf dem rechteckigen Unterbau errichtet, nicht sehr geschmackvoll, viel zu massiv und schwer drückend, seitdem das umliegende Gelände erhöht worden ist. Auf dem halb in roten Blendsteinen, halb in Kalkputz unschön aufgeführten schwerfälligen Bau lastet eine noch schwerfälligere Kuppel in braunrot glänzenden Ziegeln von acht wuchtigen kugelgekrönten Bogen umwunden. Im Westen führen 9 plumpe Granitstufen hinab zum Eisenrohre, aus dem das Quellwasser sprudelt. Fünf alte Akazien umschatten das Haus, von dem man einen weiten Fernblick hat: das Auge sieht weit über den Böllberger Weg, über das Stadtgut, auf die Passendorfer grünen Auen bis zu den blauen Höhenzügen der Heide. — Das Wasser des Brunnens ist stark eisenhaltig. Es wurde noch 1796 ebenso gut und reichhaltig an Luftsäure und Eisen genannt als der Lauchstedter Brunnen, mit dem er eine große Aehnlichkeit hat; er entwickelt einen perlenartigen Schaum beim Eingießen und wurde ebenso nützlich zum Baden wie zum Trinken empfohlen[20]). — Vermutlich hat die Kanalisation in der Lutherstraße die Quellader des Brunnens durchschnitten, denn der Quell versiechte eine Zeit lang und fließt jetzt noch immer bedeutend schwächer denn früher.

II. Zwischen Wörmlitzer und Liebenauer Straße.

Die Beesener Straße ist ein uralter Straßenzug, jene mittelalterliche Landstraße, die, an dem Dorfe Beesen vorüber, über die Broihanschenke durch die Elsteraue nach Merseburg führte. Sie war bis in das 19. Jhrdt. ein einsamer, unbebauter Landweg: um 1820 finden wir an ihrem Beginn am Rannischen Platz westlich die große Anlage Hupes, dahinter Schmidts Garten, östlich den ausgedehnten Garten Richters, der das Gelände zwischen Annen- und Wolfstraße, Beesener und Liebenauer Straße einnahm, den späteren Fürstenbergischen Garten. — Um 1865 wird die Straße polizeilich benannt, doch noch 1870 zählt sie nicht eine einzige Hausnummer; 1877 Oelbeleuchtung; 1878: 6 Gehöfte, zerstreut liegend, meist auf der Ostseite, zwischen Gärten. — Erst in den 80er Jahren beginnt der untere nördliche Teil sich zu entwickeln. — Um 1900: etwa 28 bebaute Stellen; 1915 an 60 und eine große Anzahl Baustellen. — Unsere Straße steigt vom Rannischen Platz bis zum Siechenhaus ziemlich bergan, beiderseits von aneinandergebauten, hohen Mietshäusern besetzt, etwa 20 Schritte breit. Auf der Höhe, vom Siechenhaus ab, dem gegenüber sich ein kleiner Akazienplatz befindet, ändert sich das Aussehen der Straße: sie ist breiter, mit zwei Reihen Linden besetzt, größere und kleinere Wohnhäuser, Fabrikanlagen wechseln mit einander ab. Zuletzt größere Baufleck e, bis sie vor der Huttenstraße wieder angebaut (um 1903) in diese mündet. Ueber die Huttenstraße hinaus ist der Beesener Weg die Fortsetzung.

Nr. 10, das Alters- und Pflegeheim (Siechenhaus) ist 1888/1892 erbaut. Das Grundstück liegt 3 m höher als die Straße, ist 116,20 ar groß, an der Beesenerstraße mit 90 cm hoher Bruchsteinmauer (darauf Eisengitter) eingefaßt; hier sind Anlagen, in die vorgeschoben das Verwaltungsgebäude steht (Arztzimmer, Inspektorwohnung, Küche, Waschküche usw.); dahinter das Siechenhaus selbst, ein langgestreckter, 2stöckiger Bau, dessen eine Hälfte für männliche, die andere für weibliche Insassen bestimmt ist, mit zusammen 140 Betten; Unkosten: 441 726 *M*. 1894: 145 Personen; 1911: 192 (95 M. 97 F.). — 1894 wurde der Gemüsegarten mit 5233 qm angelegt. — 1912/14 wurde der farbenfrohe, reich und praktisch ausgestattete Neubau aufgeführt für 752 000 *M* Kostenanschlag. Er ist 123 m lang, mit Sockelgeschoß und 3 weiteren Geschossen und Dachgeschoß; diese enthalten 96 Räume für Pfleglinge: in den Ledigenräumen sind je 2—6 Pfleglinge zusammen, der Mittelbau ist für Ehepaare hergestellt. Eine Kapelle befindet sich am Hauptgebäude. Eine Inschrift besagt: „Begonnen im Jahre zwölf, nachdem die Ernte geborgen; aber vollendet im ersten Monat des Großen Krieges.“ — 1915: 230 Pfleglinge (122 M. 108 F.). Die Anstalt ist für alte und schwache, gebrechliche Personen bestimmt, aber auch für Epileptische, geistig Zurückgebliebene und Verkommene. —

Nr. 10a, das Kinderasyl oder die Theodor Schmidt-Stiftung[21]) wurde 1893 aus den Mitteln der Theodor Schmidt-Stiftung für 70 384 *M* (für den Grund und Boden, Bau und innere Einrichtung) errichtet, ein 3 stöckiger Ziegelrohbau; 18,04 m lang und 14,78 m tief inmitten eines Gartens. Es wurde 1894 eröffnet für arme, hilfsbedürftige Kinder, die Wohnung und Pflege unter Aufsicht einer Pflegemutter erhalten. Viele Kinder finden nur für wenige Tage Aufnahme, die Durchschnittszahl der anwesenden Kinder ist täglich 30. 1914 im Ganzen: 348 Kinder (195 K., 153 M.).

Nr. 12 (Nr. 40), Möbelfabrik vereinigter Tischlermeister, in grauen Backsteinen: seit 1901 wurden die bisher getrennten Werkstätten der vereinigten Tischlermeister in einen einzigen Betrieb hier in der Beesener Straße zusammengelegt; hier sind die modernsten Anlagen für Holztrocknen, die neusten Hilfs- und Dampfmaschinen usw. vorhanden[22]).

Nr. 13, Caramel- und Farbmalzfabrik, in grauen und roten Backsteinen. Bereits 1900 vorhanden.

Nr. 14 (Nr. 50), Speiseölfabrik von Wipperling & Co. Die Fabrik besteht seit 1876.

Nr. 15 (Nr. 53), Deutsch-Amerikanische Werkzeugmaschinenfabrik A.-G., ist die ehemalige Werkzeugmaschinenfabrik von Gustav Krebs, ein Fabrikbau in grauen Backsteinen, nennt sich heute „Concordia".

Die Annenstraße geht von Westen nach Osten, verbindet die Beesener mit der Liebenauer Straße, zunächst dem Rannischen Platz; eine etwa 16 Schritt breite Straße, beiderseits mit aneinandergebauten, hohen Mietshäusern besetzt, zählt nur 4 Häuser. Sie wurde 1887 angelegt und benannt für die ehemalige Kornsche Privatstraße; sie ist bereits 1900 bebaut.

Die Hochstraße, d. h. die hohe, bergansteigende Straße, geht von der Mitte der Annenstraße südlich bergan zur Wolfstraße (ehemaligen Wolfsschlucht), sie durchschneidet das Gelände des ehemaligen großen Richterschen oder Fürstenbergischen Gartens, dessen Rest in dem Schlurickschen Badeanstalt-Grundstück noch vorhanden ist. Die Straße wurde 1887 angelegt, ist etwa 20 Schritt breit und in den 90er Jahren fertig bebaut: 20 Nummern, darunter Nr. 11/17 die Schluricksche Badeanstalt (Wasserheilanstalt mit Licht-, Luft- und Sonnenbädern). —

Die Wolfstraße ist ein alter Feldweg gewesen, der als die westliche Fortsetzung der Pfännerhöhe in einer schluchtartigen Vertiefung bis zur Wörmlitzer Straße verlief. Bis 1893 hieß diese Vertiefung die Wolfsschlucht. Man nannte sie nun blaß und farblos nach dem Philosophen Christian Friedrich Wolf (1679—1754) um[23]). Der ältere Teil der Straße ist der tiefere westliche, beiderseits mit aneinandergebauten Mietshäusern besetzt; sie ist etwa 16 Schritt breit, der jüngere östliche, höhere ist 1910 für 40 000 ℳ ausgebaut und mit Gebäuden besetzt worden. Jetzt ist die Straße, abgesehen von dem Schlurickschen Grundstück (Nr. 4/9), vollständig bebaut: 18 Häuser.

Die Cansteinstraße ist die Verlängerung der Ludewigstraße nach Osten; bisher ist nur der Teil zwischen Wörmlitzer und Beesener Straße bebaut (1901 Ausbau). Sie soll bis auf die Johanniskirche und weiter bis zur Merseburger Straße fortgeführt werden. Die Straße ist beiderseits mit aneinandergebauten Mietshäusern besetzt, auf der nördlichen Seite mit Linden bepflanzt. 1915: 11 Häuser. — Ursprünglich (bis 1890) hatte man sie Strykerstraße nach dem berühmten Juristen benannt[24]), später nach Karl Hildebrand Freiherrn von Canstein (1667/1719), dem Freunde Franckes, dem Stifter der Cansteiner Bibelanstalt[25]).

Die Calvinstraße (projektiert, unbebaut), nach dem Reformator Johannes Calvin (1509/1564) genannt, soll die Wörmlitzer mit der Beesener Straße verbinden, parallel und südlich der Cansteinstraße.

Die Zwinglistraße (projektiert, unbebaut), nach dem Reformator Ulrich Zwingli (1484/1531) genannt, soll die Canstein- mit der Röpziger Straße verbinden, läuft östlich und parallel der Wörmlitzer Straße.

Die Seckendorfstraße (projektiert, unbebaut), nach dem ersten Kanzler der hallischen Universität, Veit Ludwig von Seckendorf (1626/1692), gennant[26]), soll parallel der Röpziger- und Beesener Straße laufen und die Wörmlitzer- mit der Lutherstraße verbinden.

Die Melanchthonstraße, nach dem Freunde Luthers und Mitreformator Philipp Melanchthon (1497/1560) genannt, ebenfalls parallel der Röpziger und der Beesener Straße, soll die letzte mit der Lutherstraße verbinden. Nur 5 Häuser (Nr. 41/45) bei der Abzweigung von der Beesener Straße existieren bis jetzt, an dem Akazienplatz gegenüber dem Siechenhause.

Die Jonasstraße (projektiert), nach Justus Jonas, dem Freunde Luthers, dem Superintendenten an der Marienkirche (1493/1555) genannt[27]). Sie soll von Norden nach Süden laufen, parallel und östlich der Beesener Straße, die Wolfstraße mit der Huttenstraße verbinden; bis jetzt ist nur das Stück von der Ladenberg- bis zur Nickel-Hoffmannstraße besetzt, da dies aber Eckhäuser sind und zu den anderen anliegenden Straßen gerechnet werden, zählt diese Straße noch kein einziges Haus.

Die Ladenbergstraße, nach Adalbert von Ladenberg, dem preußischen Staatsminister (1798/1855), genannt, erst zum Teil bebaut, um 1909 ausgebaut, um 1910 z. T. bebaut, soll die Beesener mit der Merseburger Straße verbinden, parallel und südlich der Cansteinstraße. Die Straße ist ungefähr 22 Schritte breit, mit 3 und 4stöckigen aneinandergebauten Mietshäusern besetzt, und zwar Nr. 40/60 zwischen Liebenauer und Beesener Straße und Nr. 1/3 an der Merseburger Straße und zwar auf der nördlichen Seite der Straße; die südliche wird von den Gebäuden der Maschinenfabrik Weise & Monski (s. Merseburger Straße Nr. 149) eingenommen.

Die Gustav Hertzbergstraße wurde nach dem Professor und Historiker, bes. Lokalhistoriker unserer Stadt Halle, Gustav Hertzberg (1836/1907) benannt und zwar zu seinem 80. Geburtstage[27a]); sie geht südlich und parallel der Ladenbergstraße, verbindet aber nur Beesener- und Jonasstraße. Nur die nördliche Seite ist teilweise bebaut, sie ist auch mit Linden bepflanzt. 1915: 4 Häuser. An dem Ausgang der Straße an der Jonasstraße befindet sich ein kleiner viereckiger Platz mit Linden bepflanzt, der Gustav Hertzberg-Platz; die ganze südliche Straßenseite ist Feld bezw. Gemüsegärten.

Die Schönitzstraße wurde nach Hans von Schenitz (1499/1535), dem Kämmerer, Baumeister und Günstling des Kardinals Albrecht, benannt[28]). Sie verbindet die Jonas- mit der Liebenauer Straße, südlich und parallel der Ladenbergstraße, ist etwa 20 Schritt breit, mit aneinandergebauten Mietshäusern besetzt und auf der nördlichen Seite mit etwa 20 Kugelakazien bepflanzt (etwa 1906/7). 1915: 20 Häuser.

Die Nickel-Hoffmannstraße empfing den Namen nach dem bedeutenden hallischen Baumeister des 16. Jhrhdts[29]). Sie geht südlich und parallel der Schönitzstraße und verbindet die Jonas- mit der Liebenauer Straße. Sie ist um 1907 entstanden, auf beiden Seiten mit aneinandergebauten Mietshäusern besetzt, teilweise noch von Baustellen (Nr. 1, 2, 5, 8/11) unterbrochen, etwa 20 Schritt breit; auf ihrer nördlichen Seite sind 29 Kugelakazien angepflanzt.

Die Flottwellstraße wurde nach dem Staatsminister Eduard Heinrich von Flottwell (1786/1865) benannt. Die Straße, etwa 20 Schritte breit, ist mit modernen, aneinandergebauten Mietshäusern besetzt, ist aber nur im Abschnitt Beesener bis Liebenauer Straße zu bebauen begonnen. Sie soll bis zur Merseburger Straße durchgeführt werden, parallel und südlich der Ladenbergstraße. 1911 erforderte diese Herrichtung der Straße 59000 ℳ Unkosten. Kastanien stehen auf der einen Seite der Straße.

Die Lutherstraße, welche ihre Bezeichnung von unserem Reformator Dr. Martin Luther führt, der wiederholt auch Halle gesehen hat[30]), ist ein breit angelegter Straßenzug, projektiert als Verbindung der Merseburger Straße mit dem Böllberger Weg; bisher ist nur der Abschnitt Beesener- und Wörmlitzer Straße als 30 Schritte breiter Fahrweg mit 3 Reihen Linden durchgeführt worden. Nur ein Gebäude, das Paul Riebeck-Stift mit seinem Parke, liegt bisher an ihr (Südseite); die nur durch die Paul Riebeck-Straße vom Stift getrennte Provinzial-Blindenanstalt, ebenfalls an ihr gelegen, rechnet zur Bugenhagenstraße.

Nr. 1, das Paul Riebeck-Stift, wurde aus dem Paul Riebeck-Vermächtnis, das (1892) 2 417 529 ℳ betrug, als Stift für alte, unbescholtene und unbemittelte Leute, denen Wohnung und Unterhalt gewährt werden sollen, erbaut. Es entstand 1894/5 (außer der Kapelle) mit 765 348 ℳ Unkosten bezw. 788 000 ℳ auf einem 2,42 ha großen Flächenraum. Es wurde am 7. 12. 1896 der Benutzung übergeben. Es ist ein Hauptgebäude mit verschiedenen, sich abzweigenden Flügelbauten, das in der Richtung Nord-Süd, parallel der Paul Riebeckstraße, steht, 3stöckig, in massivem Putzbau mit Sandsteinarchitektur und hohem Ziegeldach in höchst malerischer Wirkung, gesteigert durch den schönen Park, in dem es liegt, und durch den wilden Wein, der sich an den Wänden bis unter das Dach emporrankt. Der große Hauptgiebel mit reichgeschmückter Pforte steht nach der Lutherstraße, eine Kapelle schließt sich an der Ostseite etwas südlicher an, ein Gärtner- bezw. Pförtnerhaus steht westlich. Das Stift bot anfangs Wohnräume für 80 Pfleglinge, später mehr. 1910: 22 m. und 83 w. Stellen. Einnahmen 1910: 96 793 ℳ und Ausgaben 101 618 M. —

Die Bugenhagenstraße nennt sich nach dem Reformator Johannes Bugenhagen (1485/1558); sie geht südlich und parallel der Lutherstraße von Ost nach West, von der Beesener bis zur Röpziger Straße, bereits 1898 polizeilich benannt. Die Straße ist nördlich von der Provinzialblindenanstalt und dem Paul Riebeck-Stift und seinem Parke begrenzt, die Südseite von etwa 7 Häusern (dazwischen Baustellen) besetzt.

Nr. 30, die Friedrich-Wilhelms-Provinzialblindenanstalt, 1894/5 erbaut, ein 3stöckiges Gebäude in gelben Klinkern mit Erkern und Giebelaufsätzen, ein eisernes, luftiges Staket umzieht den Komplex samt dem Garten. In den Gebäuden (der Hauptbau in der Mitte des Parks, andere Gebäude an seinen Ecken) wohnen der Direktor, die Blindenlehrer, der Pförtner, die Wirtschafterin usw. und die blinden Zöglinge.

Die Paul Riebeckstraße trennt die beiden Anstalten, das Paul Riebeckstift und die Provinzialblindenanstalt. Sie soll die Lutherstraße mit der Huttenstraße verbinden, läuft also von Norden nach Süden, westlich und parallel der Beesener Straße. Sie zählt nur 2 Häuser, darunter Nr. 20 die Eisengießerei von Magdeburg und Werther.

Der Lutherplatz soll an der verlängerten Lutherstraße, wo sie den Wasserturm trifft, ausgebaut werden, bis jetzt ist er nur der Schnittpunkt der Liebenauer- und der Turmstraße bei den Anlagen des Wasserturms. Dieser Wasserturm ist ein 8seitiger, 2stöckiger Bau von gelben Backsteinen, neben ihm liegt das rasenbedeckte Niederreservoir, alles von grünen Obstbäumen umgeben und mit leichtem Eisengitter eingefaßt. Er wurde als das erste große Wasserreservoir der neu angelegten Beesener Wasserleitung 1867 erbaut. Ein Druckrohr von 39 cm Weite und 4500 m Länge führte das Wasser von der Beesener Wassergewinnungsanlage hierher, 40 m über dem Wasserspiegel der Elster, wo sich ein aus 8 Tonnengewölben bestehendes 3092 cbm fassendes Niederreservoir und ein gemauertes, 20 m hohes und 464 cbm fassendes, schmiedeeisernes Becken enthaltendes Hochreservoir befinden.

Die Lauchstädter Straße[32]) verbindet die Merseburger mit der Turmstraße; an dem Schnittpunkte der Liebenauer Straße südlich vom Wasserturm steht die Feuerwache Süd (siehe Liebenauer Straße Nr. 123). Unsere Straße ist von der Merseburger bis Liebenauer Straße mit aneinander gebauten, 4stöckigen Mietshäusern besetzt, von einigen Baustellen unterbrochen, sie zählt 28 Häuser.

Nr. 28, die Kleinkinderbewahranstalt des Frauenvereins für Armen- und Krankenpflege (an der Merseburger Straße gelegen). Es ist die zweite derartige Anstalt dieses Vereins, die erste, älteste, befindet sich Martinsberg Nr. 21 (siehe später). — Sie befand sich vordem in Löfts Hof, Schmiedstraße Nr. 21. Ihr Saal diente hier 7 Jahre hindurch (1886/1893) dem stark sich entwickelnden Südviertel gewissermaßen als Kirche, ehe die Johanniskirche 1893 benutzt werden konnte (s. d.)[32a].

Die Huttenstraße empfing ihren Namen von dem Vorkämpfer der Reformation und dem Freunde Luthers, dem kühnen Ritter, Dichter und Publizisten Ulrich von Hutten (1488/1523)[33]. Sie geht südlich und parallel der Lutherstraße von Ost nach West und verbindet die Merseburger Straße mit dem Böllberger Weg. Sie wurde 1886 polizeilich „Friedensstraße" genannt, nach dem Friedhof, der an ihr liegt. Nach der Eingemeindung Giebichensteins und dessen Friedensstraße wurde sie 1900 in Huttenstraße umgenannt. Vor 1886 hieß sie der Böllberger Mühlrain, war ein alter Verbindungsweg zwischen der Böllberger Mühle und der Merseburger Chaussee. — Die äußerst lange Straße ist nur teilweise bebaut: Nr. 1 liegt am Böllberger Weg, ein Arbeiterwohnhaus der Böllberger Mühle, Nr. 15/20 liegen ebenfalls auf der Nordseite der Straße und zwar an der Einmündung der Beesener Straße, 4stöckige Mietshäuser, dann liegen zwischen der Turm- und Merseburger Straße außer Baustellen ebenfalls noch 14 Häuser, bisweilen verbunden, bisweilen vereinzelt. Dagegen befinden sich auf der Südseite der Straße nur der Südfriedhof und daneben die Hutten-Volksschule.

Nr. 3, der Südfriedhof: 1882 wurde ein rechteckiges, auf der Hochebene ganz frei gelegenes Ackergelände von 82 Morgen den Boltzeschen Erben für 300 000 ℳ abgekauft. Da das Gelände lehmigen Untergrund hatte und feucht war, mußte zunächst der mittlere Teil in $2^1/_2$ m Tiefe drainiert werden. Die Kosten für Mauer, Gebäude, Anpflanzungen des Friedhofs betrugen noch 120 000 ℳ. Zuerst wurden 47 Morgen in Angriff genommen. 1887 sind die Hochbauten nebst der Kapelle fertig gestellt. Am 10. 12. 1887 wurde der Friedhof feierlich eingeweiht und am 22. 12. zum ersten Mal benutzt. — Beim Eintritt in das Hauptportal an der Huttenstraße liegt rechts das Haus des Friedhofsinspektors, links die Leichenhalle, im Mittelpunkt auf etwas erhöhter Stelle die Kapelle mit Vorhalle, in italienischer Renaissanceform gehalten, ein Raum für 200 Menschen. Der Friedhof selbst ist rechtwinklig, in Quadraten, von Wegen, mit Ahornen, Platanen, Linden usw. bepflanzt, durchschnitten. Die Lisièren dienen als Erbbegräbnisse. Ueber die Bestimmungen des Südfriedhofes vgl. den Stadtgottesacker und den Nordfriedhof. Im Laufe der Jahre ist er vergrößert worden, so schon 1895 durch den Wagnerschen Ackerplan von 7,70 ha für 100 000 M und 1904 nach Westen um 30 700 qm. Die Begräbnisse im ersten Jahre: 853 (im Nordfriedhof 1071; Neumarkt 26; Juden 19; Strafanstalt: 4). Die Begräbnisse 1889: 956; 1890: 926; 1891: 926; 1892: 1011; 1893: 1011; 1894: 979; 1895: 1041; 1896: 1375; 1897: 1378; 1898: 1648; 1899: 1600; 1900: 1530; ferner 1905: 1462; 1910: 1328 und 1914: 1191. —

Nr. 10, die Hutten-Volksschule, wurde 1900/1 für 151 000 M erbaut, im Renaissancestil, ganz in Kalkmörtel; Portal, Hauptgesims und Giebelabdeckung in graugelbem Neckarsandstein. 1909/10 der Erweiterungsbau mit Turnhalle, 12 Klassenzimmern, Zeichensaal usw. für 167 835 M (Hauptgebäude); 32 240 M (Turnhalle); 53 960 M (Grund und Boden) zusammen für 254 036 M. — Die 24fenstrige Front mit 3 Giebeln des 3stöckigen Baues steht nach Osten (auf den Südfriedhof gerichtet). —

Der städtische Schulgarten befand sich 1894/1910 am Friedhof, 7150 qm groß, in gerade Beete eingeteilt; die Pflanzen waren nach Familien geordnet, außerdem war er mit einer Schattenhalle für Wald- und Schattenpflanzen versehen, ferner mit einem Alpinum, einem Teich und einem Sumpfbeete. 1910 mußte diese treffliche Anlage, welche die Pflanzen für den naturwissenschaftlichen Schulunterricht in Halle lieferte, wegen Erweiterung des Südfriedhofes eingehen und an den Galgenberg (Giebichenstein) an der Gärtnerei von neuem eingerichtet werden.

Die Barbarastraße erhielt um 1904 ihren Namen von der heiligen Barbara, der Schutzpatronin der Artillerie [33a]). Sie führt von Osten nach Westen, verbindet die Merseburger Straße mit dem Beesener Weg. Die Straße ist noch im Entstehen begriffen. Ihre südliche Seite wird von dem Komplex der Artillerie-Kaserne gebildet (Proviant-Amt und Neben-Artilleriedepot), dann von der Unionfärberei, von dem katholischen Elisabeth-Krankenhaus Nr. II und dem Elisabeth-Kinderheim (siehe Mauerstraße Nr. 9/10) und zuletzt von der Barbarakapelle und ihrem Pfarrhaus. — Alle diese Gebäude entstanden etwa 1904. Das Kinderheim wurde September 1904 eröffnet. Die nördliche Seite wird von dem Staket des Südfriedhofs, dann weiter östlich nach der Merseburger Straße zu von einigen modernen, 2stöckigen Villenmietshäusern in Zementputz und mit Balkonen usw. begrenzt.

Die Liebenauer Straße ist ein uralter, bereits im Mittelalter vorhandener Landstraßenzug. Den Anfang bildete die Rannische Straße, dann der Steinweg, dann stieg er vom heutigen Rannischen Platz als die heutige Liebenauer Straße zur Höhe empor und ging von der Pfännerhöhe über das Hochplateau südöstlich dahin, durchquerte die Merseburger Chaussee, stieß auf das Dreierhaus bei Osendorf, zog über Döllnitz, Burgliebenau nach Süden als Regensburger Straße. Bei Halle nannte man sie die Salzstraße, weil der große Salzexport nach Franken, Baiern usw. auf ihr stattfand. Den heutigen Namen empfing die Straße 1865 polizeilich. 1869: 4 Gaslaternen. — Die Straße wurde erst in den 70er Jahren vom Rannischen Platze aus bebaut. Um 1850 wurde an ihrem Beginn der schöne Preßlersche Garten eingerichtet („Vor dem Rannischen Tore Nr. 2".), der mit großem Saal, Lauben, Promenaden ausgestattet, einen prächtigen Fernblick über die Stadt — er stieg stark bergan — gewährte und gern aufgesucht wurde. Er wurde von dem Brauereibesitzer Preßler (Strohhof, Herrenstraße Nr. 19) angelegt (ehedem Leiters Garten) zum Ausschank seines Bieres und hieß: „Preßlers Etablissement auf der Pfännerhöhe". Trotz seiner viel schöneren Lage vermochte er aber Schmidts Garten zwischen Wörmlitzer- und Beesener Straße nicht zu ersetzen. Heute erinnert nur noch das Restaurant „Preßlers Berg" in dem großen, vielstöckigen Mietshause an der Ecke Liebenauer- und Gräfestraße und der Straßenzug „Preßlers Berg" an die einstige, weitberühmte Gartenwirtschaft.

Unsere Straße, etwa 20 Schritte breit, steigt stark bergan und ist zunächst beiderseits von aneinander gebauten, vielstöckigen Mietshäusern besetzt. Hinter der Pfännerhöhe hat sie das Hochplateau erreicht, von da ab ist die Straße vielfach unbebaut. Sie zeigt hier rechter Hand die stattliche Johannis-Volksschule; bei der Lauchstädter- und Huttenstraße nähern sich ihr deren Mietshäuserreihen. Die Straße, die sich südöstlich bis zur Huttenstraße erstreckt, ist auf 180 Grundstücke eingeteilt, von denen etwa 50 bebaut sind.

Nr. 123, Feuerwache Süd, wurde wegen der starken Ausdehnung der Stadt nach dem Süden 1907/8 für 185 000 ℳ erbaut[34]), ein Mittelteil mit zwei Seitenflügeln in 2stöckigem Rohbau, alle drei Teile mit Giebeln besetzt. Polizei und Feuerwache des Südens haben hier ihre Räume, und zwar die Polizei im westlichen Seitenflügel; im Erdgeschoß des Mittelbaues befinden sich die Wagenhallen, die Stallungen, die Schmiede; im Ostflügel die Reservewagenräume, Ställe und Telegraphie; außer diesen sind noch Beamtenwohnungen in den Obergeschossen der drei Teile vorhanden. 1907: 6 Pferde im Dienst; 1913: 7 Pferde. 1918 wurde die Feuerwache Süd ebenfalls automobilisiert, wie schon früher die Hauptwache (siehe Margaretenstraße Nr. 4).

Nr. 151/2, die Johannisvolksschulen für Knaben und Mädchen, ein 3stöckiger Bau in gelben Klinkern, zu 8 + 9 + 8 Fenstern Front. 1887/8 wurde ein 12klassiger Bau für 125 330 ℳ errichtet, einige Jahre darauf (1890) ein zweiter für 120 000 ℳ. Die Größe des Grundstückes betrug 3476 qm; die des Gebäudes 388 + 388 = 776 qm. — 1899/1900 wurden die Schulen durch einen Erweiterungsbau, der 20 Klassen in 4 Geschossen enthielt, vergrößert. Die Baukosten wurden auf 250 000 ℳ angesetzt, dazu 6500 ℳ für Landerwerb. — Die Schule liegt hoch und frei, ist durch einen Vorgarten von der wenig befahrenen Straße geschieden.

III. Zwischen Liebenauer und Merseburger Straße.

Dieses Straßenviertel wird durch drei lange Straßenzüge von Norden nach Süden zerlegt durch die Turm-, Thomasius- und Südstraße und im Westen durch die kürzere Beyschlagstraße. Die gerade in der Mitte gelegene Südstraße führt auf die etwas seitwärts (östlich) gelegene Johanniskirche, die 1893 erbaut worden ist. Eine ganze Anzahl Querstraßen, von Ost nach West führend, durchschneiden das Viertel, der Lindenstraße parallel: die Dryander-, Streiber-, Gräfestraße, die Bernhardy-, Rudolf-Haymstraße und die Pfännerhöhe; bei der Johanniskirche die Posadowskystraße (Verlängerung der Cansteinstraße nach Osten.)

Die Lindenstraße zieht sich von Westen nach Osten, verbindet den Rannischen Platz mit der Königsstraße bezw. Merseburger Straße. Sie ist eine der älteren Straßen des Südviertels, die 1867 reguliert und mit Knack belegt worden ist. 1864 wurde an ihr bereits das Bellevue (Gartenwirtschaft) eröffnet. 1867/8 ist die Straße westwärts über Bellevue hinaus verlängert worden, auch baute Professor Gräfe um diese Zeit sein Haus an ihr. — 1896: 4 Laternen aufgestellt. 1871 wird die Straße weiter bebaut, 1873 bezeichnet man die ganze Strecke von der Merseburger Straße bis zum Rannischen Platz als Lindenstraße. — 1888—1893 verkaufen die Franckeschen Stiftungen eine Anzahl Baustellen; es entstehen die Häuser Nr. 1—2 (1888), N. 3 (1908), Nr. 4—14 (1891—3), dagegen bleiben 15—43 Waisenhausgarten. Die Straße hat durch die Südlinie der Stiftungen und deren Einbuchtung ihre Gestaltung erhalten, ihre Linie ist keine grade.— 1897—1898 entstand die Strecke der elektrischen Stadtbahn Hauptbahnhof—Böllberger Weg, die auch durch die Lindenstraße führt. — Die Straße trägt verschiedenartigen Charakter, das jüngere westliche Stück ist 25 Schritte breit mit zwei Reihen Linden, südlich mit aneinandergebauten Mietshäusern, nördlich mit etwas höher gelegenen Wohnhäusern und Vorgärten besetzt. In dem weiteren Verlauf der Straße zeigt sich ihre ältere Art, 2—4stöckige, einfachere Häuser, auch hat man der höher gelegenen Südseite einen neun Trittstufen hohen untermauerten Promenadenweg vorgelegt. — 1915: 61 Häuser (89 Nummern). —

Nr. 70, ehemals Teigteilmaschinenfabrik von Brüning, 1875 von Brüning begründet, welcher der andere Geschäftsinhaber der Herbstschen Fabrik in der Rannischen Straße Nr. 15 (s. Band I) war. Beide erwarben sich große Verdienste um die Einführung der Teigteilmaschinen in den Bäckereien. Um 1905 ist die Fabrik eingegangen.

Nr. 78, der Hofjäger, ehemals eine sehr angesehene, große Gartenwirtschaft, die 1864 in dem älteren Teil der Lindenstraße (Nr. 9) als „Bellevue" eröffnet wurde. Man rühmte ihren prachtvollen Saal, ihre geräumigen Gastzimmer und die wundervolle Aussicht (daher der Name!), die sich sowohl vom Plateau des Daches als vom Garten aus darbot, auch die sehr lange, tiefe und bedeckte Veranda und die geschmackvollen Anlagen, welche an den Sommerabenden durch Gas reichlich erleuchtet wurden. Später in den 80er Jahren wurde die Wirtschaft in „Hofjäger" umgenannt, dann wieder Bellevue. Jetzt ist sie eingebaut und durch die neue Beyschlagstraße beengt worden.

Die Turmstraße erhielt ihren Namen von dem Wasserturm (s. oben Lutherplatz), den sie in ihrem südlichen Teile berührt. Sie empfing die jetzige Bezeichnung 1880, vorher hieß sie „Hinter der Landwehr" (s. Landwehrstraße). Sie war ein Kommunikationsweg, der von der Lindenstraße nach dem Wasserturm führte, geht von Nordost nach Südwest und verbindet die Lindenstraße mit der Huttenstraße, auf deren Volksschule sie mündet. Die Straße ist am Beginn etwa 22 Schritte breit, beiderseits mit Mietshäusern besetzt, dann folgen auf der Ostseite Fabrikgebäude der Merseburger Straße (Nr. 156—152), Schrebergärten und Baustellen, weiterhin der Wasserturm (s. oben) und der „Bahnhof Turmstraße“, wo die Hafenbahn vom Hauptbahnhof und von der Merseburger Straße her unsere Straße schneidet; hier mündet auch das Nebengleis ein, das die Turmstraße, wegen der oben erwähnten Fabrikanlagen, hinaufzieht bis zur Pfännerhöhe. Zugleich befindet sich hier die Reparaturstätte der Halle-Hettstedter Eisenbahn. — Auf der Westseite der Straße befinden sich verschiedene Fabrikanlagen. — 1915: 21 bebaute Grundstücke (159 Nummern).

Nr. 151—152. Hallische Maschinenfabrik und Eisengießerei (Hauptbetrieb in Merseburger Straße Nr. 154 s. d.). Das Terrain war das der alten Cichoriendarre; es wurde 1896 erworben. Die alten Gebäude wurden niedergelegt und neue, besonders ein gewaltiger, 2000 qm großer Montiersaal, für Verdampfanlagen und große Zuckerrohrmühlen, aufgeführt.

Nr. 125—124, Wegelin und Hübener A.-G. (Merseburger Straße Nr. 153) das Werk Nr. II. Es war früher die Dampfpumpen- und Maschinenfabrik von Wolff und Meinel (1885: Thurmstraße 17 genannt); Wegelin und Hübener bauen jetzt Spinnerei-Maschinen hier.

Nr. 123—118, Dicker und Werneburg, Hallische Maschinen- und Dampfkessel-Armaturen-Fabrik; in drei Abteilungen 1. Armaturen aller Art für Maschinen und Dampfkessel, Zuckerfabriken, chemische Fabriken, 2. Zentralheizungsanlagen aller Systeme, 3. Mineralwasser- und Schaumweinapparate, Kupferschmiede und Metallgießerei. — Die Fabrik wurde am 1. 10. 1878 gegründet, sie entstand z. T. aus der früheren Hallischen Metallwarenfabrik J. W. Fritsch. Fabrik und Geschäftsräume befanden sich damals auf dem Alten Markt Nr. 6 (bei Keil) und in der Rannischen Straße Nr. 15 (in den drei Schwänen). Anfangs stellte die Fabrik wie die Fritschsche Bierdruckapparate her, später Maschinen- und Dampfkessel-Armaturen aller Art. Am 1. 5. 1880 wurde das jetzige Fabrikgebäude bezogen mit 30 Arbeitern. 1886 scheidet Werneburg aus. 1890 wird ein größerer Erweiterungsbau hergestellt, ebenso 1898, das Fabrikareal wird durch Ankauf vergrößert, so daß es jetzt 15000 qm beträgt. Besonders werden Zentralheizungen hergestellt, sowie Dampfwäschereien, Trocken- und Desinfektionsanlagen[34a]).

Nr. 117, Berbet-Maschinenbau, G. m. b. H., Spezialität: Drehbänke.

Nr. 96—94, Weise und Söhne, Fabrik für Turbinenpumpen, eine geschmackvoll gebaute Fabrikanlage.

Nr. 93, K. Breitkopf, Armaturen- und Metallgießerei.

Die Thomasiusstraße bekam ihren Namen nach dem großen Juristen und Philosophen unserer Universität Christian Thomasius (1655—1728)[35]). Sie beginnt an der Lindenstraße, führt direkt südlich, bis sie die Turmstraße trifft, später soll sie verlängert auf die Lauchstedter Straße stoßen. — Sie wurde 1885 polizeilich benannt, aber erst 1889 zwischen Linden- und Dryanderstraße polizeilich ausgebaut. 1913 wurde die kleine Dreieckanlage an der Ecke Thomasius- und Posadowskystraße, 400 qm groß, für 796 ℳ geschaffen. — Unsere Straße ist etwa 20 Schritt breit und beiderseits mit anfangs älteren, später jüngeren aneinander gebauten Mietshäusern besetzt, sie hat, ohne jede Baumreihe, ein nüchternes Aussehen. — 1915: 42 Häuser.

Die Südstraße, auch 20 Schritte breit, hat ganz im Gegensatz zur Thomasiusstraße durch ihre grünen Vorgärten einen freundlichen, sonnigen, freien Charakter. Sie empfing den Namen, weil sie als eine der ersten Straßen das neue Baugelände direkt nach Süden durchschnitt. Sie führt von der Lindenstraße auf die Johanniskirche, die links zur Seite liegt, und später auf die Ladenbergstraße. Bereits 1879 wurde der die Lindenstraße mit der Pfännerhöhe verbindende Feldweg, bisher „Nach der Pfännerhöhe" in „Südstraße" umgenannt[36]). 1887 wurde die Straße bis zur Streiberstraße neu angelegt, 1903 erfolgte der Ausbau zwischen Rudolf Haymstraße und Pfännerhöhe. — 1915: 28 Häuser. — Ehemals war die Südstraße die Grenze zwischen der Glauchaer- und der Ulrichskirchen-Parochie, denen beiden das neu sich entwickelnde Südviertel ursprünglich gehörte (s. auch Johanniskirche).

Die Beyschlagstraße, westlich der Südstraße von Norden nach Süden streichend, führt den Namen von dem bekannten und bedeutenden Professor der Theologie Willibald Beyschlag (1823—1900)[37]). Sie beginnt an der Lindenstraße (Hofjäger) und soll diese mit der Ladenbergstraße verbinden. Sie steigt in einer Biegung etwas bergan und öffnet sich uns als eine vornehme und freundliche Straße, etwa 22 Schritte breit, beiderseits von (1904—1905 gepflanzten) Baumreihen beschattet, mit Vorgärten geschmückt, von villenhaften, durch Erker, Giebel und Balkone gezierten Mietshäusern beiderseits besetzt. — 1915: 17 Häuser. —

Die Dryanderstraße ist eine 20 Schritte breite, etwas kalte, nüchterne Straße, beiderseits mit meist älteren aneinander gebauten Mietshäusern besetzt. Sie wurde 1885 nach dem Justizrat Friedrich August Dryander (1782—1850) benannt[38]. 1915: 35 Nummern (etwa 30 Häuser). —

Nr. 10, die Königsstädtische höhere Privat-Mädchenschule, ein 3stöckiges, 8fenstriges, modernes, in grauem Zementputz mit hohem Giebel versehenes Haus. Bis 1904 befand sich die Schule in der Königstraße Nr. 85 (s. d.), Besuch 1905: 142 Schülerinnen; 1908: 175. — Die Schule ist die eine der zwei größeren Privattöchterschulen Halles[39]). Sie entstand 1890 durch Zusammenlegung der Schulen Wünschmann und Schrödel (110 Kinder). Diese ist gleichsam eine Ergänzung der höheren Mädchenschule des Waisenhauses, jene andere im Norden eine Ergänzung der städtischen höheren Mädchenschule. Die Schrödelsche Schule entstand erst 1881, zur Zeit der Vereinigung wurde sie von 32 Schülerinnen besucht.

Die Streiberstraße wurde 1885 benannt und zwar nach dem verdienstvollen Oberbürgermeister (Maire) Halles in der schweren westfälischen Zeit[40]), eine etwa 20 Schritte breite, mit Mietshäusern beiderseits besetzte, nüchterne Straße, ihr westlich der Südstraße gelegener jüngerer Teil ist freundlicher und mit einer Reihe Bäumen auf der Nordseite bepflanzt. Sie zieht von Westen nach Osten und verbindet die Beyschlag- mit der Turmstraße. 1915: 48 Häuser.

Die Graefestraße bildet die Fortsetzung der Streiberstraße nach Westen, reicht von der Beyschlagstraße bis zur Liebenauer Straße. Den Namen empfing sie von dem berühmten hallischen Augenarzt Alfred Gräfe (1830—1899) s. oben Steinweg Nr. 25. Er hatte, benachbart unserer Straße, in der Lindenstraße sein Haus bezogen. — Die Gräfestraße ist etwa 20 Schritte breit, beginnt ansteigend bei der Liebenauer Straße und entwickelt sich zu einem freundlichen, mit Vorgärten auf der südlichen, höheren Seite besetzten Wege. Sie wurde 1909—1910 polizeilich ausgebaut. — 1915: 15 Häuser (25 Nummern). —

Die Bernhardystraße wurde nach dem Philologen und Universitätsoberbibliothekar Gottfried Bernhardy (1800—1875) benannt[41]). Sie zieht jetzt von Westen nach Osten, von Preßlers Berg bis zur Turmstraße, ist etwa 20 Schritte breit, anfangs enger, ist von aneinander gebauten Mietshäusern gleichförmig beiderseits besetzt, westlich der Südstraße wurde sie 1903—1904 mit einer Reihe von Bäumen bepflanzt (auf der Nordseite). Der älteste, östliche Teil von der Turm- bis zur Thomasiusstraße wurde bereits 1894 ausgebaut, 1897—1898 der Teil von der Thomasius- bis zur Südstraße, 1903—1904 von der Südstraße bis zu Preßlers Berg. 1915: 68 Häuser. —

Die Rudolf Haymstraße empfing ihren Namen nach unserem vorzüglichen Litterarhistoriker, Philosophen und Politiker Rudolf Haym (1821—1901)[42]. Sie führt von der Thomasiusstraße bis zu Preßlers Berg, von Osten nach Westen, etwa 17 Schritte breit, mit 3 und 4stöckigen Mietshäusern beiderseits besetzt, erst von der Südstraße ab; mit Bäumen auf der Nordseite bepflanzt, gewährt sie einen freundlicheren Charakter, der zuletzt durch Vorgärten rechts und links noch vermehrt wird. 1915: 38 Häuser.

Nr. 32, Südapotheke, eine neuere Apotheke, eine der 20 unserer Stadt. —

Die Pfännerhöhe, so hieß ursprünglich der Preßlersche Berg und das Gelände um ihn, also im Westen der heutigen Straße. Hier befand sich wohl im frühen Mittelalter bereits die Mal- und Gerichtsstätte der Pfänner, der Salzjunker. Später entstand die Sage, daß hier jeder neu eintretende Pfänner unter freiem Himmel den übrigen Pfännern einen feierlichen Eid schwören mußte, daß er die Geheimnisse der Salzbereitung niemandem verraten wolle[43]. — Das Gelände war und blieb ein wüster Angerfleck zum Lagern der Schweine (s. oben: Kannischer Platz). 1705 entdeckte man auf der Pfännerhöhe auch eine Quelle, die zur Wasserleitung nach den Franckeschen Stiftungen (s. d.) benutzt wurde, man fing sie 1706 ein, mußte sie aber späterhin mehrfach verstärken. — Erst 1823 gab den Fleck die Stadt einem Privaten in Erbpacht, ein freundlicher Garten entstand (Leiters Garten), der dann eine vielbesuchte Gartenwirtschaft (Preßlers Berg) wurde. — Die heutige Straße Pfännerhöhe selbst ist ursprünglich ein alter Feldweg, der von der Salzstraße (Liebenauer Straße) direkt nach Osten abbog, das Plateau durchquerte, die spätere Merseburger Chaussee durchschnitt und nach Canena führte (die heutige Raffineriestraße und jenseits des Bahnkörpers der Canenaer Weg). Schon 1866 wurde der Straßenzug „Pfänner Höhe" nach jener Erhöhung in seinem Westen genannt. Er war damals bereits mit ein paar Häusern besetzt, so an der Ecke Turmstraße-Pfännerhöhe (die nördliche Ecke): Kuntzes Cichoriendarre, also wo jetzt Nr. 37 liegt. Es war dies ein großes Grundstück, das allgemein „der Schafstall" genannt wurde, denn es verband sich mit der Darre ein besonderer Oekonomiehof, und 1878 am 20. 6. eine große Feuersbrunst erlitt (damals: Hinter der Landwehr Nr. 1 beziffert). — 1877—1878 stellte man den Weg notdürftig für 1500 ℳ her; 1877 wurde er auch mit Oel beleuchtet. — In den 90er Jahren schritt die Bebauung vorwärts: 1907 pflanzte man eine große Anzahl Linden beiderseits an. – Die heutige Straße ist etwa 20 Schritte breit, mit Linden und Vorgärten geziert, führt sie von Preßlers Berg bis zur Turmstraße; ihr letztes Stück bis zur Merseburger Straße ist nördlich vom Maschinenschuppen und südlich vom Gartenstaket und von Mauern der Wegelin und Hübner-Fabrik begrenzt. — 1915: 50 Häuser. —

Preßlers Berg; diese Straße von modernen, stattlichen Mietshäusern in grauem Zementputz, rechts mit Akazien bepflanzt, zieht sich von der Gräfestraße empor an den Westenden der Bernhardy- und Rudolf Haymstraße bis zum Schnittpunkt der Liebenauer Straße und der Pfännerhöhe. Sie steht auf dem Gelände der ehemaligen Gartenwirtschaft „Preßlers Berg", an die noch der Name der Wirtschaft im Eckhause Gräfe- und Liebenauer Straße (Nr. 4) erinnert (zu Füßen des ehemaligen Etablissements). Preßlers Berg entstand in den 40er Jahren aus dem vormaligen Leiterschen Garten, der 1823 geschaffen war. Beim Graben des Kellers fand man das Aluminit, das man nur noch im Garten des Pädagogiums (Franckesche Stiftungen) wie noch in der Großen Steinstraße vorgefunden hat. — Preßlers Berg war ein vielbesuchtes, durch den weiten Blick über die Stadt ausgezeichnetes Gartenlokal. Der Brauereibesitzer Fr. W. Preßler (1803—1865) vom Strohhof (s. d.) hatte es angelegt. Noch in den 80er Jahren existierte die schöne Gartenwirtschaft. — 1915: 12 Häuser.

Die Posadowskystraße läuft parallel und südlich der Pfännerhöhe, jedoch nur von der Johanniskirche bis zur Turmstraße, eine Fortsetzung der Cansteinstraße nach Osten. Sie ist eine der jüngsten Straßen (um 1912), ist mit geschmackvollen modernen Mietshäusern in grauem Zementputz bebaut und auf einer Seite mit Vorgärten geschmückt, ihre Breite beträgt etwa 17 Schritte. Die wirkungsvolle Einbuchtung der Straßenflucht gibt dem Auge eine wohltuende Abwechslung. Am Ausgang an der Turmstraße befindet sich eine kleine freundliche Bosketanlage. — Die Straße empfing den Namen nach dem Minister Artur Adolf Grafen von Posadowsky-Wehner (* 1845). — 1915: 16 Häuser.

An der Johanniskirche nennt sich eine Straßenflucht, die sich im Halbbogen östlich um die Johanniskirche hinzieht und sich auf die Südstraße stützt. 1912 wurde sie polizeilich ausgebaut. 1915: 4 Häuser (Nr. 2—5). —

Nr. 2 ist das Pfarrhaus der Kirchengemeinde S. Johannis; es wurde 1906—1907 gebaut.

Der Johannisplatz ist eine ovale, mit Bäumen und Sträuchern bepflanzte Anlage, zu deren beiden Seiten, nördlich wie südlich, eine Fahrstraße (Verlängerung der Cansteinstraße) führt, bis beide sich dicht vor der Einmündung in die Südstraße wieder vereinen. Die Anlage liegt gerade der Johanniskirche westlich gegenüber.

Die Johanniskirche. 1890 faßte man den Plan, wegen Ueberfüllung der Glauchaer- und Ulrichsgemeinde, denen das sich entwickelnde Südviertel in kirchlicher Hinsicht gehörte, eine neue Kirche im Schnittpunkt der Süd- und Cansteinstraße zu bauen, auf einem 6000 qm großen Platz[44]). Die Südstraße (s. d.) war die Grenze zwischen der Glauchaer- und der Ulrichsparochie. Am 24. 4. 1892 legte man den Grundstein zur Johanniskirche unter Beteiligung der Behörden, wie Vertreter aller Kirchengemeinden. Die Kosten wurden auf 120000 ℳ geschätzt. Am 10. 11. 1892, gerade ein Jahr vor der Einweihung, wurde die Turmspitze mit Knopf und Hahn aufgesetzt. Am 10. 11. 1893, zu Luthers Geburtstag, wurde die Kirche durch den Generalsuperintendenten Textor aus Magdeburg eingeweiht. Die Kirche war von der Kirchenvertretung der Ulrichsgemeinde (in deren Bezirk sie stand) Johanniskirche genannt worden: ihr Name soll an das Johanneische Zeitalter, an das der christlichen Liebe, erinnern. Der Erbauer der Kirche war der Architekt Friedrich Fahro[45]). Die Kirche selbst ist ein roter Backsteinrohbau in gotischen Formen mit hohem, spitzem Turm (61 m hoch) nebst seitlichen Treppentürmchen und 5seitigem Abschluß. Vier Fenster auf den beiden Seiten (gedoppelte, schmale, rundbogige, längliche Fenster) erhellen das längliche Mittelschiff und die schmalen Seitenschiffe (Gesamtlänge 22,20 m und 15 m Breite) in Kreuzgewölbe mit Seiten- und Orgelempore. Die Sakristei ist 8eckig. In den Fenstern des Chors befinden sich Glasmalereien (die vier Evangelisten, die Ausgießung des Heiligen Geistes und der thronende Christus). Das Portal schmückt ein steinernes Kreuz. Die Orgel der Kirche kostete 7200 ℳ[45a]). —

Die Kirche ist patronatsfrei; zu ihrem Parochialbezirk gehören (alphabetisch geordnet) folgende Straßen: Artilleriestraße, Barbarastraße, Beesener Straße Nr. 6—22, Beesener Weg, Bernhardystraße, Beyschlagstraße Nr. 6—27, Bruckdorfer Straße,

Dieskauer Straße, Dryanderstraße, Flottwellstraße, Gräfestraße, Gustav-Hertzbergstraße, Huttenstraße, An der Johanniskirche, Jonasstraße, Königstraße 24—72, Ladenbergstraße, Lauchstädter Straße, Liebenauer Straße 19—165, Lindenstraße 44—72, Lützener Straße, Merseburger Straße 9—160, Nickel-Hoffmannstraße, Osendorfer Straße, Pfännerhöhe, Posadowskystraße, Preßlers Berg, Raffineriestraße, Rudolf-Haymstraße, Schmiedstraße, Schlosserstraße, Schönitzstraße, Streiberstraße, Südstraße, Thomasiusstraße, Thüringer Straße, Turmstraße, Wolfstraße 4—18. —

IV. Merseburger Straße und östliches Gebiet.

Die Merseburger Straße. Vor 1817 führte, etwa in der Richtung der heutigen Merseburger Straße (Chaussee), ein Feldweg nach Ammendorf, dicht am Hochgericht (Apollotheater), östlich von diesem. — 1817—1819 wurde die jetzige breite Merseburger Straße als Chaussee vom Galgtorplatz (Riebeckplatz) über Ammendorf und Skopau nach Merseburg gebaut. Die alte Merseburger Straße führte vordem vom Rannischen Platz (s. d.) über Beesen d. h. über die Broihanschenke, durch die Elsteraue nach Merseburg: sie war vielfach Ueberschwemmungen ausgesetzt[46]. — 1825 lag noch nicht ein einziges Haus an unserer Chaussee, höchstens ein Chausseewärterhaus in der Feldmark Halle[47]. — Erst um 1860 entstand die erste Fabrikanlage an dieser bedeutendsten Werken- und Fabrikenstraße Halles, nämlich die Gießereihalle der Maschinenfabrik von Jung und Must in der Rannischen Straße Nr. 15 (s. d.), heute die Hallische Maschinenfabrik und Eisengießerei, Merseburger Straße Nr. 154. — Um 1865 war die Westseite unserer Straße schon bis zur Königstraße bebaut. — 1870 sind auf der Ostseite im Abzweigepunkt der alten Leipziger Chaussee (verlängerte Königsstraße) das neue Steuercontrolgebäude und in der Nähe desselben eine Anzahl Fabrikanlagen entstanden. — 1872—1874 erwuchsen eine große Reihe bedeutender Fabriken an unserer Straße: so die von Wegelin und Hübner, Wernicke, Taatz, Helm, Zimmermann, ebenso die hallische Maschinenfabrik mit den dazu gehörigen Wohngebäuden. — 1878 wurde die Merseburger Chaussee bereits Merseburger Straße genannt (behördlich erst 1880); sie zählte damals 33 bebaute Grundstücke. — In den 80er Jahren fand eine weitere starke Bebauung der Straße statt, so daß die Stadtbahn 1889 eine Strecke Hauptbahnhof bis Schmiedstraße (Löfts Hof) eröffnete; 1897 erweitert sie die Strecke bis Bergmannstrost. — 1899 wurde von der Stadt für den Militärfiscus die gewaltige

Artilleriekaserne gebaut, weit hinausgeschoben, eine Menge Neubauten zog diese nach sich, schräg gegenüber zweigte sich die neue Leipziger Chaussee nach Osten ab. — 1902—1903 wurde der Hauptsammelkanal durch die Straße gelegt und 1903 die Beleuchtung durch elektrische Bogenlampen bis zur Thüringerstraße. — Ferner wurde die elektrische Fernbahn Halle—Merseburg 1902 auf unserer Straße und über Ammendorf und Skopau nach Merseburg eröffnet[47a]). —

Die Merseburger Straße ist etwa 30 Schritte breit (später breiter) und mit zwei Reihen Bäumen besetzt (später mit vier Reihen). Aeltere und neuere 2=, 3= und 4stöckige Häuser, später nur 4stöckige, wechseln mit Fabrikanlagen, großen Lagerplätzen und Vorgärten ab, allmählich finden sich Felderstreifen ein, unbebautes Gelände zwischen den einzelnen Häuserkomplexen. Hinter der Artilleriekaserne beginnt der unverfälschte Chausseecharakter der Straße, die den Namen „Straße" jedoch bis zur Grenze der Stadtmark beibehält, bis zum Uebergang der Casseler Bahn; hier befinden sich noch drei Häuser des Eisenbahnfiscus: Haus Nr. 1 Bahnmeisterei, Haus Nr. 2 Weichenstellerhaus, Haus Nr. 3 Bahnwärterhaus. —

Die Merseburger Straße, ihre gewaltigen Fabriken und deren Geschichte, ihre riesige glänzende Artilleriekaserne sind Zeugen deutscher Kraft und Energie, deutscher Unternehmerlust und deutscher Wehrhaftigkeit; unter dem Schutze der starken Wehrkraft gediehen Handel, Wandel und Wohlstand. Sie sind furchtbare und drohende Ankläger gegen die Verräter, die uns die Niederlage im Weltkrieg beibrachten. —

Nr. 17—19. Central=Ankaufsstelle für landwirtschaftliche Maschinen und Geräte, gehört der Landwirtschaftskammer für die Provinz Sachsen, ein 3stöckiger, seitlicher Bau in gelben Backsteinen. Darinnen ausgestellt und verkauft werden sämtliche Bedarfsartikel der Landwirtschaft. In den Niederlagen und auf dem Hof sieht man große und kleine landwirtschaftliche Maschinen jeder Art. Das Grundstück wurde bereits 1891 gekauft für 190 000 *M*, vorher war es gemietet. Es ist 3695 qm groß, hat Kontorgebäude, Ausstellungshallen, offene Schuppen und Reparaturwerkstatt. Dem kleinen und mittleren Landwirt Einblick in die verschiedenen landwirtschaftlichen Maschinen und Instrumente zu geben, ihn mit ihrer Mechanik bekannt zu machen, auch daß er die für ihn nützlichen Apparate kaufen kann, entstand schon 1839 der Verein für Ausstellung landwirtschaftlicher Maschinen in Magdeburg. Der 1842 aus ihm und 41 anderen landwirtschaftlichen Vereinen gegründete landwirtschaftliche Zentralverein (heutige Landwirtschaftskammer) nahm sich der Sache weiter an

Man beschloß alljährliche Ausstellungen von Maschinen und Geräten, endlich eine permanente Maschinenausstellung in Halle, wozu die Maschinenfabriken ihre Erzeugnisse einsandten. Der Eisenhändler Schröder in Halle (Kl. Steinstraße und Rathausgassenecke) leitete die Ausstellung 1857 zum ersten Male (Säe-, Dresch-, Futterschneidemaschinen, Walzen, Eggen, Pflüge usw.). 1863 wurde sie dem Kaufmann Heineman unterstellt. 1867 wurde eine Maschinenprüfungscommission errichtet. Um den Landwirten den Maschinenankauf direkt vom Fabrikanten, nicht mehr vom Zwischenhändler, zu ermöglichen, beschloß man 1889 die Centralankaufsstelle für landwirtschaftliche Maschinen und Geräte einzurichten. Alle Arten Geräte des Feldes und des Hauses werden den Mitgliedern der landwirtschaftlichen Vereine geliefert. Umsatz 1889: 6077 ℳ; 1892: 558 278 ℳ. —

Nr. 20, die Hohenzollern-Apotheke, in einem großen, stattlichen, vielstöckigen Eckhaus. Die Apotheke wurde 1893 zugleich mit der Kronenapotheke (Steinweg Nr. 28) und mit der Mohrenapotheke (Reilstraße Nr. 134) concessioniert.

Nr. 25, Chemische Fabrik von Latermann, 1870 begründet. Oele und Fette, Farben und Lacke werden produziert.

Nr. 26, Asphaltwerk von Hoppe und Roehming.

Nr. 30, Samenhandlung im Großen von Ganzer und Spießbach, hinter dem Garten an der Straße die Gebäude der landwirtschaftlichen Sämereien.

Nr. 39, Metallschmelzwerk und Kupferhütte von S. Joachimsthal, düstergraue, hohe Gebäude im Hintergrund mit Schloten und Schornsteinen.

Nr. 40, Fabrik landwirtschaftlicher Maschinen von F. Zimmermann und Comp. A.-G. Große Fabrikgebäude in gelbgrauen Backsteinen, ferner das Wohnhaus in gelben Klinkern an dem Hof und an der Straße. Das Unternehmen wurde 1864 auf einem Grundstück in der Magdeburger Straße gegründet. Der Kreis der Fabrikation — ursprünglich einfache landwirtschaftliche Maschinen und Geräte (Maschinen zur Futterbereitung, Göpel, Göpeldrehmaschinen) — wurde immer mehr erweitert, so daß 1870 die Fabrik dem alten Personenbahnhof gegenüber auf die heutige Kirchnerstraße verlegt wurde. Es wurden Maschinen zur Saatbestellung und zur Ernte ebenfalls jetzt hergestellt: Drillmaschinen, Hackmaschinen, Mähmaschinen usw. 1889 wurde der Betrieb auf das heutige Grundstück verlegt. — 1888 wandelte man die Firma in eine Kommanditgesellschaft um, 1894 in eine Aktiengesellschaft mit einem Kapital von 1 300 000 ℳ. — 1907 500 Beamte und Arbeiter. Der Vertrieb der ausgezeichneten

Maschinen erstreckte sich auf ganz Europa, ja auf die meisten ackerbautreibenden Länder der Welt.

Nr. 41—42. Hallische Malzfabrik von Reinicke und Co., deren Fabrikgebäude von dem Park an der Straße verdeckt werden. Sie wurde 1881 als Kommanditgesellschaft mit 800000 *M* Kapital gegründet. Der Bau der Fabrik erstand 1882—1883. Es wird Braugerste in großen Massen und guter Beschaffenheit erzeugt; 1882: Verarbeitung von 140000 Zentner Gerste, 1890: 200000 Zentner. — 1890: 1200000 *M* Kapital. — 1899: Aktiengesellschaft. —

Nr. 53—54, Löfts Hof, ein gewaltiger Häuserblock, ganz allein stehend, in gelben Backsteinen ganz gleichmäßig 4stöckig erbaut, von der Schlosserstraße im Süden, von der Schmiedstraße im Norden und Osten eingefaßt, ein Heim von Hunderten von Arbeiterfamilien. Diese Tat einer großartigen Wohnungsfürsorge vollzog 1884 der Zimmermeister Rudolf Löft († am 2. 4. 1904). — Die schmucklose, einfache und solide Bauart bewirkt in ihrer Größe und Ausdehnung eine Art Monumentalität, die um so mehr wirkt, da die Schlosser- und Schmiedstraße auf ihren anderen Seiten nicht bebaut sind. Die sehr schmale Seite des langen Rechtecks liegt an der Merseburger Straße und beträgt 55 Schritte.

Nr. 59, Krankenhaus „Bergmannstrost" der Knappschaftsberufsgenossenschaft Sekt. IV., 1894 erbaut. Rechts und links auf der langen Front erhebt sich je ein Beamtenhaus in Zementputz. In der Mitte, etwas zurückgelegen, in Gartenanlagen, steht in gelben Klinkern erbaut die Westseite des Kranken- und Genesungshauses, eines großen, 3stöckigen Gebäudevierecks mit zwei vorspringenden Flügeln und einem etwas vortretenden, mit einem Dachreiter gekrönten Mittelteils. Alles ist mit Schieferdächern gedeckt. Ein großer Garten dehnt sich ostwärts hinter den Gebäuden, während ein leichtes Eisenstaket die Westfront an der Straße ziert. — Im Jahre 1884 wurde in Berlin die Knappschaftsberufsgenossenschaft gegründet. Diese erstreckt sich auf das gesamte deutsche Reichsgebiet und umfaßte acht, jetzt 6 Sektionen, denn Elsaßlothringen und Saarbrücken sind vorläufig ausgeschieden. Durch Gesetz vom 6. Juli 1884 wurde nämlich die Knappschaftsberufsgenossenschaft zur Trägerin der Reichsunfallversicherung erklärt. Die K. B. G. zählt zu ihren Mitgliedern nur die Werkbesitzer und Unternehmer, nicht die Arbeiter; denn nach obigem Gesetz sind die Besitzer allein haftbar für die in ihren Betrieben entstehenden Unfälle (ohne grobes Verschulden der Arbeiter). Die Aufgaben der K. B. G. sind folgende: 1. die Kosten des Heilverfahrens zu übernehmen vom Beginn der 14. Woche ab, bis dahin tritt die Knappschaftskrankenkasse (siehe Thielenstraße Nr. 5) dafür ein;

2. für die Dauer der Erwerbsunfähigkeit dem Verletzten eine Rente zu gewähren, auch erst vom Beginn der 14. Woche ab. — Es können im „Bergmannstrost" auch andere Kranke aufgenommen werden, welche dann natürlich als Private gelten. —

Nr. 74, Olympia-Park, Sportplatz und Radrennbahnen, die den Namen von den Olympischen Wettspielen des alten Griechenlands empfingen. Hinter den grünen Parkanlagen, mit einer Holzplanke von der bereits chausseehaften Straße getrennt, befindet sich die große, ovale Rennbahn.

Nr. 88, Rusches Hof, ein Gut, auf der andern (westlichen) Seite an unserer Straße gelegen, von den übrigen drei Seiten bereits vom Felde umgeben. Scheunen, Ställe, Wohnhäuser der Arbeiter grenzen den Hof ein, links am Eingange steht das Herrschaftshaus alles in gelben Steinen, 1- und 2stöckig, neben dem Wohnhaus südlich ein kleiner Park.

Nr. 93, Artillerie-Kaserne, 1899—1900 auf einem Areal von 37 Morgen von der Stadt Halle für den Militärfiscus mit 2 508 000 ℳ Unkosten erbaut[48]). Die Kaserne besteht aus drei Teilen, aus der eigentlichen Kaserne (31 Morgen), aus dem Proviantamt (4¼ Morgen) und aus der Offizierspeiseanstalt (1½ Morgen). — Die Kaserne umfaßt 30 getrennte Bauwerke: 1 Stabsgebäude, 6 Mannschaftswohngebäude, 2 Familienwohnhäuser, 1 Montierungskammer, 2 Wirtschaftsgebäude, 6 Pferdeställe und 1 Krankenstall, 2 Reitbahnen, 2 Beschlagschmieden, Geschützschuppen usw. — Die einzelnen Gebäude liegen zerstreut zwischen Höfen, Plätzen und Gartenanlagen in dem gewaltigen Gelände, in Putz- und Rohbau, 2- und 3stöckig mit Ziegeldächern versehen. — Der Artillerieexercierplatz liegt etwa 20 Minuten südwestlich, zwischen dem Dorfe Beesen und der Casseler Bahnstrecke, auf Beesener und Wörmlitzer Flur. Er umfaßt 80 ha und besaß (1900) einen Wert von 433 500 ℳ. Von Rittergut Beesen (Besitzerin die Stadt Halle) wurden 36,46 ha dazu abgetreten. —

Der Spielplatz, Ecke Merseburger- und Huttenstraße, wurde 1908—1909 angelegt für etwa 5000 ℳ. Er ist 2274 qm groß von Flieder-, Jasmin-, Jelängerjelieber-Boskettts usw. umgeben

Nr. 95, das Landhaus, eine Gastwirtschaft in einem modernen, 4stöckigen und 8fenstrigen Miethause mit einem kleinen Garten zur Seite. Nur der Name erinnert noch an das ehemalige alte Landhaus, das hier gestanden; an jene 1stöckige, solide, alte Wirtschaft an der früheren Landstraße, die unsere Väter und Großväter von der Stadt aus wie auf einer Landpartie besuchten. Das alte Haus malerisch und gemütlich, besaß auch bauliches

Interesse, wie einige Bilder in dem neuen Restaurant noch den jüngeren Geschlechtern bezeugen.

Nr. 112, die Rosenapotheke in dem 5stöckigen Eckhaus Merseburger und Lauchstädter Straße. Den Namen erhielt sie von dem damals angelegten und sehr beliebten Rosengarten, einer Wirtschaft an unserer Straße, die bei dem Durchschnitt der Casseler Bahnstrecke etwa 20 Minuten südlich bereits auf Ammendorfer Flur liegt.

Nr. 113, Drogen-Großgeschäft von Caesar und Loretz, in dem anderen Eckgebäude an der Lauchstädter Straße in stumpfer eintöniger Front, 4stöckig, in gelben Klinkern erbaut.

Nr. 149, Maschinenfabrik von Weise und Monski; Garten verdeckt die rückwärts gelegenen Fabrikgebäude, deren ein Teil, in roten Backsteinen erbaut, an der südlichen Seite der Ladenbergstraße sich entlang zieht. — Die Maschinenfabrik wurde 1871 am alten Bahnhof gegründet, sie verfertigte zunächst kleine maschinelle Gegenstände, später Dampfmaschinen. 1880 fand dort ein Erweiterungsbau statt, und bald darauf wurde diese zweite Fabrik an der Merseburger Straße errrichtet[49]). So besteht der Betrieb an zwei verschiedenen Orten. 1890: 300 Arbeiter

Nr. 152, Maschinenbau A.-G. in L. A. Wernicke. Der Begründer war ein tüchtiger Kupferschmied in Halle, der sich 1871 in der Merseburger Straße seine Fabrik baute[50]) und hier Dampfkessel, Pumpen, Dampfmaschinen, dann die größten Apparate für die Spiritus- und Zuckerindustrie verfertigte. 1875: 500 Arbeiter. 1898: Aktien-Gesellschaft. Man erschloß sich weitere Spezialitäten: Kartoffel-, Mais-, Reis- und Weizenstärkefabriken, Brauerei-, Mälzerei-, Eis- und Kühlanlagen, chemische und Farbholzfabriken, Tabak-Apparate, Kartoffeltrocknungen usw. 1890: 360 Arbeiter und $1^1/_2$ Millionen Mark Umsatz. 1916 trat das Unternehmen in Liquidation.

Nr. 153 Maschinenfabrik und Eisengießerei A.-G. Wegelin und Hübner. Hinter einem großen, breiten Garten, der links schon von einer gewaltigen Halle flankiert wird, erheben sich die 2stöckigen, in roten und weißen Backsteinen geschmackvoll erbauten Fabrikräume, hinter denen sich der übrige gewaltige Komplex des Unternehmens ausdehnt, die Nordseite liegt an der Pfännerhöhe. Die Firma wurde am 1. 4. 1869 von den Ingenieuren Albert Wegelin und Ernst Hübner gegründet mit 30 Arbeitern, die Dampfmaschinen, Dampf- und Luftpumpen, Filterpressen arbeiteten. Am 1. 3. 1872 wurde das neue große Gebäude bereits mit 100 Arbeitern bezogen. Das patentierte Hollefreundsche Mais-Verzuckerungs-Verfahren wurde mit allen nötigen Maschinen und Apparaten von der Firma in vielen Spiritusbrennereien eingeführt. 1873 wurde eine Eisengießerei errichtet, in der sofort 150 Arbeiter angestellt wurden. Die Firma gestaltete sich immer mehr zu einer Exportfirma ersten Ranges; 1890: 40% Produktion ging ins Ausland (Rußland, Frankreich, Oestreich, England, Italien usw.) 1890: 300 Arbeiter; 1900: über 500 Beamte und Arbeiter. 1899 wurde das Geschäft in eine Aktien-Gesellschaft mit 2½ Million Mark verwandelt und als Hallische Union-Aktiengesellschaft 1901 mit den drei hiesigen Etablissements Vaaß und Littmann, Wolff und Meinel und der Kesselfabrik von Seyffert fusioniert: dadurch wurde das Aktienkapital auf 3 850 000 ℳ erhöht und die Angestellten auf 850. Bis 1920 wurden geliefert: 12 000 Filterpressen, 4500 Dampfmaschinen, 12 000 Luftpumpen und Kompressoren, über 18 000 Pumpen für Dampf-, Transmissions- und elektrischen Antrieb, 2500 complette Eis- und Kühlmaschinen. — Die Firma gehört zu den führenden Maschinen- und Apparatebau-Fabriken für die chemische Industrie, sie verfertigt vollständige Einrichtungen von Paraffin-, Stearin- und Ceresinfabriken, Harz- und Teerdestillationen, Seifenfabriken, Knochen- und Leimfabriken, Firnis-Kochapparaten, Farbenfabriken, Borax- und Mineralölfabriken usw.

Nr. 154, Hallische Maschinenfabrik und Eisengießerei. Die gewaltigen Gebäudecomplexe des Unternehmens befinden sich an der Merseburger Straße, an der Turmstraße und an der Pfännerhöhe. Um 1860 erbauten Jung und Must (Rannischestraße Nr. 15 s. d.) eine Eisengießerei auf dem heutigen Platz der H. Maschinenfabrik, die damals völlig frei im Felde gelegen war. Im Jahre 1866 begründeten die Ingenieure Riedel und Kemnitz in der Königsstraße eine Maschinenfabrik, die hauptsächlich Einrichtungen für die Zuckerfabriken, eine damals höchst gewinnbringende Fabrikation, betrieben. 1866 erwarben Riedel und Kemnitz die oben erwähnte Eisengießerei von Jung und Must. 1869: 25 Arbeiter; 1872: 150. Das Unternehmen wurde eine Aktiengesellschaft „Hallische Maschinenfabrik und Eisengießerei“ mit einem Grundkapital von 300 000 Talern. 1874 wurde die Fabrik aus der Königsstraße zur Merseburger Straße überführt; gewaltige Werkstätten-Vergrößerungen und Arealankäufe. Eine große Kesselschmiede wurde errichtet, ebenfalls die Gießerei sehr stark vergrößert. In den folgenden 10 Jahren wurde das ganze Terrain an der Merseburger-, Turmstraße und Pfännerhöhe (23 500 qm) durch Fabrikgebäude besetzt, nur wenig durch Umfassungsmauern unterbrochen. 1889: 600 Arbeiter und 3 506 000 ℳ Umsatz. Die Hauptspezialität: Bau von Zuckerfabriken nach dem Riedelschen System[51]), die im Inlande wie immer mehr auch im Auslande Anklang fand. Seit 1885 war man auch für Rohrzuckerfabriken tätig, man unterhielt sogar Vertretungen in den Kolonieen und im Auslande. Seit der Krise in der deutschen Zuckerindustrie (1884) arbeitete man auch Dampfmaschinen und Pumpen, Spiritusraffinerieen und Preßhefefabriken, Getreidemühlen und Eis- und Kühlmaschinen. — 1896 erwarb man das Gelände der alten Cichoriendarre an der Turmstraße (Nr. 151—152 siehe dort). — 1905: 1 800 000 ℳ Aktienkapital. — 1906: 700 Arbeiter und 80 Beamte und Meister[52]).

Nr. 155, Maschinenfabrik Eberhardt fabriziert Maschinen für den Bäckerei- und Konditorei-Betrieb: Teigknetmaschinen, Teigteil-, Mehlsiebmaschinen, Semmelmühlen, Säckeausstäubemaschinen, Backtröge.

Nr. 170, Apollotheater. Auf seinem Gelände stand im Mittelalter das Hochgericht (der Galgen) vgl. die Galgtorvorstadt. Der Galgen wurde 1809 in der Franzosenzeit abgerissen, der Platz, auf dem die Räder standen, mit einem Gartenhause bebaut, das übrige Gelände dem Rendanten Fuß in Erbpacht gegeben. Später entstand hier der Gasthof zum Prinzen Carl, bereits 1836 vorhanden, 1862 auch unter dem Namen „Kochs Garten" eine stark besuchte Restauration mit schattigen Lauben und damals moderner Gasbeleuchtung. Dem kleinen, 2stöckigen, alten, am Riebeckplatz gelegenen Restaurationsgebäude wurde ein großes Ballokal hinzugefügt, so war der „Prinz Carl" ein beliebtes Tanzetablissement geworden. In den 90er Jahren gestaltete er sich zu einem Varieté-Theater, dem Apollotheater, mit einem Fassungsraum von 2400 Personen[53]).

Die Osendorfer Straße ist 1903—1904 angelegt, bzw. polizeilich ausgebaut worden. Ihr Name ist nach dem Dorfe Osendorf bei Radewell gegeben worden[54]). Sie ist etwa 18 Schritte breit, nicht lang, auf der Nordseite mit niederen Niederlagen, der Centralankaufsstelle der Landwirtschaftskammer (siehe Merseburger Straße Nr. 17—19), auf der Südseite mit aneinander gebauten 4stöckigen Mietshäusern besetzt. 1915: 7 Häuser.

Die Bruckdorfer Straße führt von Norden nach Süden und verbindet den äußersten Ostteil der Königsstraße mit der Raffineriestraße. Sie führt den Namen nach dem Dorfe Bruckdorf, dem nach Halle zunächst gelegenen Dorfe an der Leipziger Chaussee[55]). Sie ist etwa 18 Schritte breit, ist nur auf der Westseite mit 4stöckigen, aneinander gebauten Mietshäusern besetzt, auf der Ostseite befindet sich eine Backsteinmauer, Gelände der Dampfkesselfabrik von F. Schmidt (Königsstraße Nr. 63). Die

Straße ist bereits 1897—1898 angelegt bezw. polizeilich ausgebaut und erhielt 1898—1899 ihren Namen.

Die Raffineriestraße empfing ihren Namen von der Neuen Zuckerraffinerie, die 1862 vor dem ehemaligen Königstore angelegt worden war, und zwar wurde das älteste Stück der Straße (Merseburger Straße bis Königsstraße) 1868 „An der Zuckerraffinerie" benannt; erst 1880 empfing der zwischen der Merseburger Straße und dem Canenaer Weg belegene Fahrweg den Namen „Raffineriestraße". — Der Name ist dann weiter auf den Weg an der Zuckerraffinerie und Kaffeesurrogatfabrik ausgedehnt worden. — Unsere Straße beginnt an der Merseburger Straße, sie ist hier 17 und bald 20 Schritte breit, auf beiden Seiten mit Mietshäusern, auch Höfen, Lagerplätzen besetzt, auch mit einigen Fabriken, so mit Nr. 43 Maschinenfabrik von Lange und Geilen und mit Nr. 43b Metallgießerei Tietz. Bei der Einmündung der Königsstraße treffen wir auf das Gleis der Hafenbahn, ehemals zogen hier die Gleise der alten Thüringer Bahn entlang, bis der neue Bahnhof entstand, hier wendet sich die Straße südöstlich und benutzt teilweise die alte Leipziger Chaussee (s. auch Königsstraße), linker Hand Gärten, dann der große Eisenbahnkörper, rechter Hand der große Gebäudecomplex der Zuckerraffinerie und später der Kaffeesurrogatfabrik. 1906 pflanzte man von der Königsstraße ab bis zur Einmündung in die alte Leipziger Chaussee 66 Rüstern an. — Die alte Leipziger Chaussee führte an der Zuckerraffinerie vorüber und bald darauf über die Gleise der Thüringer und der Kasseler Bahn; man schaffte den höchst störenden Niveauübergang ab und unterführte etwas weiter südlich 1902 die Chaussee für c. 200 000 ℳ Unkosten.

Nr. 27—28, Zuckerraffinerie Halle, A.-G., wurde als die dritte Zuckerraffinerie unserer Stadt als „Neue Aktien-Zuckerraffinerie" 1862 in Betrieb genommen[56]), ein damals ganz modern aus Stein und Eisen angelegter Gebäudecomplex, im großen Rechteck mit stattlichem Hof erbaut. Das Aktienkapital betrug 900 000 Taler, 1864 wurden bereits 109 100 Zentner Rohzucker raffiniert. 200 Arbeiter wurden fortwährend beschäftigt. 1873 brachte sie 164 602 Taler Reingewinn, 1876: 638 574 Taler. 347072 Zentner wurden verarbeitet.

Nr. 28a, Kaffeezusatzfabrik Franck Söhne G. m. b. H. ein ebenfalls großartiger Gebäudecomplex, nach 1900 hier entstanden.

Nr. 43, Maschinenfabrik Lange und Geilen, 1894 gegründet; aus kleinen Anfängen stattlich sich entwickelnd; 1906: über 100 Arbeiter, wiederholt Erweiterungen der Fabrikbauten. Nur zwei Spezialitäten: Herstellung von Eisenhobelmaschinen (Shapingmaschinen) und von Teigteilmaschinen (für Bäckereien und Konditoreien). Export nach Rußland, Holland, Belgien, Italien und Oestreich. —

Die Dieskauer Straße empfing den Namen nach dem Dorfe Dieskau, südöstlich von Halle hinter Bruckdorf[57]). Sie verläuft von Westen nach Osten und zweigt sich unterhalb der Raffineriestraße von der Merseburger Straße ab. Die Straße ist etwa 17 Schritte breit, beiderseits mit aneinandergebauten, 3- und 4stöckigen Mietshäusern besetzt, nüchtern, ohne jedes Baumgrün.

Die Lützener Straße wurde nach der etwa 3 Meilen südöstlich von Halle gelegenen Stadt Lützen benannt[58]) und zwar im Jahre 1892. Am Ausgang der Dieskauer Straße beginnt sie südwärts gerichtet, um bald im rechten Winkel westwärts auf die Merseburger Straße zu stoßen. Sie erscheint hier unbebaut, als ein roher Durchbruch, von Planken und wüsten Gärten begrenzt.

Nr. 2. Maschinenfabrik, Eisengießerei und Kesselschmiede Alwin Taatz, 1864 gegründet mit wenigen Arbeitern, erst in Delitzscher Straße Nr. 5, dann Merseburger Straße Nr. 17, im Jahre 1873 wesentlich erweitert, auch mit Schiffswerft versehen. Spezialfabrikation: Naß- und Trockenbaggermaschinen, Krane aller Art, Dampfmaschinen bis zu 150 Pf. Das Absatzgebiet Europa wie Asien, Amerika und Afrika. 1890: 50/70 Arbeiter.

Die Gutenbergstraße benannte man nach dem Erfinder der Buchdruckerkunst, Johannes Gensfleisch gen. Gutenberg (1397/1468). Der Straßenzug ist etwa 17 Schritt breit und erst im Entstehen begriffen. Er führt von Westen nach Osten, von der Merseburger Straße sich abzweigend, parallel der Dieskauer-, der Lützener Straße.

Die Thüringer Straße wurde nach dem alten Thüringer Güterbahnhof, der an ihrem Ostende lag, genannt und zwar bereits 1879. Ueber die Thüringer Bahn und ihren Bahnhof s. Alte Leipziger Chaussee. — 1886 wurde ihre Verlängerung polizeilich ausgebaut. Sie läuft von Westen nach Osten, von der (verlängerten) Thomasiusstraße bis zum alten Eisenbahnkörper, so daß die Merseburger Straße sie grade in ihrer Mitte schneidet. Die Straße ist etwa 20 Schritte breit, ihre Osthälfte ist mit Mietshäusern, Lagerplätzen und Maschinenfabriken besetzt ihre Westhälfte (westlich der Merseburger Straße) von Mietshäusern und von den Fabrikbauten von Weise & Monski (f. Merseburger Straße Nr. 149.)

Nr. 17. Maschinenfabrik und Eisengießerei A. G. Wegelin & Hübner Werk Nr. 3 (siehe Merseburger Straße Nr. 153). Ehemals (bis 1901) war dies die Eisengießerei und Kesselschmiede von H. W. Seiffert, die damals bereits der Hallischen Union A. G. gehörte und die diese nebst ihren zwei anderen Etablissements mit Wegelin und Hübner fusionieren ließ.

Nr. 18, Münchener Eggenfabrik, Filiale Halle. Die Stammfabrik befindet sich in München-Pasing; Spezialfabrik für Acker- und Wieseneggen, Federzahn-Kultivatoren, Jauchepumpen, Viehfutter-Schnelldämpfer „Monachia". —

Nr. 19. Maschinenfabrik und Eisengießerei Stavenhagen.

Nr. 20, Maisstärkefabrik Max Eggert, 1885 begründet; aus kleinen Anfängen entstanden, hatte sie mit dem Vorurteil gegen Maisstärke schwer zu kämpfen, da man der bekannten hallischen Weizenstärke den Vorzug gab. Erst 1891/92 gewann die Maisstärke größeren Absatz; die von dem Begründer nach dem Vorbild einer Budapester Maisstärkefabrik erbaute Anlage wurde stark erweitert, bereits 1894 starb der Besitzer. Spezialitäten: großstückige Adlerstärke zu Wäschezwecken, grobkörnige Maisstärke zu Textilzwecken und Zeanin, ein entöltes Maisspeisemehl, das dem Mondamin und Maizena (englischen und amerikanischen Erzeugnissen) ebenbürtig ist.

Nr. 21, Maschinenfabrik Kaufmann und Krüger.

Die Schmiedstraße umfaßt den gewaltigen Häuserblock „Löfts Hof" (siehe Merseburgerstraße Nr. 53/54) im Norden und Osten. Die andere Seite der Straße wird von den Hausgärten der Familien, auch von Lagerplätzen gebildet, so daß die sonst einförmige, nüchterne Straße eine freundliche Abwechslung erhält. Die Zahl der aneinandergereihten, ganz gleichmäßigen Hausbauten von Löfts Hof ist 19. — Den Namen erhielt die Straße bereits 1883.

Die Schlosserstraße umfaßt die Südseite von Löfts Hof; die andere Seite der Straße wird von den Gärten der Familien gebildet. Den Namen empfing sie 1883. Die Zahl der Häuser: 17. —

Die Roßbachstraße empfing ihren Namen von der Schlacht Friedrichs des Großen bei Roßbach am 5. 11. 1757. — 1913 wurde sie polizeilich ausgebaut und angelegt, auch pflanzte man bereits einige Rüstern an. Der Krieg stellte aber jede Bautätigkeit ein, so liegt die Straße noch unbebaut da.

Die Hindenburgschule, die jüngste große Volksschule Halles, entstand allein am Ostende der Schlosserstraße. Schon 1911 wurde die Baustelle für 28 795 ℳ angekauft; zum Bau selbst wurden 1914: 407 000 ℳ bewilligt (297 000 ℳ für das Hauptgebäude, 24 200 für die Turnhalle, 42 600 für die innere Einrichtung). Trotz des Krieges wurde der Bau Ende August 1914 in Angriff genommen, das Kellergeschoß war bis März 1915 hergestellt, und das imponierende Gebäude wurde noch während des Krieges zu Ende geführt: 3stöckig mit etwa 30 Fenstern Front, in grauem Zementputz und Schieferdach, zwei Giebeldächer flankieren die beiden Seiten. —

Die Weisestraße ist die Verlängerung der Huttenstraße über die Merseburger Straße nach Osten bis zur Roßbachstraße, läuft also von Westen nach Osten. Sie empfing ihren Namen nach dem Maschinenindustriellen Ernst Weise (* 1844), dem Mitbegründer der großartigen Maschinenfabrik Weise & Monski. siehe Merseburger Straße Nr. 149. — Die Straße wurde 1913 polizeilich angelegt und ausgebaut, ist bisher noch unbebaut, 1913 pflanzte man 19 Kugelakazien an.

Die Riedelstraße zieht sich von der Merseburger Straße ebenfalls nach Osten auf die Roßbachstraße, südlich und parallel der Weisestraße. — Sie empfing ihren Namen von dem ebenfalls bekannten Maschinenindustriellen Richard Riedel, dem Begründer der großen Hallischen Maschinenfabrik und Gießerei, siehe Merseburger Straße Nr. 154. — Die Straße wurde 1913 polizeilich angelegt und ausgebaut, ist bis jetzt unbebaut. 1913 pflanzte man 20 Platanen und 3 Rüstern an.

Die Hübnerstraße zieht sich südlich und parallel der Riedelstraße von Westen nach Osten hin. Sie erhielt ihre Bezeichnung nach dem bedeutenden Maschinenindustriellen Ernst Wolfgang Hübner (1841/1905), dem Begründer der großen Maschinenfabrik Wegelin und Hübner, siehe Merseburger Straße Nr. 153[58]). — Die Straße wurde 1913 polizeilich angelegt und ausgebaut, ist aber bis jetzt unbebaut. —

Die Artilleriestraße soll bereits vom Beesener Weg südlich an der Artilleriekaserne entlang gradaus über die Merseburger Straße weiter nach Osten bis zur alten Leipziger Chaussee führen. Ihr westliches Stück (Beesener Weg bis Merseburger

Straße) ist unbebaut; das östliche Stück (Merseburger Straße bis Alte Leipziger Chaussee) ist die ehemalige Neue Leipziger Chaussee, die schon 1846 angelegt wurde, weil die alte Leipziger Chaussee, die in die jetzige östliche Königsstraße mündete, der neu anzusetzenden Thüringer Bahn hinderlich wurde (s. Alte Leipziger Chaussee).

Die Artilleriestraße ist in ihrem östlichen Stück lediglich Chaussee, nur mit wenigen Siedlungen besetzt. Sie durchschneidet etwa in der Mitte ihres Laufes die Gleise der Thüringer Eisenbahn. — 1919 hat man einen Bebauungsplan für das Gelände zwischen der Artilleriestraße und der Alten Leipziger Chaussee fertig gestellt, hier soll eine Kleingartenstadt entstehen. Viele kleine Besitzer haben sich bereits angekauft. Sport- und Spielplätze, auch Raum für Schulbauten sind frei gelassen. Die Straßen sollen nur 5 m breit und nur chaussiert sein. 70 % der Fläche soll nicht bebaut werden.

Nr. 15, Restaurant Sportpark am Treffpunkt mit der alten Leipziger Chaussee, also am Ostende der Artilleriestraße. Etwa um 1905 erbaut. —

Nr. 20, Löfts Ziegeleien, weiter westlich vom Sportpark im Felde gelegen, ebenfalls auf der Südseite der Artilleriestraße.

Die Alte Leipziger Chaussee. Seitdem die Neue Leipziger Chaussee den Namen Artilleriestraße (s. d.) erhielt, ist dieses alte Endstück der Chaussee wieder einfach „Leipziger Chaussee" genannt worden. Sie ist eine breite, trefflich chaussierte Straße, die dem Güterbahngleise wie den Thüringer und Casseler Bahngleisen unterführt worden ist. Sie mündet in die Raffineriestraße (s. d.), ist nur mit wenigen geringen Häusern besetzt. — Ehemals führte sie bis 1846 von der Merseburger Straße die heutige ostwärts verlängerte Königsstraße entlang in direkter Linie zur jenseits des Bahnkörpers sich fortsetzenden (jetzigen) „Alten" Leipziger Chaussee. 1846 wurde die Thüringer Bahn angelegt[59]), die westlich von der Zuckerraffinerie (damals noch nicht erbaut) entlang führte. Behufs besserer Ausgestaltung des Thüringer Bahnhofs und Herstellung eines größeren Platzes für den Verkehr wurde das Stück Chaussee eingezogen und die neue Leipziger Chaussee an der Merseburger Straße hinter der Gärtnerschen Fabrik (die heutige Artilleriestraße, s. d.) angelegt. Diese überquerte im freien Felde die Schienengleise der Thüringer Bahn (wie noch heute) und mündete (am heutigen Leuchtturm) wieder in die alte Chaussee.

Nr. 20, Restaurant zum Leuchtturm, ein modernes Etablissement und beliebter Ausflugsort, gegenüber der Einmündung der Artilleriestraße (Neue Leipziger Chaussee) gelegen, mit guten Zimmern und trefflichem Garten, der sich bis an die Gleise der Leipziger Bahnlinie hinzieht. Die Wirtschaft ist etwa um 1905 entstanden.

Anhang.

1. Ueber den Verlauf der Stadtgrenze im Süden vgl. Band I, S. 9; ferner über die Entwicklung des Südviertels Band I, S. 10 und 11. — 2. Am 14. 7. 1904 starb die Stifterin Ernestine Röser, sie wurde auf dem Neumarkt-Gottesacker bestattet. — 3. Rauchfuß braute 40 000 hl und die Hallische Aktien-Bierbrauerei 32 000 hl. — 4. Er erwarb auch die Saalschloß-brauerei in Giebichenstein und erweiterte sie durch eine Malzfabrik, auch wurde das „Neue Theater" (s. Gr. Ulrichstraße) von ihm gekauft. — 5. Linkisch, pedantisch, schüchtern im äußeren Leben, besaß Semler doch einen freien, kühnen, unerschrockenen Geist: ein zäh ausdauernder und aufgeklärter Theologe, der Halle zum Hauptsitz des Rationalismus umschuf (nach dem Pietismus Franckes!). Semler war persönlich sehr einfach, ein Feind alles Prunkes und geräuschvollen Lebens. Sein letzter Wille war, daß seine Familie nur mit einem einfachen Bande um den Hut trauern sollte, seine Beisetzung sollte ohne alles Gepränge und Glockenläuten geschehen. Trotzdem ließen es sich die Studenten nicht nehmen, den verehrten Lehrer in einem großen Zug und mit 20 Marschällen an der Spitze zu Grabe zu geleiten. — 6. Leo (1799 zu Rudolstadt geboren) wandelte sich aus einem ehemaligen Burschenschaftler zu einem Hauptbeförderer der Reaktion in der inneren Politik. Schroff, rücksichtslos war er im persönlichen Verkehr freimütig, liebenswürdig, wohlwollend. Als einem Hauptgegner der Revolution war eine Zeit lang sogar sein Leben bedroht. Seit 1828 wirkte er an unsrer Universität, bis er nach mehrjährigem schweren Leiden am 24. 4. 1878 sein Leben beschloß. — 7. Der Kanzler schrieb sich stets Ludewig und nicht Ludwig, wie der hallesche Magistrat ihn schreibt. Ich werde daher stets von einer Ludewigstraße reden. Vergleiche übrigens Band I, S. 89 und S. 101 Anmerkung Nr. 16a. — 8. Die Bezeichnung Ludewigetcetera rührt davon her, daß der Kanzler ein sehr titelreicher Herr gewesen ist und seine vielen Titel zuletzt mit einem etc. abzukürzen pflegte. — 9. In der Selbstanzeige seiner vita Justiniani sagt er von sich: „Er ist in seinem bequemen und vor dem Tore wohlgelegenen Garten in etlichen Jahren nicht gewesen." — 10. Von ihm aus beobachteten die Preußen am 17. 10. 1806 die Franzosen, die von Passendorf heranrückten. Sie machten den groben Fehler, daß sie mit ihrer Artillerie gleich auf die Pulverweiden fahren wollten, ohne jede Ortskenntnis, ohne zu wissen, daß die Saale da-zwischen lag! — 11. Wegscheider war einer der edelsten Rationalisten. Er starb am 26. 1. 1849; sein Begräbnis war seinem Wunsche gemäß höchst einfach, aber 16 Studenten trugen seinen Sarg! Seine letzte Ruhestätte fand er auf dem Neumarktfriedhof neben Lafontaine, dessen Haus und Garten er übernommen hatte. — 12. Ueber Tholuck siehe Band I, S. 114 und S. 129, Anmerkung Nr. 8. — 13. Witte war s. Z. hochberühmt als das „Lochauer Wunderkind". Nach des Vaters, eines Pastoren, eigener Methode unterrichtet, bezog der Knabe schon mit 10 Jahren die Universität Leipzig, dann Göttingen, studierte Philologie, Mathematik und Naturwissenschaften, so daß er in Gießen 14 Jahre alt sein philosophisches Doktorexamen bestand; 1816 wurde er in Heidelberg zum juristischen Doktor promoviert. 1823 wurde er a. o. und 1829 o. Professor des Rechts in Breslau, 1834 siedelte er nach Halle über,

wo er fast 50 Jahre tüchtig und geachtet als Gelehrter wie als Mensch wirkte. — 14. Siehe oben „Der Rannische Platz“. — 15. Wohl in der Lange Gasse Nr. 1794, 1795, wo er wohnte, auch eine Stärkefabrik hierselbst wird noch 1845 seiner Witwe Dorothea gehörig aufgeführt; auch Nr. 1796 gehörte der Familie. — 16. Die Bezeichnung ist wie so oft nicht recht glücklich gewählt, die Straße führt zunächst nach Böllberg und nur indirekt nach Wörmlitz. — 17. Allgemein wird irrtümlich die Lage der Kapelle an der Stelle des heutigen Brunnenhauses angegeben. Sie lag an der Saale vgl Dr. I, 625, 745. Deutlicher als Dreyhaupt ist Olearius: 1615. 8. 8. ist Matthäus Untzer in der Saale beim heiligen Brunn an den Weingärten ertrunken funden. Vergleiche auch Schmieder, Topographische Mineralogie, Halle 1797 S. 45. — 18. Möglich, daß das Pfingstbier der Halloren sich hiervon ableitet. Vgl. aber auch meine „Sagen der Stadt Halle und des Saalkreises“. — 19. Dr. Stisser veröffentlichte noch ein Buch: „Kurze Nachricht von Anfang und Aufnahme auch rechtmäßigen Gebrauch des zwischen Halle und Böllberg entspringenden Gesundbrunnens“. — 20. Vgl. Leonhardi, Erdbeschreibung der Preußischen Monarchie IV, 1 S. 340. — 21. Theodor Schmidt hinterließ 175 000 ℳ zur Errichtung einer wohltätigen Anstalt, die den Namen des Erblassers tragen sollte. Der Bau allein kostete 67 674 ℳ. — 22. Siehe auch Band I, S. 98, Kleine Steinstraße Nr. 6. — 23. Ueber Wolf siehe Band I, S. 51 (Gr. Merkerstraße Nr. 10) und ferner ebendaselbst S. 119 (Barfüßerkloster und Stadtschule). — 24. Ueber Stryk siehe Band I, 208. — 25. Ueber Canstein siehe Franckesche Stiftungen. — 26. Am 27. 7. 1692 kam der neue Kanzler der Akademie Veit Ludwig von Seckendorf mit seiner Familie in Halle an und bezog sein Haus in der Galgstraße, das vorden Küchenmeister gehört hatte. Er starb aber schon am 18. 12. 1692. Seine Leiche wurde am 29. 12. auf einem Leichenwagen mit 6 Pferden nach Meuselwitz geführt. Thomasius hielt ihm vor dem Galgtor, (auf dem heutigen Riebeckplatz) eine Parentation. — 27. Ueber Jonas vgl. auch Band I, Schmeerstraße, Goldenes Schlößchen. — 27a. Es wurde dem Jubilar durch den Magistrat mitgeteilt, daß eine von der Beesener- nach der Liebenauer Straße führende Straße seinen Namen erhalten sollte. Später kürzte man jedoch die Strecke um die Hälfte. Der Tote erlebte es ja nicht mehr! — 28. Vgl Band I, Kühler Brunnen, S. 208 u. f. — 29. Ueber Nikolaus Hofmann siehe Band I, Marienkirche, Rathaus und Brüderstraße. — 30. Siehe Schmeerstraße Goldenes Schlößchen, ferner Marienkirche, Marienbibliothek. — 31. Nach der schweren Choleraepidemie 1866 erbaute man die neue Leitung, schon 1868 konnte die gesamte Stadt mit dem gesünderen Wasser aus der Gerwische versorgt werden. Die Kosten der neuen Leitung betrugen (1868): 1 267 496 ℳ. Der zweite Wasserturm wurde 1880 an der Magdeburger Straße, der dritte 1898 auf dem Roßplatz angelegt. — 32. Dieser Straßename ist wie öfters ein ganz unglücklich gewählter Verlegenheitsname. Die Straße führt weder noch zeigt sie nach Lauchstedt, sie konnte jeden beliebigen anderen Namen auch tragen. — 32a. Die Geistlichen der Ulrichsgemeinde predigten hier abwechselnd mit denen der Domgemeinde. Erst 1889 wurde ein Hilfsprediger ernannt. — 33. Vgl. über seinen Aufenthalt in unserer Gegend meine Erzählung: Das Wunder der heiligen Jungfrau in Osmünde (1511) im Heimatkalender für Halle und den Saalkreis 1920. — 33a. Die heilige Barbara war zu Nikomedien von heidnischen Eltern geboren. Sie lernte als Jungfrau die christliche Religion kennen und nahm sie an. Als der Vater dies erfuhr, wollte er sie mit der schrecklichsten Grausamkeit zum Heidentume zurückbringen. Er soll sie mit Riemen gegeißelt, mit Fackeln gebrannt, ja ihr selbst die Brüste abgeschnitten haben. Sie klagte über nichts, nur daß sie unbekleidet einhergehen mußte. Endlich erstach er sie mit dem Schwerte. Der Vater wurde bald darauf zur Strafe vom Blitz getroffen, darum ist die Heilige die Schutzpatronin gegen Blitz und allen Feuerschaden und so auch der Feuerwerker in der Artillerie. Im Orient wie im Occident wurde ihr große Verehrung zu teil. Ihr Tag ist der 4. Dezember; sie starb 253 n. Chr. — 34. Die Hauptfeuerwache in der Margaretenstraße (1892 vollendet) reichte keineswegs mehr aus, um so weniger, als 1904 die freiwillige Feuerwehr aufgelöst wurde und die Berufsfeuerwehr für das gewaltig ausgedehnte Stadtgebiet nach Süd und Nord viel zu schwach war. — 34a. So wurden die Centralheizungen des Gymnasiums, der Landwirtschaftskammer, des neuen Justizgebäudes von der Firma geliefert. Die letzte Heizung stellt einen Wert von über 80 000 ℳ dar. — 35. Ueber Thomasius vgl. Band I, Gr. Ulrichsstraße Nr. 2. Seite 137, ferner Markt, Wagegebäude. — 36. Er führte von der Lindenstraße zwischen dem Leuchteschen Wohnhause und der Lorenzschen Stärkefabrik zur Pfännerhöhe. — 37. Dieser Vorkämpfer gegen den Ultramontanismus und glänzende Kanzelredner wohnte an dem Kirchtor (1900: Am Kirchtor Nr. 9 früher wurde das Haus Nr. 11 numeriert), in einem idyllisch in einem großen Garten gelegenen, von wildem Wein umrankten, im Schweizerstil erbauten Hause; ein trauliches Heim für den großen Gelehrten, den wir dort gern aufsuchten; leider mußte es bald nach dem Tode des Besitzers neuen, kälteren Prachtbauten weichen. — 38. Siehe Band I, Seite 147, Kleine Ulrichstraße Nr. 18, auch I, S. 127. — 39. Die andere ist die Stange-Seydlitzsche in der Karlstraße. — 40. Leopold Friedrich Streiber war 1767 in Halle geboren worden, von 1808 bis 1828 verwaltete er als Maire und später als preußischer Oberbürgermeister und Landrat sein schweres und verantwortungsvolles Amt in würdiger und tüchtiger Weise. — 41. Ueber Bernhardy siehe auch Band I, S. 51. Er wurde 1829 als ordentlicher Professor der Philologie und Mitdirektor des philologischen Seminars nach Halle berufen, wurde auch 1844 Leiter unserer Bibliothek, die er besonders in seinem Fache sehr erweiterte. — 42. Rudolf Haym wohnte wie Beyschlag ebenfalls an dem Kirchtor, und zwar in dem Dzondischen Garten (s. später). In dem alten, gemütlichen, nun längst abgerissenen Hause, wie in dem großen, baumbestandenen, parkhaften Garten, der sich an der Mühlgrabensaale hinzog, in dieser Welt seines Alters, sahen wir noch oft den scharfsinnigen, geistreichen Forscher Herders und der Frühromantiker, nachdem er sich von dem unruhevollen politischen Leben zurückgezogen hatte. — 43. Die Pfänner hatten sich selbst in der Tat sehr strenge Gesetze gegeben, so wurden Vergehen gegen die allmählich entstandene Pfännerordnung mit schweren Geldstrafen belegt, größere Entnahme der zu versiedenden Sole zog die Todesstrafe nach sich. — 44. Von 1886/1893, 7 Jahre hindurch, hat man den Kindersaal der Kinderbewahranstalt (s. Lauchstedter Straße) als Predigt- und Betsaal benutzt. Die Geistlichen der Ulrichs- wie der Domgemeinde predigten dort abwechselnd, bis im Oktober 1889 ein Hilfsprediger mit Bewilligung des Parochialverbandes angestellt werden konnte. — 45. Fahro ist in Halle 1857 als Sohn eines Zimmermanns geboren worden, er lernte bei dem berühmten Kirchenbaumeister Hase. Er erbaute u. a. auch die neue Kirche der Diakonissenanstalt am Mühlwege. — 45a. Vgl. die Johanniskirche in Halle a. d. S. nebst den bei ihrer Einweihung gehaltenen Reden vom dortigen Pastor Gerhard Faßmer Halle 1893. — 46. Die eigentliche Thüringer Land- und Heerstraße zog sich jedoch westlich von Merseburg über Benndorf, Lauchstädt, Delitz a. B., Holleben, Passendorf über die Hohe Brücke nach Halle. — 47. Die Chaussee-**einnahme** befand sich in Ammendorf. — 47a. Die elektrische Fernbahn entwickelte sich kräftig, sie beförderte in dem ersten Jahre 1902/3: 1 142 347 Personen; 1903/4: 1 363 487; 1904/5: 1 418 079; 1905/6: 1 642 568; 1906/7: 1 768 163; 1907/8: 1 835 913. Das gesamte Personal betrug 1907: 85 Mann; man besaß 15 elektr. Motorwagen und 15 Personenwagen; durch das Aufblühen Ammendorfs steigerte sich der Arbeiterverkehr sehr bedeutend. — 48. Es wurden 4 % Mietszins für das Baugelände und 5 % für die Baukosten erstattet; für den Quadratmeter wurden 2 ℳ Wertpreis festgesetzt. — 49. Monski trennte sich bereits 1876 und betrieb in Eilenburg eine eigene Fabrik für Dampfmaschinen usw. — 50. Der gewaltige Aufschwung unserer deutschen und hier speziell hallischen Maschinenindustrie war nicht zum geringsten Teil durch den siegreichen deutsch-französischen Krieg 1870/1 bewirkt worden. Welch ein furchtbarer Unterschied zwischen damals und heute, nach dem heldenmütig geführten und dann schmählich verratenen deutschen Weltkriege! — 51. Riedel hatte die kreisförmige Anordnung der Batterien bei der Saftgewinnung aus den Zuckerrüben erfunden. Schon 1879 wurden 15 Zuckerfabriken nach seinem System umgebaut. — 52. Das Unternehmen traf mancherlei soziale Einrichtungen; seit 1890 war jeder Arbeiter Teilnehmer am Gewinn, 800 000 ℳ wurden in 17 Jahren an sie ausgezahlt! Um 1900 wurde ein Arbeiterwohlfahrtsgebäude für 35 000 ℳ aufgeführt, ferner wurde eine eigene Betriebskrankenkasse mit großen Unterstützungen auch in Zeiten der Not, Unfälle, Invalidität gegründet. — 53. Außer dem Stadttheater existierten zur Zeit (1919) zwei Varietétheater in Halle: das Walhallatheater (Gr. Steinstraße Nr. 45) und das Apollotheater, ferner zwei große Lichtspielhäuser, das Passage- und das Astoriatheater. — 54. Er ist ein reiner Verlegenheitsname, der weder durch die Richtung, Lage der Straße noch durch irgend etwas anderes gerechtfertigt ist. — 55. Auch dieser Name ist nur ein Verlegenheitsname. — 56. Die erste Zuckerraffinerie befand sich auf dem Kleinen Berlin Nr. 2 (siehe Band I S. 55), die zweite auf dem Hospitalplatz in Glaucha (siehe Glauchaerstraße). — 57. Der Name der Straße ist ebenfalls eine Verlegenheitsbenennung. — 58. Der Mitbegründer Albert Wegelin starb bereits 1888, so führte Ernst Hübner den großartigen Betrieb 12 Jahre zu immer größerer Blüte weiter fort, bis zur Umwandlung in eine Aktiengesellschaft 1899. — 59. Die Thüringer Bahn wurde von einer Gesellschaft erbaut, war also kein Staatsunternehmen. Die Stadt Halle beteiligte sich mit bedeutender Aktienzeichnung daran. Die neue Bahn mußte sich bei Halle unmittelbar an die Magdeburg-Leipziger Bahn anschließen, dies war mit Sachsen, Weimar und Sachsen-Gotha vereinbart worden. Die Stadt Halle jedoch hatte einen Bahnhof auf dem damals unbebauten Königsviertel-Gelände (s. d.) gewünscht. —

Das Königsviertel. Allgemeines.

Das Königsviertel ist das Gelände der Königsstraße als der Hauptstraße und das ihrer Nebenstraßen rechts und links bis zur Merseburger Straße. Es wird im Westen von den Anlagen der Neuen Promenade und den Franckeschen Stiftungen begrenzt, im Süden von der Lindenstraße, im Osten von der Merseburger Straße und im Norden von der Franckestraße. Es umfaßt folgende Straßen: die Königs-, Francke-, Prinzen-, (ehemals Bahnhofsstraße), Landwehr-, Blücher-, Niemeyerstraße; wir werden aber die Nebenstraßen der östlichen Königsstraße: die Kirchner-, Budde- und Maybachstraße, ferner die Thielenstraße dem Königsviertel anschließen.

Unser Königsviertel im Südosten der Altstadt und das Luckeviertel im Nordosten sind die beiden ersten großen Erweiterungen über den mittelalterlichen Ring unserer Stadt: sie setzen jedoch erst um 1855 ein.

Das älteste Aussehen unseres Viertels — im Mittelalter — war keineswegs ein erfreuliches. Zwar erhoben sich südlich der Befestigungen, also auf der Westseite des Viertels, auf dem ansteigenden Ostgelände der Franckeschen Stiftungen Kirschgärten und Weinberge, die hallischen Einwohnern gehörten. Sie zogen sich bis zum Rannischen Außentore hinüber. Aber gleich hinter diesen (südwestlich vom Telegraphenamt, Königsstraße Nr. 88) lag ein ziemlich großer Teich, der Lehmteich oder später der Rote Teich genannt; ein großer, seichter Schilfrand umgab ihn, und mancherlei Sagen umwoben ihn; doch das Land, das sich über den heutigen Königsplatz und nördlich der Königsstraße bis zur Merseburger Straße hinzog, hatte ein ziemlich wüstes Aussehen. Es war von alters her die sogenannte Lehm- oder Leimbreite. Dornen und Disteln und ein paar kümmerliche Bäume bestanden das von großen Lehmgruben durchbrochene Terrain. Jeder hallische Bürger durfte hier seinen Lehm unentgeltlich graben; es war dies ein großes Privilegium, da man die Häuser-, Hof- und Gartenwände zumeist mit Lehm und Stroh und anderen Zutaten, mit sogenannten Wellerwänden, errichtete. In diesen Lehmgruben trat der gewaltige Lehmstreifen zu Tage, der sich im Osten von unserer Altstadt Halle von Norden nach Süden entlang zieht, von der Gütchenstraßengegend und vom oberen Steintor (Grüner Hof), wo man ebenfalls Lehm grub, über die Magdeburger Straße durch den Stadtgottesacker — auch hier grub man schon im Mittelalter Lehm[1]) — über die obere Leipziger Straße in unser Königsviertel (die Lehmbreite) und von hier durch die Franckeschen Stiftungen nach Süden weiter. Dieser Lehm führt zuweilen erratische Blöcke mit sich, er gehört dem Diluvium an; in der Lindenstraße fand er sich bei einem Bohrversuche bis über 50 Fuß mächtig.

Ich vermute, daß schon zu Erzbischof Günthers (von Schwarzburg) Zeiten eine gewisse Aenderung des Landschaftsbildes eintrat. Denn bereits im 15. Jhdt., nicht erst im 16. Jhdt., wie man bisher annahm, erhob sich im Osten und Süden unseres Geländes, etwa vom oberen Galgtor (Riebeckplatz) bis zum oberen Rannischen Tore (Rannischen Platz), also in der Richtung der Landwehr- und der Lindenstraße, eine lange Schanzenbefestigung. Bereits Spittendorf erwähnt in der Grenzbeschreibung (1473) diese landtwere oberhalb des Galgtors bis zum Steinweg. Es war wohl dieser gewaltige Schanzgraben in den Fehden des kriegerischen Erzbischofs gegen die Stadt Halle von dieser errichtet worden, etwa nach 1422[1a]). Diese Landwehr ist eine provisorische Feldbefestigung, die man zum Schutze der eigentlichen Stadtbefestigung vorgeschoben hatte, sie wurde als Erdwall mit Pallisaden und tiefem Graben davor hergestellt; auch bestückte man sie, d. h. sie besaß eine breite Krone mit Geschützen. Dies scheint bei unserer Landwehr, nach den Resten zu urteilen, der Fall gewesen zu sein. — Unsere Schanzbefestigung wurde dann 1547 im Februar durch den Kurfürsten Johann Friedrich von Sachsen im Schmalkaldischen Kriege von neuem verstärkt; Herzog Moritz von Sachsen drohte Halle zu überrumpeln. Der Kurfürst befahl dem Rate, die Stadt so viel es ging zu befestigen; er sandte Offiziere, unter deren Anleitung die Hallknechte, die Halloren, die gewaltige Schanze mit vertieftem Graben an dieser schwachen Stelle der Stadt von neuem bauen und verstärken mußten. Dies geschah in wenigen Tagen.[2]) Der Kurfürst konnte die Ueberrumpelung durch schnelles Zuvorkommen und Angreifen in des Feindes eigenem Land vereiteln. Die große Befestigung ist bis zur Bebauung des Königsviertels bezw. der Landwehr- und Lindenstraße sichtbar gewesen; Reste von ihr kann man noch jetzt verfolgen.

Oestlich der Lehmgruben bis zur Merseburger Straße und darüber erhoben sich eine Anzahl Salpeterwände, zum Teil wohl schon im 16. bezw. 17. Jhdt. errichtet. Salpeter wurde zur Pulverbereitung gebraucht; Salpeter zu sieden war ein Hoheitsrecht, dessen sich schon Erzbischof Günther 1419 bediente.[3]) Der Salpeter wurde durch die sogenannte Salpeterkehre, durch das Kratzen der Salpetererde von Lehm- und Wellerwänden gewonnen. Man legte deshalb große Lehmwände an, von denen der Salpeter abgekratzt wurde, ja Friedrich Wilhelm I. befahl allen Städten und Dörfern je nach Verhältnis solche öffentlichen Salpeterwände anzulegen, damit die Salpetersieder die Lehmwände der Gärten, Höfe und Häuser verschonten und nicht mehr durch Abkratzen beschädigten.

Zu Beginn des 18. Jhdts. finden wir Weinberge und Kirschgärten vermischt auf dem Gebiete südlich der Königsstraße (Franckesche Stiftungen), darüber hinaus weite Felder; die Lehmbreite selbst blieb nach wie vor wüste und öde. Der Zugang zu ihr war am Knie der heutigen Königsstraße (jetzige Waisenhausapotheke) verschlossen, Baumplantagen lagen hier (der Langesche und der Schmidtsche Garten), welche die Franckeschen Stiftungen kauften, um ihren Apothekergarten hier anzulegen (s. die Stiftungen). Der große Lehmteich an dem Roten Tore der Stiftungen wurde 1756 von der Stadt den Stiftungen überlassen, die das Teichwasser durch Röhren ableiten mußten, damit es nicht die benachbarten Hospitaläcker überschwemmte. — Große Gärten zogen sich nördlich bis zur „Kurzen Gasse" hin; der spätere Mireutersche Garten und östlich hinter diesem der Köhlersche Garten (zwischen oberer Leipziger Straße und Franckestraße). An diesem Köhlerschen Garten begrub man 1813 die vielen unglücklichen Opfer aus der Schlacht bei Leipzig, die in dem großen Lazarett der Franckeschen Stiftungen teils an ihren Wunden, teils am Lazarettfieber verstarben (vgl. Königsplatz). Lehmgruben, Roter Teich und die wüste dorn- und distelbestandene Breite blieben bestehen. —

Allmählich begann man an einen Durchbruch, an eine Erschließung der Lehmbreite durch eine Straße von Norden her, östlich der Stiftungen, zu denken. Den ersten Anstoß dazu gab die Erbauung der Thüringer Eisenbahn (s. Alte Leipziger Chaussee). Diese Bahn sollte über Gotha, Weimar nach Halle, als ihren Endpuntt, führen. Sie wurde 1844 festgelegt, eine Gesellschaft baute sie. Die Stadt Halle wünschte nun Glaucha und den Strohhof besser und schneller mit dem Bahnhof der neuen Bahn zu verbinden, plante einen Durchbruch durch den Apothekergarten der Stiftungen, und gleich dahinter zwischen Franckeschen Stiftungen und Merseburger Straße, also auf dem Königsviertel, sollte der neue Bahnhof errichtet werden. Sie selbst wollte der Gesellschaft einen Baubeitrag von 15 000 Talern leisten. Die Gesellschaft mußte jedoch laut Vertrag mit Weimar und Gotha ihren Bahnhof in der Nähe des Magdeburg-Leipziger Bahnhofs erbauen (Thüringer Bahnhof s. Thüringer Straße).

Zur Anlegung einer Fahrstraße traten die Stiftungen schon 1848 an die Stadt 183 Quadratruten ab, ferner wurden 200 Quadratruten für 500 Taler erworben. — 1853 erteilte eine besondere Kabinettsordre die Genehmigung, daß die neue Hauptstraße, die durch das zu bebauende Gelände der Lehmbreite führte, den Namen Königsstraße (nach dem König Friedrich Wilhelm IV.) erhalten sollte. Die Straße war damals mit 2 Häusern besetzt. — Auch dachte man an den Bau einer besonderen Kirche für das neue Viertel und zwar auf dem Gelände der jetzigen Häuser Königsstraße Nr. 80/83; man schlug es aber später zu der nächstgelegenen Kirche, zur Ulrichskirche. — 1858 legte man die Königsstraße in ihrer heutigen Breite durch den Apothekergarten, nun erst war das neue Baugelände mit der Stadt verbunden. Es bildete sich die Lehmbreite-Sozietät, die den Ausbau der Lehmbreite in Angriff nahm. Zunächst wurde 1859 der große und tiefe Lehmteich oder Rote Teich den Besitzern der Lehmbreite zum Ausfüllen überlassen, dann wurde ein Teil der damals noch an ihrem Westende geknickten, erst 1870 vollständig gerade gelegten Franckestraße gepflastert: auch die Franckenzwingerstraße (an den Mauern der Stiftungen emporführend) wurde teilweise gepflastert. — Die Blücherstraße (bereits 1855 benannt) und die Niemeyerstraße (1864 benannt) begannen zu entstehen, auch die Bahnhofstraße (jetzige Prinzenstraße), während die Landwehrstraße bereits 1854 benannt worden war. — Ein neues Stadttor, das Königstor, entstand, wo heute Stadtschützenhaus und Reichsbankgebäude die Straße flankieren. Es war eine Torbarrière und Hebestelle der mahl- und schlachtsteuerpflichtigen Gegenstände. — 1863 wurde der Königsplatz reguliert; in diesem Jahre wurde auch das kleine Kriegerdenkmal, oberhalb des Abhangs nach der Volksschule der Neuen Promenade zu, eine Korinthische Säule mit einer Viktoria, vom Steinhauermeister Merkel aus Anlaß der 50 jährigen Erinnerungsfeier des 18. Oktober 1813 der Stadt zum Eigentum übergeben. — Um den Verkehr und die Gegend zu heben, begründete man 1868 einen Wollmarkt auf dem Königsplatz, nach seinem Eingehen 1869 legte man einen Gemüsemarkt auf ihn, der freilich auch bald wieder einschlief. Auch eine Fabrikanlage entstand 1866 an der Königsstraße, die von Riedel und Kemnitz, der Anfang der großen hallischen Maschinenfabrik (vgl. Merseburger Straße Nr. 154). — Um 1870 finden sich in der Königsvorstadt nur noch sehr wenige unbebaute Stellen; stattliche Bauten entstehen: das große Gesellschaftshaus der Stadtschützengesellschaft (1871), der damals schloßhaft genannte Bau des Telegraphenamtes war schon 1865 aufgeführt worden, die Waisenhausapotheke war bereits 1869/70 erbaut worden; 1877 erstand das Reichsbankgebäude, das neue Steuerkontrollhaus, das 1869 erbaut worden war, etwa heutige Königsstraße Nr. 9, wurde nach Aufhören der Mahl- und Schlachtsteuer 1875 von der Stadt an den Geheimen Medizinalrat Krahmer für 9510 ℳ verkauft, nachdem die Stadt den Staatsanteil für 3996 ℳ gekauft hatte. — Die Hauptstraße des Viertels, die Königsstraße, erhielt als neuen Zuwachs das Anfangsstück der alten Leipziger Chaussee, so daß sie jetzt die Merseburger Straße durchschneidet und auf die Raffineriestraße mündet. Es ist mit den anliegenden Straßen am spätesten bebaut worden.

Die Königsstraße, der Königsplatz.

Die Königsstraße[1]), die Hauptstraße des Königsviertels, erhielt am 4. 4. 1853 ihren Namen durch Kabinettsordre vom König Friedrich Wilhelm IV. Damals war sie (bis nach 1855) nur mit 2 Häusern besetzt. Sie sollte die Franckenzwingerstraße direkt mit der Merseburger Chaussee (Straße) verbinden und der südlichen Altstadt nebst Glaucha und dem Strohhof eine schnellere

Verbindung mit dem Bahnhof gewähren. — 1858 wird sie in der heutigen Breite durch den Apothekergarten der Franckeschen Stiftungen gelegt, sie ist als Verlängerung der alten Leipziger Chaussee über die Merseburgerstraße zur Altstadt gedacht worden. – 1862: 8 Häuser, 1870: 36 Häuser. — 1872 beginnt man Plattentrottoir zu legen. Auch werden die Anlagen vor dem Telegraphenamt 1872 geschaffen. — 1875 geht das Königstor und sein Kontrollhaus (zwischen Stadtschützenhaus und späterem Reichsbankgebäude) wieder ein.

Die Königsstraße beginnt am Leipziger Turm, geht erst nach Süden, bis sie am kleinen Kriegerdenkmal in südöstlicher Richtung sich fortsetzt. Man kann sie in 3 Teile mit verschiedenartigem Charakter zerlegen: der erste Teil reicht bis zum kleinen Kriegerdenkmal, er ist bereits von hohen, aneinandergebauten, älteren Mietshäusern besetzt, rechts begrenzen ihn die Anlagen der Neuen Promenade. Der zweite Teil führt bis zur Merseburger Straße und ist abgesehen vom Königsplatz beiderseits mit hohen gleichmäßigen älteren, aber besseren Mietshäusern bebaut und auf der Nordseite mit Bäumen bepflanzt. Der dritte Teil jenseits der Merseburger Straße (die Alte Leipziger Chausseestrecke) ist mit modernen, geschmackvollen Mietshäusern (Nr. 24/72) und zwei Reihen Bäumen besetzt.

Nr. 1. Das ehemalige Hallersche Hausgrundstück (und Leipziger Straße Nr. 84) wurde der Stadtgemeinde Halle schuld- und lastenfrei übereignet mit der Verpflichtung, dem bisherigen Besitzer Karl Haller eine lebenslängliche jährliche Rente von 7200 ℳ zu zahlen. Die Rentenzahlung begann am 1. 3. 1903. Das Grundstück hatte einen Wert von 142 000 ℳ und eine Jahresnutzung von 7900 ℳ. – Im Erdgeschoß befindet sich die Volkskaffeehalle. Ehemals besaß sie ein kleines Häuschen in der Promenade am Leipziger Turm; es ist 1909 abgebrochen worden. Es war die erste Volkskaffeehalle, die der Verein für Volkswohl errichten ließ.[5])

Nr. 4. Kohls Restaurant, eine altbekannte Wirtschaft, die auch hallischen Dichtern und Autoren als Versammlungsort diente, so trafen wir dort Gustav Emil Barthel, Adolf Brieger, Kurt von Rohrscheidt, die Beiträger des Sächs.-thüringischen Dichterbuches (1884. 1887), wie der Hallischen Mappe (1910). —

Nr. 6 Ritters Pianofortefabrik. Sie befindet sich in einem mit Querhaus verbundenen Doppelhinterhause von 4 Stock und 9 Fenstern Front, in grauen Backsteinen erbaut. Die Fabrik ist 1828 gegründet, sie besitzt eine Filialfabrik und ein Holzlager Dessauer Straße Nr. 53 und ein Detailgeschäft in Leipziger Straße Nr. 73. —

Nr. 63. Dampfkesselfabrik F. Schmidt, Zweigniederlassung der Sangerhäuser Aktien=Maschinenfabrik und Eisengießerei. Ein Eckgrundstück, dessen Gelände auch an der Bruckdorfer Straße liegt (s. d.).

Nr. 83. Hier begründeten 1866 die Ingenieure Riedel und Kemnitz ihre kleine Fabrik mit einer sechspferdigen Dampfmaschine; es war der Anfang der heutigen gewaltigen hallischen Maschinenfabrik in der Merseburgerstraße Nr 154 (s. d.).

Nr. 84. Iduna, Lebens=, Pensions= und Leibrenten=Versicherungsgesellschaft auf Gegenseitigkeit und Feuer=, Unfall=, Haftpflicht=, Rückversicherungsgesellschaft, 1854 gegründet. Zu dem großen Vordergebäude gehört ein staatliches, vielstöckiges, stilvoll errichtetes Hintergebäude, in dem sich die Büroräume der Gesellschaft befinden. Die Iduna, die ihren Namen nach der nordischen Göttin Iduna, der Göttin des ewig wiederkehrenden Lebens der Natur, erhielt, ist die erste auf Gegenseitigkeit gegründete preußische Lebensversicherung.[6]) Außer der großen Lebensversicherung richtete die Gesellschaft bald auch eine allgemeine Sterbekasse (Sterbegelder von 50 bis 200 Taler wurden versichert) ein; so betrieb sie die sogenannte kleine Volksversicherung in dieser wie auch in anderen Formen als erste Gesellschaft. — Ende 1919 betrug der gesamte Versicherungsbestand 754 174 Versicherungen über 553 567 963 ℳ Kapital und 1962 Versicherungen über 875 238 ℳ Rente. Der andere Zweig der Feuerversicherungen usw. erreichte eine Prämieneinnahme von 13 803 720 ℳ. —

Nr. 85. Bis 1904 befand sich hier die Königsstädtische höhere Privatmädchenschule, seit dieser Zeit in der Dryanderstraße Nr. 10 (s. d.).

Nr. 88 ist die ehemalige Telegraphenstation, die als ein „schloßartiges“ Gebäude 1865 gegenüber dem Königstore erbaut wurde. Halle war der Knotenpunkt von 7 verschiedenen Linien, schon seit 1859 befand sich ein Obertelegrapheninspektor in der Stadt. — 1848 war die erste größere Telegraphenlinie Preußens von Berlin nach Frankfurt a. M. lediglich zur Beförderung von Staatsdepeschen angelegt worden und zwar über Jüterbog, Köthen, Halle, Erfurt, Kassel. Diese Orte waren Vermittlungstelegraphenstationen, da ein direkter Verkehr zwischen Berlin und Frankfurt wegen der unvollkommenen Apparate noch nicht möglich war. 1849 wurde der Telegraph auch dem Publikum zur Benutzung übergeben. Bald wurden von Halle aus auch nach anderen Orten Linien angelegt, zunächst nach Leipzig. Da der Verkehr immer stärker wurde, war das Telegraphenzimmer in dem Thüringer Bahnhof zu klein, und nach anderen Erweiterungen entschloß man sich, ein eigenes großes Gebäude an der Königsstraße aufzuführen, ein vierstöckiges, glatt geputztes Haus mit je einem turmhaften Aufbau beiderseits. 1864 war das Personal: 1 Obertelegrapheninspektor, 1 Vertreter, 2 Telegraphensekretäre, 15 Obertelegraphisten, 8 Telegraphisten, 4 Boten. Es wurden hier in Halle aufgegeben bezw. trafen ein: 22000 Lokaldepeschen, dagegen war die Zahl der Durchgangsdepeschen 100000 Stück. Die Einnahmen nur 4100 Taler, die Ausgaben 19600 Taler, also ein staatlicher Zuschuß von 15500 Talern! — Nach dem Bau der neuen großen Post in der Gr. Steinstraße (s. d.) wurde unser Telegraphengebäude auch anderweitig benutzt: als Postverwaltungsgebäude, dann als Sitz der Einkommensteuer-Veranlagungskommission, jetzt als Sitz der Finanzämter einer Republik Deutschland!

Nr. 89. Die Reichsbankstelle, ein 3stöckiges, in gelben Klinkern erbautes Eckhaus mit 9 Fenstern Front nach der Königsstraße, 1877/78 erbaut. Die Reichsbank entwickelte sich 1875 aus der Königlichen Preußischen Bank. Diese hatte bereits 1850 eine Kommandite hier. 1859 wurde das Königliche Bankgebäude (zwischen Schulstraße und jetzigem Archäologischen Museum) an der Alten Promenade (damals Nr. 2b) errichtet (siehe Band I, S. 126).[7]) Nach der Verwandlung der Preußischen Bank in die Reichsbank baute man 1877/78 das neue Gebäude an der Königsstraße, dessen Baufleck man von den Franckeschen Stiftungen erwarb. Das Personal war: 1 Justitiar, 2 Vorstandsbeamte, 1 Buchhalter, 1 Kassierer, 2 Buchhalterassistenten, 4 Kassendiener. 1879 nahm die hallische Reichsbankstelle die 19. Stelle unter den 60 Reichsbankstellen ein.[8])

Nr. 90/93 sind auf Baustellen gebaut, die 1871 die Franckeschen Stiftungen von dem ehemals viel größeren Apothekergarten abschnitten und verkauften (s. Franckesche Stiftungen). —

Nr. 94 ist die Waisenhausapotheke, in gelben Klinkern 1869 erbaut und 1870 bezogen (s. Franckeschen Stiftungen). —

Der Königsplatz, ursprünglich ein Teil der wüsten und öden Lehmbreite, auch die Kleine Wiese genannt, auf der man 1813/14 die in der Völkerschlacht bei Leipzig verwundeten und im Lazarett der Franckeschen Stiftungen verstorbenen russischen und preußischen Krieger begrub.[9]) All die Verwundeten, die an einem Tage starben, wurden in einem Schuppen auf dem Bauhof der Stiftungen gesammelt und am anderen Morgen auf einem Bretterwagen vor das Rote Tor gefahren auf die Kleine Wiese, wo man die Leichen nackt in einer großen, tiefen

Grube übereinander schichtete und mit einem Sacktuch bedeckte ehe man die Grube schloß. — Das Zimmergewerk der Stadt Halle errichtete einen Obelisken, der aus einem Eichenstamm gearbeitet, mit Oelfarbe und feinem Sand überzogen, das Aussehen eines Steines hatte. Zur Erhaltung schenkte der Zar Alexander I. von Rußland 911 M, über deren Zinsen der Vorstand des Zimmergewerks zu entscheiden hatte.[10]) Am 18. 10. 1833 errichtete man das steinerne Denkmal, am 3. 8. 1839 umgab man es mit einem eisernen Gitter[11]) und gelegentlich der 50jährigen Gedenkfeier am 18. 10. 1863 mit einem Treppenaufgang im Westen. Der Obelisk ist mit einem Landwehrkreuz geschmückt und trägt auf seinen 4 Seiten folgende Inschriften: „Den Tapfern — die bei Leipzig — im Kampfe — für das Vaterland — verwundet — in Halle — ihren Heldengeist — aufgaben — und deren Gebeine — diese Erde deckt — errichtete — aus Dankbarkeit — dieß Denkmal — das Zimmergewerk — der Stadt Halle — am Jahrestage — Friedrich Wilhelms — des guten Vaters — eines treuen Volkes — MDCCCXIV.“ — Auf den vier Seiten des Postamentes steht: „Sie ruhen hier — von ihrer Arbeit — und ihre Werke — folgen ihnen nach.“ —

1853 wurde der Platz, der schon 1830 mit einigen Anlagen um das Denkmal bepflanzt war, durch eine Kabinettsordre des Königs Friedrich Wilhelms IV. „Königsplatz“ genannt. — 1863 wurde der Platz für 378 Taler reguliert. — 1868 begründete man einen Wollmarkt auf ihm,[12]) 1869 auch einen Gemüsemarkt. 1871. 11. und 12. 6. fand der letzte Wollmarkt statt, auch der Gemüsemarkt schlief wieder ein. Und nun 1874 bepflanzte man den Platz mit Anlagen für 1403 Taler Unkosten. — Allerlei stattliche Gebäude entwickelten sich an ihm, der Königsplatz zählte damals eine Anzahl eigener Häuser, so als Nr. 1 das Stadtschützenhaus (1871 erbaut), Nr. 2 das Wohnhaus des Oberbürgermeisters Voß (1872/4 erbaut), Nr. 4 das Haus des Zimmermeisters Poppe, dann die Häuser des Kaufmanns Reußner, des Restaurateurs Grebin, des Zimmermeisters Dönitz (alle 1871 entstanden). — 1874 wurde Plattentrottoir auf dem Bürgersteige gelegt. — 1878: 7 Häuser.

Die übrigen Straßen.

Die Franckestraße (ehemals Franckenstraße) erhielt den Namen nach dem Stifter des Waisenhauses und der Franckeschen Stiftungen A. H. Francke (1663/1727). Sie bestand anfangs nur aus dem Stück Königsplatz bis Leipziger Platz (Riebeck

Platz); 1878: 7 Häuser: erst später wurden die Häuser am Königsplatze hinzugerechnet (s. Königsplatz). — Sie geht von Osten nach Westen und verbindet die Bahnhofsgegend und den Riebeckplatz mit der Königsstraße und der südlichen Altstadt. — Als eine der ältesten Straßen des Königsviertels ist sie schon vor 1853 entstanden: sie wurde vom Leipziger Platz aus zu bauen begonnen. — 1859 wurde sie teilweise gepflastert. — 1871 wurde sie reguliert, indem ihr heutiges Westende an der Königsstraße, das stark vorsprang, gerade gelegt wurde, so daß es auf die Anlage zwischen Reichsbankgebäude und Telegraphenamt stieß: man mußte unter Opfern Gelände der Hintergrundstücke der oberen Leipziger Straße erwerben. — 1874/5 belegte man den Bürgersteig mit Platten. — 1889 führte man die elektrische Straßenbahnlinie vom Hauptbahnhof über die Franckestraße zur Mansfelder Straße und zwar damals noch durch die Rannische-Schmeerstraße, oberen Markt an der Marktkirche vorbei. — Die Straße ist 22 Schritte breit. 1915: 15 Häuser und 19 Straßennummern.

Nr. 1. Gesellschaftshaus der Stadtschützengesellschaft, ein 3stöckiges, palaishaft erbautes, langgestrecktes Haus in glattem Putz mit Portalsäulen und Balkon und großen, stattlichen Sälen. Es entstand 1871 auf dem Wertherschen Gartengrundstück. — Ueber die Geschichte der Stadtschützen siehe Band I, Poststraße S. 84/85. —

Nr. 5. Die Handelskammer, ein 2stöckiges Gebäude mit 6 breiten Fenstern Front im Renaissancestil erbaut mit seitlichem Giebel und Schieferdach in grauem Putz, 1901 entstanden. In ihm finden die Sitzungen der Handelskammer statt. Die hallische Handelskammer wurde durch ein königliches Statut vom 18. 10. 1844 zunächst für Halle, Wettin und Alsleben sowie für Cröllwitz, Rothenburg und Salzmünde errichtet,[13]) 1856 auch für Eilenburg; jetzt umfaßt sie die Kreise Bitterfeld, Delitzsch, Eckartsberga, Eisleben, Halle, Liebenwerda, Mansfelder Gebirgskreis und Seekreis, Merseburg, Naumburg (Stadt und Landkreis), Querfurt, Saalkreis, Torgau, Weißenfels (Stadt- und Landkreis), Wittenberg und Zeitz (Stadt- und Landkreis), also den gesamten Regierungsbezirk Merseburg mit Ausnahme der Kreise Sangerhausen und Schweinitz. Von den 33 Mitgliedern sind 13 von den wahlberechtigten Firmen der Stadt zu wählen. Sie bildet Fachkommissionen für Getreide-, Produkten-, Kolonial-, Vieh-, Drogen-, Textilhandel, für Apotheker, für Verkehrswesen, für Spirituosen, Kohlen und Brennmaterialien. — Sie stellt öffentliche und beeidigte Sachverständige an; Bücherrevisoren, Handelschemiker, Handelsmakler, Probenehmer für Getreide, Düngemittel, Kalisalze, Malz, Melasse, Kraftfutter, Sämereien, unedle Metalle usw. — Die Büros und Sitzungszimmer befanden sich vordem im Eichamtsgebäude auf dem Großen Berlin (s. Band I, S. 60) und anfangs im Rathause.[18a])

Nr. 8. Hotel Deutscher Hof. Es wurde 1920 das „Haus der Landwirte", seine Räume wurden neu eingerichtet, das Gastzimmer wurde mit modernen Malereien mit heiteren Motiven aus der Landwirtschaft geschmückt, nebenan wurde ein Bauernzimmer in grellen, lebensfrischen Farben mit derben Holzstühlen eingerichtet; im Sitzungssaal hängt ein großes, an Erlers Kunst erinnerndes Bild, ein Erntezug. Viele Organisationen sind in dem Hause untergebracht: in der ersten Etage der land- und forstwirtschaftliche Arbeitgeberverband und die Kreisbauernschaft, in der zweiten der landwirtschaftliche Verband für die Provinz Sachsen und in der dritten die Provinzialvereinigungen und das Tarifamt.

Nr. 9. Hotel Stadt Bernburg.

Nr. 14. Hotel Grüner Baum.

Die Prinzenstraße hieß ursprünglich Bahnhofsstraße. 1900 wurde sie in Prinzenstraße aus Anlaß des Besuchs des Prinzen Albrecht umgenannt, da das eingemeindete Trotha bereits eine Bahnhofsstraße besaß. Sie führt von Westen nach Osten, vom Königsplatz über die Merseburger Straße zum ehemaligen Bahnhof. Sie ist etwa 20 Schritte breit, ohne Bäume, eine in ihrem älteren Teil reizlose Straße, mit älteren, glattgeputzten, nüchternen Häusern bestanden. 1862: 5 Häuser, 1870: 13 Häuser, 1900: 20 bebaute Grundstücke, 1915: 22 bebaute Grundstücke (27 Nummern). —

Nr. 11. Leser, chirurgische und orthopädische Privatklinik.

Nr. 12. Neitsch und Küper, Transportanlagen. Die Fabrik wurde 1869 gegründet, sie arbeitet Industrie- und Feldeisenbahnen, auch Drahtseileisenbahnen, führte ins Ausland aus, besonders nach Spanien und Japan. 1890: 60 Arbeiter.

Nr. 16. Werschen-Weißenfelser Braunkohlen-A.-G., 1857 begründet, umfaßt 12 Gruben im Bergrevier Weißenfels, 2 Brikettfabriken (in Wählitz und in Profen) und 1 Mineralölfabrik in Köpsen. 1919: 209 Beamte und 4600 Arbeiter. Hauptverwaltung in Halle.

Die Landwehrstraße führt ihren Namen nach der alten Landwehr, jener langen und großen Schanze mit tiefem Graben, die sich vom äußeren Galgtor bis auf das äußere Rannische Tor am Steinweg erstreckte (siehe Königsviertel, Allgemeines).

Die Straße führt von Nordost nach Südwest, verbindet den Riebeckplatz mit der Lindenstraße, ist etwa 20 Schritte breit, mit 3- und 4stöckigen, aneinandergebauten, älteren, glattgeputzten Häusern besetzt, ohne Baumgrün. Sie wurde 1854 bereits als Landwehrstraße polizeilich benannt, wurde aber erst 1876 mit Plattentrottoirs versehen. 1897/8 legte man die Stadtbahnlinie Hauptbahnhof-Böllberger Weg durch unsere Straße. 1855: 2 Häuser (davon Nr. 1, Schmidt und Sohn: Feilenfabrik). — 1862: 4 Häuser (Nr. 4 das Bernersche Haus). — 1870: 16 Häuser. — 1878: 20 Häuser. — 1900: 24 (25) Häuser. — 1915: 26 (25) Häuser. —

Nr. 10. Vereinigte Stralsunder Spielkartenfabrik A. G., Abteilung Halle, vormals die Spielkartenfabrik von Ludwig und Schmidt, so noch 1890; damals stellten sie 4/500 000 Spiele im Jahre fertig; 40 Arbeiter, schon 1865 bestand die Firma, ehedem Rummel in der Leipziger Straße Nr. 99.

Nr. 25. Zweigstelle Süd der Städtischen Sparkasse, die Zweigstelle wurde am 3. 4. 1907 gegründet, sie befand sich erst Merseburger Straße Nr. 8, dann hier in dem Eckhause am Riebeckplatz. Vgl. Band I, S. 88. —

Die Niemeyerstraße wurde nach A. H. Niemeyer (1754—1828), dem verdienstvollen zweiten Begründer der Franckeschen Stiftungen (s. d.), genannt. Sie beginnt an der Königsstraße, hat rechts (westlich) die 3/4 m hohe Mauer der Stiftungen, biegt alsbald im rechten Winkel nach Südost, parallel der Königsstraße und mündet in die Lindenstraße. Sie ist etwa 20 Schritte breit, besteht aus aneinandergebauten Mietshäusern älteren Stils ohne jedes Baumgrün. 1870: 8 Häuser, 1900 bereits 23 (26) Häuser (Nummern) wie noch heute. — Bei der Biegung der Straße lag ehemals der Lehmteich oder der Rote Teich (siehe oben Königsviertel, Allgemeines), bei dem das äußere Rote Tor der Stiftungen ausmündete. — Die Straße wurde 1864 benannt und 1869 mit 4 Gaslaternen besetzt. —

Die Blücherstraße erhielt ihren Namen nach dem Helden der Befreiungskriege, dem Besieger Napoleons, dem Generalfeldmarschall Fürsten Gebhard Leberecht von Blücher (1742/1819). Sie beginnt an der Franckestraße und dem Königsplatz und läuft südwestlich parallel der Landwehrstraße. Sie hat in ihrer ersten Hälfte auf der Westseite den freien Königsplatz, in ihrer zweiten Hälfte ist sie rechts und links von 3- und 4stöckigen, aneinandergebauten Mietshäusern besetzt.

11*

Das verlängerte Königsviertel.

Es wird von der östlichen Hälfte der Königsstraße (die alte Leipziger Chaussee!) im Süden, von der Thielenstraße im Osten, von der Merseburger Straße im Westen gebildet, ein großes stumpfwinkliges Dreieck. Es ist zum größten Teil viel später als das Königsviertel bebaut worden. Die beiden Hauptstraßen, die Königs- und die Thielenstraße, verbinden (von Norden nach Süden aufgezählt) die Kirchner-, die Budde- und die Maybachstraße.

Die Kirchnerstraße führt den Namen nach dem Stadtrat und Stadtsyndikus Gustav Kirchner, dem Ehrenbürger der Stadt Halle (1805/1895). Sie wurde 1895 auf dem ehemaligen Zimmermannschen Fabrikgrundstück polizeilich angelegt und verbindet den Platz am Alten Bahnhof mit der Königsstraße. Die Straße ist 20 Schritt breit, von einigen 4- und 5 stöckigen Häusern besetzt, die von Bauplätzen unterbrochen sind. 1915: 10 (21) Häuser (Nummern).

Nr. 1. Bunge und Corte G. m. b. H., Paraffin- und Mineralölfabrik, Teerschwelerei bei Langenbogen, begründet 1861.

Nr. 19 das Eichamt. Es war ehedem städtisch, wurde jedoch 1912 wieder verstaatlicht und aus dem Großen Berlin Nr. 11 (siehe Band I, S. 60) in die Kirchnerstraße verlegt.

Die Buddestraße wurde nach Budde, dem Minister für öffentliche Arbeiten (1851/1906), benannt. Sie zählt keine Häuser, denn ihre Südseite wird von dem gewaltigen Seitenflügel der Eisenbahndirektion (siehe Thielenstraße Nr. 2) eingenommen und ihre Nordseite von Gärten.

Die Maybachstraße empfing ihren Namen nach Albert von Maybach (1822/1904), der in den Jahren 1878/1891 Staatsminister war. Sie ist 20 Schritte breit, ihre Nordseite wird von dem anderen Flügel der Eisenbahndirektion (21 Fenster Front!) gebildet, die Südseite jedoch von 3- und 4stöckigen aneinandergebauten Mietshäusern. 1915: 3 Häuser. –

Die Thielenstraße wurde nach Karl von Thielen (1832/1906), der 1891/1902 Minister der öffentlichen Arbeiten war, um 1902 benannt. Sie führt von Südosten nach Nordwesten, vorläufig von der Maybachstraße auf den Riebeckplatz. Die Straße ist 20 bezw. 25 Schritte breit, sonnig und freundlich, denn sie ist nur auf der Westseite bebaut und auch hier von mancherlei einmündenden Straßen (Kirchner-, Budde- und Maybachstraße) unterbrochen, auf der Ostseite wird sie vom Eisenbahnkörper und weiter nördlich von grünen Anlagen begrenzt.

Nr. 2. Die Eisenbahndirektion, ein gewaltiges, viereckiges, schloßhaft um 1902 errichtetes Gebäude, dessen Hauptfront an der Thielenstraße liegt und dessen Seitenflügel die Nordseite der Maybachstraße und die Südseite der Buddestraße bilden; die hintere Front liegt an dem Garten, der von der Königsstraße durch ein langes Eisenstaket abgegrenzt wird. Das Gebäude ist 3stöckig mit Kellergeschoß in grauem Putzwerk, und die ausgedehnten Dächer sind mit Schiefer gedeckt. Die etwa 30 Fenster zählende Hauptfront hat ein etwas vorspringendes, mit hohem Giebel gekröntes und mit einem Dachreiter versehenes Mittelstück, alle 4 Ecken des gewaltigen Baues sind mit etwas vorspringenden, giebelgeschmückten Eckteilen versehen. Die ebenfalls 3stöckigen Seitenflügel, mit kleineren Dachgiebeln verziert, zählen etwa 21 Fenster Front. –

Nr. 2a, das Postamt Nr. 2, 1908/1911 in Renaissancestil in Sandstein und rotem Backstein erbaut, mit prächtigem, hochragenden Giebelstück in der Mitte; südlich davon steht der Treppenturm, der den nördlichen, 3stöckigen Bau von dem südlichen, 2stöckigen trennt (11 und 9 Fenster Front). Die Wände des Turms sind mit Reliefwappen, z. B. der Stadt Halle, des Reiches, auch mit dem Symbol der Post, dem Postillon, geschmückt.

Nr. 5, (jetzt Kirchnerstraße Nr. 1) Gebäude des Hallischen Knappschaftsvereins, um 1908 erbaut, ein 4stöckiges Eckhaus im modernen Stil und grauem Zementputz. Der Knappschaftsverein ist einer jener Berufs- oder Gewerkschaftsvereine, die Unterstützung in Krankheits- und Todesfällen, für Witwen und Waisen, bei Invalidität usw. gewähren. — Er ist am 1. 1. 1907 entstanden durch den Zusammenschluß des Neupreußischen und des Saalkreisknappschaftsvereins, die auf Grund des Gesetzes vom 10. 4. 1854 — betreffend die Vereinigung der Berg-, Hütten-, Salinen- und Aufbereitungs-Arbeiter in Knappschaften — gebildet wurden, ihre Mitglieder und deren Angehörige in oben erwähnten Fällen zu unterstützen. Der Neupreußische Knappschaftsverein entstand am 1. 4. 1858 und zählte am Jahresschluß bereits 2966 Mitglieder (461 ständige, d. h. stimmfähige, vollberechtigte und 2505 unständige) und ein Vermögen von 4000 Talern. Er umfaßte in diesem Jahr 117 Braunkohlenwerke, 1 Steinkohlenwerk, 1 Vitriolwerk, 1 Alaunwerk. Eine gute Verwaltung steigerte das Vermögen in den nächsten Jahren, 1860: 14 650 Taler; 1870: 50 400 Taler; 1880: 242 984 ℳ;

1890: 489 395 ℳ mit 10 260 Mitgliedern und 442 575 ℳ Gesamteinnahmen und 386 801 ℳ Gesamtausgaben (1891). 1900: 1 175 512 ℳ Vermögen mit 13 439 Mitgliedern — bereits am 1. 4. 1887 wurden die Verwaltungen der beiden Vereine vereinigt zu einem gemeinschaftlichen Personal in gemeinsamen Geschäftsräumen in der Magdeburger Straße Nr. 60.

Der Saalkreisknappschaftsverein entstand am 1. 1. 1857 und zählte am Jahresschluß 5082 + 4120 Taler Vermögen und 1378 Mitglieder (1141 ständige und 237 unständige). Er umfaßte damals 52 Werke: 43 Braunkohlenwerke, 4 Steinkohlenwerke, 1 Vitriol- und Alaunwerk, 3 Erzbergwerke. Das Vermögen steigerte sich in den nächsten Jahren 1860: 19 556 Taler; 1870: 49 757 Taler; 1880: 266 857 ℳ: 1890: 268 553 ℳ; 1900: 674 596 ℳ; es waren in diesem Jahre 4202 Mitglieder (1352 ständige, 2850 unständige), ferner gehörten dem Verein an: 34 Braunkohlengruben mit 1 Alaun- und Vitriolwerk, 1 Mineralölfabrik, 15 Kohlenpreßanlagen, 1 Ziegelei, 12 Grubenbahnen, 1 Saline, 3 Teerschwelereien, 2 Naßpressen, 2 Steinsalzwerke, 3 Soolförderungen, 1 Paraffinfabrik, 1 Kohlenbahn, 2 Bohrbetriebe und 1 Wasserversorgungsanstalt. — 1891: 3795 Mitglieder und 242 580 ℳ Gesamteinnahmen und 225 735 ℳ Gesamtausgaben. Bei der Verschmelzung war der Neupreußische Verein doppelt und mehr so stark als der andere (7 : 2,81). Das Vermögen des Neupreußischen Vereins betrug (1906): 2 501 315 ℳ, die Zahl der Mitglieder: 15 572. Das Vermögen des Saalkreisknappschaftsvereins betrug (1906): 1 167 141 ℳ, die Zahl der Mitglieder: 7538. Der neue Verwaltungsbezirk umfaßt alle unter Aufsicht der Bergbehörde stehenden Bergwerke, Salinen und Aufbereitungsanstalten, die in dem Regierungsbezirk Merseburg und in den Kreisen Nordhausen, Worbis, Heiligenstadt, Mühlhausen des Regierungsbezirks Erfurt liegen, mit Ausnahme der Werke, die rechtlich zu dem Mansfelder, dem Lauchhammerschen und dem Thüringischen Knappschaftsverein gehören. Außerdem gehörte dem Vereine das Steinsalzbergwerk zu Erfurt an (eingestellt 1917); ferner unterstehen ihm die pfännerschaftliche Saline zu Halle sowie die staatlichen Salinen zu Dürrenberg und Artern. — Seine Mitgliederzahl betrug am 31. 12. 1918: 33 153 und sein trefflich verwaltetes Vermögen 19 411 444 ℳ. Der hallische Knappschaftsverein hat jetzt sogar 3 eigene Krankenhäuser, nämlich Hohenmölsen, Bleicherode und Karlsfeld.[13b])

Der alte Bahnhof und seine Bahnverhältnisse.

Oestlich der Anlagen um die Thielenstraße liegt der ehemalige alte Bahnhof, er ist von dem jetzigen Personenbahnhofsgebäude durch die Gleise der Berlin-Eisenacher und Sorauer und Kasseler Linien getrennt. Es ist der zweite Bahnhof, der in Halle gebaut wurde und zwar im Jahre 1855.

Der erste Bahnhof war derjenige der Thüringer Bahngesellschaft, 1846/47 erbaut, als an der Leipziger Chaussee Nr. 2 numeriert, ein etwas schwerfälliger, ungeschickter Bau im „mittelalterlichen Rohbaustil". Er verlor bereits 1858/9 seinen südlichen Flügel behufs Durchführung der Schienen der Halle-Bitterfelder Zweigbahn (s. unten) und wurde deswegen auch untertunnelt. Er wurde seitdem nur noch zu Beamtenwohnungen und Telegraphenbüros (siehe Königsstraße Nr. 88) benutzt. 1866 ist er gänzlich abgerissen worden.

1855 wurde unser (alter) Bahnhof erbaut als gemeinschaftliches Empfangsgebäude der Magdeburg-Leipziger und der Thüringer Eisenbahn. Wegen des steigenden Verkehrs und wegen Vermehrung der Eisenbahnlinien (s. unten) ist er wiederholt verändert und vergrößert worden. Zuletzt zeigte er sich als ein stattliches Rechteck, dessen Mitte ein Lichthof war, in dem die Fahrpläne aushingen. Die östliche Seite war der Magdeburg-Leipziger Bahnhof, die westliche Seite der Thüringer Bahnhof, außer den Fahrkartenschaltern befanden sich in den Erdgeschossen geräumige Restaurations- und Wartesäle. Das Gebäude war einfach geschmackvoll in zwei langen Fensterreihen erbaut, in glattem Putz mit Oelfarbenanstrich. Auf seiner westlichen, 3stöckigen Giebelseite befanden sich drei Eingänge, auch die Bahnhofsuhr.

Dieser Bahnhof lag wie eine Insel inmitten der immer mehr anwachsenden Schienen. Man gelangte zu ihm über den Leipziger Platz (Riebeckplatz) südlich von dem ehemaligen Riebeckschen Hause in Schienenhöhe. Nahten Züge, wurden die Barrièren niedergelassen. Oft genug mußten die Säumigen hier warten und den Zug vor ihren Augen abfahren sehen. Erst in den letzten Jahren, um 1886/7, half man dem Uebel ab, indem man einen hölzernen Uebergang mit Treppen über die Bahngleise legte. Im Herbst 1890 ging dieser alte Bahnhof ein[14]); er diente dann einige Jahre als Bahnpostgebäude, bis der neue große Bau in der Thielenstraße eröffnet wurde. Seine Grundfläche betrug 2490 qm. — Die alte Bahnhofspostexpedition, ein 2stöckiges, etwa 11fenstriges Gebäude lag, wenn man vom Leipziger Platz aus die Gleise überschritten hatte, grade vor, also ostwärts zwischen ihr und dem südlich gelegenen alten Bahnhof auf dem Vorplatz. Das Gebäude steht heute noch und zwar als Nr. 1, an dem verlassenen Straßenzug „Am alten Bahnhof", der hinter den Anlagen der Thielenstraße und des Riebeckschen Hauses in die Delitzscher Straße auf 24 Granitstufen hinabführt (bei Nr. 92).

Die Entwicklung der Bahnverhältnisse zur Zeit des alten Bahnhofs ist kurz diese: schon in den ersten Jahren des Eisenbahnbaues in Europa wurde die Eisenbahn Magdeburg-Leipzig von einer Gesellschaft (nicht vom Staate!) 1840 eingerichtet. Feierliche Eröffnung am 22. 7. 1840. Die Bahn war 15,8 Meilen lang; Halle war die bedeutendste Zwischenstation. Bahnhöfe wurden in Magdeburg und Leipzig, in den Haupt-. und Endstationen erbaut, nicht aber in Halle, in der Zwischenstation.[15]) — 1846 entstand die Thüringer Bahn, auch durch eine Gesellschaft; Eröffnung am 6. 6. 1846. Die Bahn war 22 Meilen lang bis Eisenach.[16]) Sie erbaute den oben erwähnten Bahnhof an ihrer Endstation, in Halle. Ihn benutzte auch die Magdeburg-Leipziger Bahngesellschaft. Jedoch besaß jede Gesellschaft ihren eigenen Güterbahnhof. — 1859 entstand die dritte Bahnlinie, die Halle-Bitterfelder (Berliner) durch die Berlin-Anhaltische Gesellschaft. Die Bahn war 4 Meilen lang (bis Bitterfeld). Auch sie benutzte das nunmehr 1855 erbaute neue Empfangsgebäude der Magdeburger und Thüringer Eisenbahngesellschaft, aber auch sie besaß ihren eigenen Güterbahnhof, etwa hinter der Maille südlich an der Bahn (östlich der Volkmannstraße). — 1865 entstand die vierte Bahnlinie, die Halle-Casseler, durch die Magdeburg-Leipziger Bahngesellschaft. Die Bahn war 28 1/2 Meilen lang. — 1872 entstand die fünfte Bahnlinie, die Halle-Halberstädter, durch die Magdeburg-Halberstädter Eisenbahngesellschaft. — Und in demselben Jahre 1872 entstand auch die sechste Bahnlinie, die Halle-Sorau-Gubener, durch die Halle-Sorau-Gubener Eisenbahngesellschaft. —

Halle war so der Sammelpunkt von sieben strahlenförmig auslaufenden Eisenbahnlinien, nämlich nach Magdeburg, Leipzig, Eisenach, Berlin, Cassel, Halberstadt und Sorau. Alle sieben Linien der fünf Bahngesellschaften gebrauchten den einen gemeinsamen Bahnhof (unseren alten Bahnhof), hatten aber ihre eigenen Güterbahnhöfe (außer der Sorau-Gubener Bahn). Der Güterbahnhof der Magdeburg-Leipziger Bahn befand sich auf der Ostseite des Bahnhofs (in der Gegend des heutigen Empfangsgebäudes, etwas südlich von ihm); man mußte, um zu ihm zu gelangen, alle Gleise überschreiten. Die drei anderen Güterbahnhöfe befanden sich auf der Westseite, der Stadtseite.[17]) Wegen des schwierigen Güterverkehrs bauten nun 1872/3 die Magdeburg-Leipziger und die Halberstädter Gesellschaft die noch heute bestehende nördliche Ueberführungsbahn (an der heutigen

Kühnstraße und am Wege nach Mötzlich) und den Rangierbahnhof im Osten (1872/1874 erbaut). —

1876 kauft der Staat zunächst die Casseler Bahnlinie an. Dagegen verschmelzen sich die Magdeburg-Leipziger und die Magdeburg-Halberstädter Bahngesellschaften zu einer einzigen. — 1880 geht das gesamte Magdeburg-Leipzig-Halberstädter Unternehmen ebenfalls an den Staat über. Ferner erwarb er die Halle-Sorauer Bahn. In den folgenden Jahren wurden auch die Thüringer und die Berlin-Anhalter Bahnlinien verstaatlicht. —

Der Personen-Bahnverkehr war 1860: 1. die Magdeburg-Leipziger Bahn beförderte von Halle 126 659 Personen (1864: 157 941), nach Halle 122 150 Personen (1864: 165 427). — 2. die Thüringer Eisenbahn beförderte von Halle 68 519 Personen (1864: 75 867 und 12 751 im Durchgangsverkehr), nach Halle 71 517 Personen (1864: 82 524 und 12 354 im Durchgangsverkehr). — 3. die Berlin-Anhalter Bahn (nach Bitterfeld) beförderte von Halle 34 994 Personen und 18 297 im Durchgangsverkehr (1864: 47 249 und 28 609) und nach Halle 36 489 Personen und 17 635 im Durchgangsverkehr (1864: 44 013 und 26 025). —

Der Güter-Bahnverkehr war 1860: 1. die Magdeburg-Leipziger Eisenbahn beförderte von Halle 882 748 Zentner (1864: 1 309 061), nach Halle 633 745 Zentner (1864: 1 707 814). — 2. die Thüringer beförderte von Halle 365 187 Zentner (1864: 609 900), nach Halle 159 687 Zentner (1864: 561 733). — 3. die Berlin-Anhalter beförderte von Halle 193 805 Zentner und 226 271 im Durchgangsverkehr (1864: 386 188 und 320 925) nach Halle 555 237 und 171 262 im Durchgangsverkehr (1864: 720 985 und 262 162).

Anhang.

1. Busso vom Graßhof besaß um 1315 die Lehmgruben bei Sankt Martin (Gottesacker), siehe Band I, S. 220. — 1a. In der Klage des Erzbischofs gegen die Stadt Halle 1422 vor dem Kaiser erwähnte dieser die Landwehr, welche die Bürger im Osten der Stadt nach Diemitz zu angelegt hatten. Aber sehr wohl können die Bürger im weiteren Verlauf der erbitterten Streitigkeiten auch hier im Süden der Stadt eine große Feldschanze gegen den höchst gefährlichen Gegner aufgeworfen haben. In die Zeit der späteren Erzbischöfe wäre eine solche Befestigung nicht unterzubringen. — 2. Auch die Kürze der Zeit zeigt, daß man bereits vorhandene Befestigungen benutzte. — 3. Erzbischof Günther erlaubt einem Bürger im Amtsbezirk Giebichenstein ein Jahr lang Salpeter zu suchen und zu sieden, dafür müßte dieser eine Tonne Salpeter geben und jedes weitere Pfund für 5 Kreuzgroschen ihm, dem Erzbischof, verkaufen. — 4. Die Straße muß sich Königsstraße und nicht

Königstraße schreiben, welch trauriges offizielles Sprachgefühl! Die Bezeichnung rührt nicht von einem Manne König her, sondern von dem Begriffsworte „der König“; der König war Friedrich Wilhelm IV., der die Erlaubnis, die Straße nach ihm zu nennen, gab. Wie Königstraße müßte man ja auch Königplatz schreiben! Welche Inkonsequenz und Oberflächlichkeit! — 5. Die zweite Volkskaffeehalle befindet sich an der Alten Promenade (siehe Band I, S. 127), 1888 erbaut, und die dritte am Moritzzwinger (siehe Band I, S. 41), 1889 errichtet. — 6. Die Idee ging vom Mathematiker Dr. Wiegand, Oberlehrer an der Realschule der Franckeschen Stiftungen, aus. — 7. Die hallische Bankkommandite nahm ihrem Verkehr nach die 8. Stelle unter den Preußischen Provinzialbankanstalten ein. — 8. Die Reichsbank hat ihren Hauptsitz in Berlin, daneben hat sie in den verschiedenen Städten des Reichs Zweigniederlassungen, die nach der Größe und der Bedeutung ihres Geschäftsumfangs in 3 Klassen zerfallen: in Reichsbankhauptstellen, Reichsbankstellen und Reichsbanknebenstellen (= Agenturen, = Kommanditen). Das Reichsbankgrundkapital bestand bei der Gründung aus 120 000 000 ℳ, in 40 000 Anteilscheine à 3000 ℳ zerlegt. — 9. Es lagen über 2000 Verwundete in den Schulräumen der Stiftungen (s. d.). — 10. So noch heutigen Tages! Der Fonds betrug 1914: 1190,74 ℳ, verausgabt wurden für Pflege der Anlagen 30 ℳ. — 11. Am Geburtstage Friedrich Wilhelms III, der das Gitter geschenkt hatte. — 12. Ehemals besaß unsere Stadt schwunghafte Webereien, namentlich in Strumpf- und Wollenwaren; die Refugiés hatten den Grund dazu am Ausgang des 17. Jhdts. gelegt. Jetzt (1868) bestanden nur noch kümmerliche Reste des ehemaligen Handels. Der Schäfereibesitzer Kunitz zu Querfurt schlug 1864 in einem Vortrage vor, um die Wolle möglichst gut zu verkaufen, einen zentralen thüringisch-sächsischen Wollmarkt zu Halle zu begründen. 1865 wurde der erste Wollmarkt am 12. und 13. Juni abgehalten, er war sehr günstig: 5000 Zentner Wolle wurden angefahren, wovon 3200 Zentner für 55/65 Taler pro Zentner verkauft wurden. Der Markt wurde darauf nach Halle alljährlich verlegt. — 13. Als Zweck der Handelskammer wurde bestimmt: den Gang des Handels und der Gewerbe zu beobachten und dem Staate mitzuteilen, durch welche Mittel Handel und Gewerbe weiter zu fördern sind. Ferner sollte sie über die Makler wie über andere Personen von Gewerbe- und Handelsanstalten Gutachten abgeben, endlich auch eventuelle Aufsicht über solche öffentlichen Anstalten und Institutionen führen. — 13a. Die dem öffentlichen Verkehr zugänglichen Einrichtungen der Handelskammer sind 1. Bücherei und Lesezimmer, 2. Abschrift der Handelsregister der 47 Amtsgerichte des Handelskammerbezirkes, 3. Auskunftsstelle für deutsche und fremde Zölle und über zweifelhafte Firmen im Auslande, 4. Auskunftsstelle für Rechtsangelegenheiten, 5. Sachverständige Kommissionen für Gutachten in Streitfällen, 6. Auslage der Liste der öffentlich angestellten und beeidigten Sachverständigen, 7. Patentschriftenauslagestelle. — 13b. Die Angaben verdanke ich den Akten, die mir der Vorstand gütigst zur Einsicht überließ. — 14. Ich selbst fuhr aus Thüringen mit dem letzten Zuge spät abends ein und verließ als letzter den alten Bahnhof, mit dem sich so manche Kindheit- und Jugenderinnerungen schöner Reisen verquickten. Der nächste Zug fuhr auf dem neuen, jetzigen Bahnhof ein. — 15. Das Abfertigungsgeschäft fand wie beim Postverkehr in privaten Gasthöfen statt. Diese Gasthöfe standen oder entstanden in der Nähe der Bahn. — 16. Die Bahn führte alsbald bis nach Gerstungen (25 Meilen lang); dort wie auch in Guntershausen schlossen sich andere Bahnen ihr an. — 17. Der Thüringer Güterbahnhof südwestlich an der Zuckerraffinerie (s. Raffineriestraße); der Berlin-Anhalter am Ostende der heutigen Halberstädter Straße; der Magdeburg-Halberstädter Güter-Bahnhof auf dem westlichen Bahnkörper, wenn man die Grünstraße verlängert. —

Die Galgtorvorstadt. Allgemeines.

Bereits im 13. Jhdt. sind die Anfänge der Galgtorvorstadt (heutige obere Leipziger Straße) vorhanden: kleine Siedlungen, die sich vor dem Galgtor der Stadt Halle (am heutigen Leipziger Turm) allmählich entwickelt hatten. Und schon im Jahre 1305 wurde diese kleine Ansiedlung ähnlich wie die vor dem Steintore (die Steintorvorstadt), mit einfachen Außenmauern und einem Außentore befestigt.[1]) Das Außentor erstand wohl schon da, wo wir es später vorfinden, nämlich zwischen der Goldenen Kugel und der Einmündung der Martinstraße in die Leipziger Straße. Es war ein einfaches Torhaus ohne jede weitere Befestigung. — Etwa ein Dutzend größerer und kleinerer Häuser inmitten von Obstgärten und Grashöfen, Gehöfte, die zunächst noch an der äußeren Stadtmauer lagen (1419: hus an der mure vor dem galchthor), auch ein größeres Vorwerk mit Baumgarten (dat vorewerk unde den bomgarden vor deme galgdore), alles regellos gebaut; nach dem Außentore zu mehr Gärten: so etwa sah unsere Vorstadt ums Jahr 1300 aus. Die Siedlungen gehörten meist angesehenen Familien der Stadt, die sie gewissermaßen als ihre Sommersitze benutzten So besaß das Vorwerk ein Gottfried Krek (1266), der es an Johannes Almar verkaufte, dieser veräußerte es 1315 an Busso den Reichen. – Die reiche nnd vornehme Familie der Almar (Almares, Almer) besitzt noch in späterer Zeit Grundstücke vor dem Galgtor, so Klaus Almar einen Hof und Heinrich Almar 1387 verschiedene andere „Güter". — Auch die von Stein (Ratmar und Lüdeke) hatten einen Hof vor dem Galgtor, ebenso Johannes von Skonere oder Schonecke und die angesehene Familie der Pitzker (Pizker, Pischer). Nach 1320 nennt Klaus Schonecke vier Häuser vor deme galgedore sein eigen. Auch die vom Berlin hatten ein „Eigen" in unserer Vorstadt. Das alte Spital am Moritzkloster (siehe Band I, S. 34) wird um 1300 von Hermann von Zörbig mit seinem Grundstück vorme galghendore beschenkt. Um 1441 wird der „Kespergarten", wohl der Garten eines gewissen Kaspar, der ehemals Paul Knaudenreich gehörte, von Steffan Muffe verkauft.

Der Name der Vorstadt wird zunächst einfach umschrieben, 1266: vor deme galgdore, vor dheme galchdore oder 1280: jenesit des dores tu deme galchdore. — Olearius und Dreyhaupt nennen den Stadtteil ebenfalls nur „Vor dem Galgtor", dann auch „Vorstadt vor dem Galgtore", seit 1827 hieß sie „Leipziger Tor" nach dem äußeren Tore, denn das innere Tor (das ehemalige Stadt-Galgtor) war ja bereits 1819 niedergerissen worden (s. Band I, S. 73). —

Wohl um 1539 wurde den Einwohnern unserer Galgtorvorstadt ähnlich denen des Strohhofs eine gewisse Ordnung vom hallischen Rate (von neuem?) vorgeschrieben: einige Rentherren hatten Zucht und Ruhe aufrechtzuerhalten und die Zinsen und Abgaben für den Rat einzutreiben. — 1551 werden die wenigen Häuser auf der heutigen Gottesackergasse, welche die Stadt vom Domkapitul erwirkt, zur Vorstadt geschlagen.

Im 17. Jhdt. sehen wir die kleine Vorstadt nördlich vergrößert, insofern sich die heutige Martinstraße gebildet hat, ebenso der Töpferplan, ferner die südlichen Teile der Gottesackerstraße und des Martinsberges hinter der äußeren Stadtmauer, die bis zum Gottesacker reichten. Eine Erweiterung nach Süden blieb aus, hier bildete die rechte Häuserreihe der oberen Leipziger Straße mit ihren hinteren Gärten die Grenze. — Die Vorstadt zählte damals drei Tore, außer dem oben erwähnten äußeren Galgtor noch das Leim- oder Lehmtor, das auf die Leim- oder Lehmbreite (siehe Königsviertel) mündete und das Gottesackertor. Das Leimtor wurde jedoch später im 18. Jhdt. gesperrt und das Tor am Gottesacker nur bei Begräbnissen geöffnet. — Nach alter Numerierung, Ende des 18. Jhdts., umfaßte die Galgtor- oder Leipzigertor-Vorstadt die Häuser Nr. 1553 bis 1661, also etwa 108 Häuser, und die Straßen: Am Martinsberge, Gottesackergasse, Töpferplan, Brunnengasse und Leipziger Torstraße.

Mehr denn ein alter Landstraßenzug mündete in unsere Vorstadt: zunächst die Reideburger Straße aus dem Kursächsischen (die heutige Delitzscher Straße), ferner die Leipziger Heerstraße, die ursprünglich auf dem heutigen Riebeckplatz, schon bei Nr. 1, einlief, dann der Merseburger Landweg über Ammendorf (die heutige Merseburger Straße); aber auch der Verkehr der Magdeburger und Wittenberger Landstraße zog vielfach durch unsere Vorstadt anstatt durch das Steintor (s. Band I, S. 68/69). —

Der rege Verkehr, die Nähe der großen Magdeburg-Leipziger Heerstraße, auch der Wollmarkt, der lange Zeit in der oberen Galgstraße abgehalten wurde (s. Roßplatz), ließen eine große Anzahl Gasthöfe in unserer Straße entstehen, von denen der Gasthof zum Reuter sicher schon im 17. Jhdt. existierte. Andere Gasthöfe, vielleicht ebenso alt oder älter, führten bezeichnende Namen wie „Die Kanne“, „Das Sieb“. Ferner das „Rote Roß“, das noch heutigen Tages vorhanden ist; ebenso die „Siebenbürgen“, auch schon von Dreyhaupt erwähnt, erst um 1860 eingegangen. — Bereits im freien Felde vor dem Tore, also am heutigen Riebeckplatz, wurde um 1715 der Bergnersche Gasthof neu angelegt und aufgebaut (die Goldene Kugel) dem Bildstock gegenüber, an der Ecke der heutigen Delitzscher und Magdeburger Straße lag eine einsame Wirtschaft „Die Verzweiflung". Etwas später entstand auf dem Platze des Hochgerichts der Gasthof zum Prinzen Karl, „Kochs Garten" genannt, jetzt das Apollotheater (s. Merseburger Straße). In der Hauptstraße existierte schon um 1825 der Goldene Hirsch, später die Stadt Berlin und Dimmes Hotel Garni usw.

Weit bis ins 19. Jhdt. hinein behielt die Galgtorvorstadt, selbst ihre Hauptstraße, das kleinstädtische ländliche Gepräge, sie zählte 1805 109 Gehöfte. — Noch zu unserer Zeit standen die 2- und 3stöckigen, höchst einfachen, älteren, glatt geputzten Häuser, selten von einem Neubau durchbrochen, wie wir ja den altberühmten Gasthof zum Roten Roß noch bis zum Jahre 1911 sehen. Seit etwa 1880 begann sich die Straße, noch später die Nebenstraßen zu erneuern. Heute herrscht durchaus der großstädtische Charakter, große, moderne Häuser, Laden an Laden, reicher Verkehr, elektrische Bahn und elektrische Beleuchtung. Auch die alten Gehöfte der Nebenstraßen haben vielfach hohen Neubauten weichen müssen.

Kampf und Krieg, ja selbst eine Eroberung erlebte die Galgtorvorstadt an dem unglücklichen 17. Oktober 1806. Durch mangelhafte Unterstützung und schlechte Vorbereitung mußten die tapfer kämpfenden Preußen von der Hohen Brücke (siehe Pulverweiden) zur Schieferbrücke in die Klausstraße bis auf den Markt zurückweichen. Von hier aus drangen die Franzosen durch die untere Galgstraße in die Galgtorvorstadt ein, eroberten sie und suchten nun vom oberen Galgtor aus auch die Gärten und die niederen Lehmmauern des Goldenen Hirschs und des alten Langeschen Gasthofs übersteigend, die Stelluug der Preußen am Galgen zu nehmen, damit sie auf der Magdeburger Chaussee zum Grünen Hof hervorbrechend die Preußen in der Stadt abschnitten. Doch die Preußen, zwei Knorrische Kompagnien, die, von Leipzig zurückgekehrt waren, die Schützen vom Regiment Natzmer links näher der Stadt aufgestellt, einige am Galgen selbst aufgefahrene Kanonen, durch zwei Schwadronen Usedomscher Husaren gedeckt, vereitelten, mit großer Tapferkeit kämpfend, diesen Plan. —

Die Leipziger Straße (Galgstraße).

Oberer Teil.[2])

Häuser und Höfe, Gras- und Obstgärten entwickelten sich an dem uralten Heerweg jenseits der Stadtbefestigung und des (inneren) Galgtores bereits im 13. Jhdt., zunächst in nächster Nähe der Stadt, an der Stadtmauer. Schon am Ausgang des Mittelalters ist ein drittel Länge der heutigen oberen Leipziger Straße bebaut, im 17. Jhdt. die Hälfte, um 1750 finden wir auf der nördlichen Seite der Straße die Häuser bis zum Tore fortgeführt; dieses „äußere" Galgtor stand etwas östlich bei der Mündung der Martinstraße, also noch westlich der heutigen Goldenen Kugel.[3]) Bei ihm, etwa da, wo die Franckestraße in den Platz einmündet, stand die große Alarmkanone, die das Entweichen von Soldaten und das Zeichen zu ihrer Verfolgung kundtat.[3a]) — Um 1820 ist auch die südliche Seite der Straße bebaut. Um diese Zeit war das innere Galgtor gefallen, und nur der (Leipziger) Turm blieb stehen (siehe Band I, S. 73): so bildete die obere Galgstraße eine Linie mit der unteren; zwar die Durchzählung der Häuser trat erst 1855 ein.[4]) Die untere Leipziger Straße zählte die Nummern 279—306, 314—327, 383—387 und 396—402 und die obere die Nummern 1605—1661. — 1855 zählt die Gesamtstraße 109 Häuser, 1915: 106, von denen unser oberer Teil die Nummern 26—85 umfaßt, also 60 Häuser!

Länger als das untere oder innere Galgtor blieb das obere oder äußere Galgtor bezw. Leipziger Tor bestehen. Es gestaltete sich zur Torbarrière und Hebestelle, nun für die mahl- und schlachtsteuerpflichtigen Gegenstände, die vom Lande aus in die Stadt eingeführt wurden. Erst 1875 fiel es mit der Aufhebung der Mahl- und Schlachtsteuer. —

Als 1827 die untere Galgstraße den Namen Leipziger Straße erhielt (siehe Band I, S. 69), wurde unser oberer Teil im Gegensatz zum unteren „Leipziger Torstraße" wegen des äußeren Tores genannt. Einige Jahre später, etwa 1840, war der Name Leipziger Straße auch für sie allein gebräuchlich. —

Tief bis ins 19. Jhdt. hinein bewahrte diese Straße, eine Hauptverkehrsstraße Halles, den Charakter einer ärmlichen Landstadtstraße. Wohl später als die Innenstadt hatte sie eine spärliche Oelbeleuchtung erhalten,[5]) die erst nach 1856 einer Gasbeleuchtung wich; der untere Teil wurde bereits 1856 mit Gas beleuchtet. 1902 wurde die elektrische Beleuchtung eingeführt. — Noch 1794 klagt Herzog: „Eine schmutzigere, übeler riechende Vorstadtstraße kann es kaum geben!" — Und um 1840 finden wir Scheunen, Stärkefabriken, Oekonomieen, eine Kohlgärtnerei und das Hirtenhaus (Nr. 1636 d) an unserer Straße liegen, und Tischler, Seiler, Fellhändler, Korbmacher, Sattler, Fleischer und Bäcker sind ihre Hausbesitzer. Noch zu unserer Zeit sah man genug kleine, unansehnliche Häuser, solche wie Nr. 44 und 45 bildeten die Mehrzahl, ökonomiehafte Gebäude mit scheunenhaften Hintergehöften und einfache, 2stöckige Gasthöfe mit geräumigen Ausspannhöfen hatten noch den kleinstädtischen Charakter festgehalten. Jetzt ist er ein durchaus großstädtischer geworden: blickt man heute vom Riebeckplatz die Leipziger Straße hinab, so sieht man beide Seiten mit großen, vielstöckigen Häusern besetzt, fast alle modern, mit Türmchen, Erkern, Balkonen vielseitig geschmückt, in ihren Erdgeschossen eine ununterbrochene Reihe großer Läden, Zigarren-, Blumen-, Schokoladen-, Papierläden usw., dazwischen einige Gasthöfe, moderne Caffés und Restaurationen. Der Strom der Menschen flutet auf und nieder, vom Bahnhof kommen und fahren zu ihm die elektrischen Wagen, Lastwagen, Equipagen usw. — Am 15. 10. 1882 fuhr die erste Pferdebahn durch unsere Straße zum Bahnhof, 1898 wurde der elektrische Betrieb eingeführt[6]) und zwar hier mit Oberleitung. Am Leipziger Turm teilte sich die Linie, die eine durch die untere Leipziger Straße, über den Markt, durch die Ulrichsstraße, die andere durch die Poststraße, Alte Promenade vereinte sich am Beginn der Geiststraße mit dieser.[7])

Nr. 45, Hotel Stadt Berlin, ein einfaches, älteres, 2stöckiges Gebäude. Der Gasthof benannte sich so bereits vor 1870, er existierte aber schon 1855. Ein älterer Gasthof „Stadt Berlin" hatte in der Großen Steinstraße gelegen (s. Band I, S. 109). Er hatte von diesem den Namen entlehnt.

Nr. 48/49 ist das Gelände des ehemaligen Gasthofs zu den Sieben Bergen (Nr. 1624 und 1625). Es war dies ein sehr alter Gasthof, den schon Dreyhaupt erwähnt. Ich fand ihn bereits 1711 genannt.[8]) Der alte Gasthof existierte noch 1855: Nr. 47 Gasthof zu Siebenbürgen. Bald nach dieser Zeit ist er eingegangen. — Der Name ist m. E. in Zusammenhang mit dem Lande „Siebenbürgen" (bei Ungarn) zu bringen; der Salzhandel ging von Halle über Böhmen nach Ungarn, und umgekehrt zogen die Siebenbürgischen Deutschen (Sächsische ausgewanderte Bevölkerung) diese Straße zum Besuch ihrer Urheimat. Einen „Gasthof zum sieben Bürgen" besaß auch Magdeburg in der Weinfaßstraße (Nr. 5); hier ist er bis 1651 nachweisbar, ist aber entschieden viel älter. Durch den 30jährigen Krieg sind die uralten Verbindungen sehr durchbrochen worden, doch die Gasthofsnamen blieben weiter bestehen. Der Name „Siebenbürgen" ist später in „Sieben Bürgen" und „Sieben Bergen" verderbt worden. —

Nr. 57, Gasthof zur Goldenen Kugel (Nr. 1634/5, 1855: Leipziger Platz Nr. 1), ein sehr alter Gasthof, der etwa 1720 von einem gewissen Bergner vor dem äußeren Galgtor linker Hand angelegt, der „Bergnersche Gasthof" genannt wurde.

Es war ein viereckig gebautes, den großen Ausspannhof mit geräumigen Scheunen umgebendes Wirtshaus, das sehr frequentiert war. Noch um 1820 standen ganze Karawanen beplanter hochbeladener Wagen vor dem Gasthaus, die über Nacht eine Wagenburg bildeten und von zottigen Kötern bewacht wurden. Anfang April 1813 kam der Lützower Leutnant, unser Freiheitsdichter Theodor Körner, von Leipzig nach Halle und hielt hier in der Goldenen Kugel eine feurige Werberede, die großen Erfolg unter der begeisterten Jugend hatte. — Heute ist die Goldene Kugel ein geschmackvoll einfach gebautes, 3stöckiges Eckhaus, das eine Glasveranda nebst kleinem Sommergarten auf städtischem Straßengelände (der einmündenden Magdeburger Straße) besitzt. Er wurde 1860 neu gebaut und modern eingerichtet. Der kleine Zipfel-Garten ist 340 qm groß und wurde dem Gasthof von der Stadt für 1000 ℳ jährlich verpachtet (1910)[9].

Nr. 61—62, die Expedition und Redaktion der Hallischen Zeitung, ein großes, modern in Zementputz gebautes Haus, 1911 entstanden und bezogen; vorher (1893—1911) befand sich die Hallische Zeitung in der Großen Brauhausstraße (s. Band I, S. 63) und vor 1893 in der Gr. Merkerstraße Nr. 10 (s. Band I, S. 51 und S. 75). Seit 1895 ist sie Eigentum von O. Thiele.

Nr. 63 war ehemals der Gasthof zum Goldenen Hirsch, an ihn erinnert die Hirsch-Drogerie in dem jetzigen Neubau. Bereits um 1820 existierte der Gasthof (Nr. 1639), noch zu unserer Zeit in dem altertümlichen, 2stöckigen Hause, das dem „Roten Roß" ähnlich war. In seinem Garten wurde eine Plane ausgespannt und so das erste Sommertheater Halles eingerichtet. Um 1888 wurde der jetzige Bau aufgeführt; es wurde ein Saal für ein kleines Wintertheater eingerichtet. 1903 bestand noch der Gasthof; dann ist er eingegangen.

Nr. 70—71, hier wurde 1904 die Allgemeine Zeitung gegründet als ein selbständiges Unternehmen der Prokuristen des Bankhauses Apel und Sohn. 1909 wurde sie in das Haus der Saalezeitung (in das „Riesenhaus" und sein Nebenhaus) gelegt (vgl. Band I, S. 60) und mit dieser gemeinsam herausgegeben. Am 1. 1. 1920 wurde sie wieder getrennt, von der Hallischen Verlagsgesellschaft gekauft und als Blatt der Deutschen Volkspartei redigiert; sie hat aber Betriebsgemeinschaft und Pachtverträge mit der Druckereifirma Hendel.

Nr. 76, der Gasthof zum Roten Roß, ein sehr alter, schon von Dreyhaupt (1750) erwähnter Gasthof (Nr. 1646), in seinem alten, gemütlichen Gewande uns allen noch bekannt, ein 2stöckiges, 7fenstriges, glatt geputztes Haus mit altertümlich niederen, behaglichen Zimmern, nebenbei, östlich, die große Hofeinfahrt durch den breiten Torbogen, hinter dem Hause der weite Ausspannhof, um ihn herum Ställe und Schuppen; Hühner, Gänse, Enten, die auf dem Hof herumliefen, gaben ihm den Anstrich einer Oekonomie; an der Hofseite des niederen Hauses zog sich eine Veranda hin, und ein größerer Anbau an der westlichen Seite des Gehöftes verriet den regen Besuch, die allgemeine Beliebtheit der Gastwirtschaft besonders unter dem tüchtigen Wirte Möritz. Trat man von der Straße in die niedere Haustüre, so lag gleich links das Gastzimmer, dahinter das kleinere saubere Speisezimmer. — Ich finde den alten Gasthof schon 1706 erwähnt[10]). — Der Gasthof wurde 1780 von der Witwe des verstorbenen Besitzers nebst einem Backhaus in der Gr. Ulrichstraße (Nr. 79 jetzt Nr. 63) für 2820 Taler angenommen, danach aber wurde der Gasthof allein für 800 Taler (!) verkauft. — 1911 ist der Gasthof neu gebaut worden, ein großes 4stöckiges Haus, durch dessen 3 obere Stockwerke eine Anzahl Halbsäulen reichen, auf dessen Westseite ein hoher spitzer Giebel aufsteigt. Das neue, architektonisch kalt wirkende Gebäude vermochte das alte gemütliche Wirtshaus nicht zu ersetzen! —

Nr. 85 ist 1904 erbaut, ein imposanter palastartiger Bau, der als Eckhaus (die Königstraße zweigt hier ab) schon aus der Ferne wirkungsvoll sich abhebt. Ein runder Turmvorbau mit zwiebelförmigem Dach ziert die Ecke, dem sich ein gewaltiger Giebel an der Königsstraßenseite anfügt.

Die Kurze Gasse ist ein kleiner alter Straßenzug, bereits auf Olearius' Karte (1666) erkennbar. Er biegt zwischen Leipziger Straße Nr. 82/83 im rechten Winkel zur Königsstraße ab, also auf deren südliche Seite. Der Name der Gasse entstammt erst dem 19. Jhdt.; sie zählt nur ein Haus, denn die Volkskaffeeküche zählt bereits zur Königsstraße. —

Die übrigen Straßen der ehemaligen Galgtorvorstadt.

Der Martinsberg heißt ein Straßenzug, der im Mittelalter bis weit in das 19. Jhdt. ein enger Weg hinter der äußersten Stadtmauer war, die sich hier auf dem ziemlich ansteigenden Ostterrain der Stadt erhob. Die Differenz ist stark: Poststraße 95 m ü. N. N., Martinsberg (unsere Straße) 100 m, Gottesackergasse 105 m, Stadtgottesacker (Mitte) 110 m, am Wasserturm 115 m. —

Der Name war ursprünglich um 1830 bis noch um 1850 „Am Martinsberg“; er war viel richtiger als der jetzige „Der Martinsberg“, da sich die Straße eher am Fuße der anhebenden Höhe entlang zieht. Sie erhielt ihn von der gesamten Erhebung, die man bereits im frühen Mittelalter den Martinsberg nannte und zwar nach der Kapelle des heiligen Martin, die auf dem Gelände des heutigen Stadtgottesackers lag (s. Stadtgottesacker). —

Erst als die Gegend durch die Niederlegung der Befestigungswerke bei dem Postbau und dann Jahrzehnte später durch die Anlage der Poststraße (siehe Band I, S. 84) erschlossen wurde, entstanden Wohnhäuser und entwickelte sich die heutige Straße, also in den Anfängen um 1850. Jedoch lag um 1700 bereits auf dem Gelände der heutigen Häuser Nr. 1 und 2 ein Gasthof zum Rosental (hinter der Stadtmauer Nr. 1); er rechnete zur Steintorvorstadt, in ihm kneipte um diese Zeit eine jener Studentenkompagnien und zwar die weiße; die rote hauste in einem Gasthof vor dem Galgtor, die grüne im Grünen Hof vor dem Steintor. Sie trugen weiße, rote, grüne Bänder auf ihren Hüten (siehe später „Grüner Hof“). — 1855 umfaßte die Straße vier Häuser, die in der südlichen Hälfte liegen, denn der Martinsberg war in 2 Hälften geteilt, deren nördliche der Post gegenüber „Hinter der Stadtmauer“ hieß und auch vier Häuser zählte. — Schon um 1825 lag gerade in der Mitte beider Hälften, wenn man von dem heutigen Kaiser-Wilhelms-Denkmal zum Gottesacker emporsteigt, links an der Straßenecke, also westlich dem alten Militärgottesacker (s. d.) vorgelagert, der bekannte „Kaffeegarten von Malsch“ (Nr. 1553b), die Tabagie „Zur Erholung“, später als Hoffmanns Kaffeegarten bekannt. — Um 1860 finden wir beide Hälften als „Martinsberg“ vereinigt (9 Häuser!). — Als der Verkauf des Schießgrabens der städtischen Schützengesellschaft im Mai 1870 (s. Band I, S. 84) vereinbart und der deutsch-französische Krieg beendet war, begann man im Juli 1871 die alte äußere Stadtmauer bis zur Straßenhöhe des Martinsberges einzureißen und durch ein eisernes Geländer, das heute noch steht, zu ersetzen. Durch Treppen sollte die Straße mit der neu anzulegenden Poststraße verbunden werden. So hat sie ihre Westseite, die in die Promenaden der Poststraße niedergehen, frei. — 1874 wurde die Verschlußmauer hinter Nr. 15 (die „Erholung“) freigelegt und über den Soldatengottesacker eine direkte Verbindung zwischen dem Martinsberg und der Schimmelgasse hergestellt. — 1886/7 wurde durch Martinsberg Nr. 8, durch das Wertherische Grundstück, ein Straßendurchbruch zur Schimmelstraße gelegt (jetzt zur Hagenstraße gerechnet). Um diese und die folgende Zeit entstanden die großen Bauten auf der nördlichen Hälfte an die älteren Häuser bis Nr. 7 sich anschließend, so das Haus der Landschaft Sachsen, dazu kam der Neubau der Post 1894 (s. Band I, S. 107) und der Aufbau des Kaiser-Wilhelms-Denkmals 1904 in den Promenaden der Poststraße. So erhob sich die Nordhälfte der Straße immer großstädtischer, während der Südhälfte, durch ihr Terrain beschränkt, die Entwicklung fehlen mußte. 1878: 14 Häuser: 1915: 24 Häuser. —

Nr. 2, ein 4stöckiges, in grauen Backsteinen erbautes neueres, mit Balkon und Erkervorbau versehenes Haus, in dem sich die „Gewerbebank" befindet, G. m. b. H., Bankgeschäft mit 550 Genossen (1915); ein Fries mit den verschiedenen Wappen der Gewerbe deutet den Zweck des Hauses an. — Ferner liegt hier das Büro und die Wettannahmestelle des Sächsisch-Thüringischen Reiter- und Pferdezuchtvereins, der 1867 gegründet, 800 Mitglieder 1915 zählte. 1913/14 errichtete er auf der großen Ratswiese seine Rennbahnen mit Tribünen, mit Totalisator, Wagenplatz usw.

Nr. 10, ein 3stöckiges, zwiebelturmverziertes Eckhaus mit schieferbedeckter Dachmansarde der Landschaft der Provinz Sachsen und der landschaftlichen Bank. — Die Landschaft der Provinz Sachsen ist ein 1864 entstandener Verein von ländlichen Grundbesitzern der Provinz Sachsen; er beleiht die Besitzungen der Mitglieder mit landschaftlichen Pfandbriefen der Provinz Sachsen oder mit landschaftlichen Zentral-Pfandbriefen zum Nennwert (4-, $3^1/_2$- und 3prozentige): 1909: 150 Millionen Mark Pfandbriefsdarlehen[10a].

Nr. 15, hier stand ehemals die Tabagie „zur Erholung" (Hoffmanns Kaffeegarten), ein 2stöckiges Eck-Gebäude mit etwa 9 Fenstern Front, Pfälzer Doppeldach und einigen Dacherkerfenstern. —

Nr. 21, ein älteres, glattgeputztes, 2stöckiges Haus, mit der Inschrift (Math. 18. 5) über der Haustür: „Wer ein Kind aufnimmt in meinem Namen, der nimmt mich auf.", die Kinderbewahranstalt des Frauenvereins für Armen- und Krankenpflege[11]), die im Dezember 1849 für Choleraweisen nebst Nachhilfestunden für ältere Knaben und Flickschulen für Mädchen errichtet wurde. 1852 erwarb der Verein durch ein unverzinsliches Darlehn der Sparkassengesellschaft (3000 Taler) das Grundstück auf dem Martinsberge. 1853 wurde das Haus erbaut; 1877 der geräumige Speisesaal angebaut. 1878: 2 Lehrerinnen, Hausmutter und 2 Dienstmädchen. 130 Kinder wurden beköstigt und mit Wäsche versehen. Die Eltern zahlten wöchentlich 40 Pf. 1890: 110 Kinder. —

Nr. 22—23, der alte jüdische Kirchhof (ehemals Töpferplan Nr. 1). 1692 hatten einige Judenfamilien aus Halberstadt die Erlaubnis erhalten, sich wieder in Halle anzusiedeln, nachdem die Juden 1493 durch den Erzbischof Ernst aus dem Erzbistum vertrieben worden waren. 1693 gestattete man ihnen einen Ort zur Begräbnisstätte einrichten zu dürfen; sie wählten die Gegend an jenem kleinen Plane, den sich 1706 die Töpfer erkauften[12]). Neben ihrem Begräbnisort erstanden sie ein kleines Armenhaus, in denen der „Schulklöpper" (Schulhalter) wohnte. Ihre Gräber, jetzt von alten dichten Bäumen beschattet, in dämmerndem Schatten, sind mit Leichensteinen und Tafeln geziert, auf denen man lange hebräische, blumenreiche Lobpreisungen über die Bestatteten liest. 1864 wurde dieser Begräbnisort wegen Ueberfüllung geschlossen; der neue ist an der Dessauer Straße angelegt worden (s. d.). — Eine durchbrochene Mauer schließt den Friedhof vom Martinsberge ab, seine Front mißt etwa 60 Schritte.

Die Gottesackerstraße erhielt ihren Namen von dem städtischen Gottesacker, auf den die Straße zuführt, ansteigend von Süden nach Norden, parallel dem niedrigeren Martinsberg (Straße!). — Die erste Anlage der Gottesackergasse entstand im Mittelalter; Häuser, die sich neben der Martinskapelle und ihrem ursprünglichen kleinen Gottesacker (Pestkirchhof) entwickelt hatten und dem Kloster Neuwerk gehörten. Nach Aufhebung des Klosters standen sie dem Erzbischof bezw. dem Domkapitul zur Verfügung. — 1551 wurden diese Häuser nebst dem Dorfe Ringleben (siehe Vorstadt Petersberg und Ringleben. Allgemeines.) für 500 Gulden vom Magdeburger Domkapitul an den Rat der Stadt Halle verkauft. Diese Häuser, auf der östlichen Seite der Gasse gelegen, wurden zur Galgtorvorstadt geschlagen. Zwischen ihnen und der großen festen Gottesackermauer lag das Gottesackertor, das sich ins Freie, nach Osten auf die Gottesackerbreite öffnete. — Im 17. Jhdt. stehen bereits diesen alten Gehöften Häuser auch auf der Westseite der Gasse gegenüber. — Die Gasse blieb eng, uneben ansteigend; hinter ihrer östlichen Häuserreihe (alte Häuser sind hier noch Nr. 9, 10, 11, 17) lagen Gärten, durch Lehm- und Steinmauern der Vorstadt gegen die Felder abgegrenzt. Als man jedoch diese zu bebauen angefangen, riß man (1877) das alte Haus des Aufsehers (Nr. 1560) nieder und legte durch den Hof und Garten den Durchbruch in die neuen Straßen, also in die Charlottenstraße und Parkstraße. — 1893: Gottesackerstraße. — Die Straße beginnt am Töpferplan auf der linken Seite, ist noch mit einigen alten Häusern (Nr. 1, 2, 9, 10, 11 und 17) besetzt, sonst mit neueren und und einigen neuesten Gebäuden. —

Nr. 2 (ehemals Nr. 1, a. Z. Nr. 1567), Haus der Judengemeinde, ein altes, einstöckiges, graugeputztes Haus mit Giebelbau in der Mitte, vordem (1836) der Judenschaft Herberge, so noch 1850; daneben der alte jüdische Begräbnisplatz.

Nr. 3 und 4 gehören dem Frauenverein für Armen- und Krankenpflege: große moderne 4 stöckige Mietshäuser in grauem Zementputz, zum Grundstück der Kinderbewahranstalt s. Martinsberg Nr. 21. — In Nr. 4 hat der Kaufmännische Verein für weibliche Angestellte sein Heim. Der Zweck des Vereins ist, den Berufsinteressen seiner Mitglieder zu dienen durch kostenlosen Stellennachweis, durch Förderung der Fachbildung, durch Rechtsbelehrung usw.

Nr. 7, Haus des Friedhofsverwalters, das 2 stöckig, geputzt, dicht an der Gottesackermauer 1877/8 in Ziegelrohbau erbaut worden ist; 1913 wurde es mit Kalkputz versehen.

Der Töpferplan. Dieser kleine dreieckige Plan ist durch das Zusammentreffen der Martinsgasse, Gottesackergasse und des Ausgangs des Martinsberges (Gasse) gebildet worden und ist bereits 1660 vollständig mit kleinen Gehöften umbaut[18]). Die Töpfer, die an dem Plane und in seiner Nähe wohnten, kauften ihn vom Rate der Stadt für 30 Taler, damit sie ihre Ware hier trocknen konnten, so erhielt er erst seinen Namen. Er durfte laut Vertrag nie bebaut werden. — 1837: 9 Häuser, 1915: 10 Häuser, zum größten Teil neuere Gebäude; der alte idyllische Charakter des Plans ist fast ganz geschwunden, das Häuschen Nr. 2 mit seinem Vorgärtchen zeigt ihn noch. —

Nr. 1, ein 3 stöckiges, in seiner geschrägten Ecke 4 stöckiges, glattgeputztes Eckhaus am Töpferplan und Martinsberg, das Hotel zum Goldenen Löwen, ein jüdisches Gasthaus, um 1917 eingegangen. —

Die Martinsstraße erhielt den Namen von der Martinskapelle, dem Martinsberg usw. Sie tritt erst als Martinsgasse im 19. Jhdt. auf. Der Straßenzug nördlich und parallel der oberen Leipziger Straße ist schon 1660 vorhanden, wenigstens in seiner westlichen Hälfte bis zum Durchbruch in die Leipziger Straße Nr. 39; um 1750 ist auch die östliche Hälfte der Gasse vorhanden, freilich noch wenig auf der Nordseite bebaut. Die westliche und östliche Hälfte unterscheiden sich noch heute, jene ist 16, diese nur 8 Schritte breit, von 3 stöckigen Gebäuden zum größten Teil bestanden, die dem 19. Jhdt. angehören. Das verfallende Haus Nr. 15 zeigt den ursprünglichen Charakter der Gasse und die ehemalige Breite (4 Schritte!), letzte alte Häuser sind die 2 stöckigen Nr. 3, 4, 6 und Nr. 1 am Leipziger Turm.

Bis um 1850 heißt die Martinsstraße die Brunnengasse, nicht zu verwechseln mit der Brunnengasse der Petersberger Vorstadt (s. d.), seitdem wird sie Martinsgasse genannt und seit 1893 Martinsstraße. — 1837: 17 Häuser, 1915: 28.

Nr. 9, Hotel Stadt Magdeburg, glattgeputzt, 4stöckig und 8fenstrig. Ehemals stand auf dem Gelände von Nr. 8/11 der bekannte Kaffeegarten von Wilcke, später Lachmund. Er existierte schon um 1820 nebst einer großen Gärtnerei (Nr. 1591/4), und noch um 1865 wird Lachmunds Kaffeehaus als beliebte Tabagie erwähnt, damals dem Zimmermeister Rudolph gehörig. Dann wird um 1873 der schöne Garten bebaut, die Häuser Nr. 9, 10, 11 entstehe. . —

Nr. 10, Hotel Stadt Dresden, 4stöckig, glattgeputzt mit 5 Fenstern Front, ebenfalls auf dem Gelände des ehemaligen Wilckeschen Gartens.

Nr. 16, Gasthaus Stadt Leipzig, 3stöckig, 8fenstrig, glattgeputzt.

Nr. 19 und 20, die Stiftung Altersheim (an der Röserstraßenecke), ehemals Nr. 21 und 22 (a. Z. Nr. 1602a und 1602b). Es war ein Familienhaus, um 1850 2stöckig, glattgeputzt, mit verschiedenen Dachgiebelaufsätzen, vom Verein zur Erbauung von Familienhäusern erbaut. — 1846 lag das Grundstück noch unbebaut da. Jetzt ist es die Stiftung Altersheim, 1894 behufs Unterstützung würdiger und bedürftiger Leute angekauft.

Die Röserstraße, ein Straßenzug, der von der Leipziger Straße nordwärts durch die Martinsstraße auf die Marienstraße stößt, wohl erst in den 90er Jahren entstanden. Er erhielt seinen Namen von Ernestine Röser (1815—1904), der Begründerin des Röserstiftes (siehe Böllberger Weg Nr. 65). 1915: 3 Häuser. Die Straße ist breit mit neueren Mietshäusern besetzt. —

Der Riebeckplatz (Leipziger Platz).

Der Platz vor dem äußeren (oberen) Galgtor hatte sich bereits im Mittelalter durch das Zusammentreffen des Merseburger Weges, der Leipziger Heerstraße, der Reideburger Straße, des Magdeburger Weges gebildet. Es war ein unbebautes, hügelhaftes Gelände. Auf seiner südlichen Seite, wo heute der Garten des Apollotheaters ist, erhob sich eine kleine kahle Anhöhe, deren letzte Spuren man heute noch erkennen kann. Hier stand der Galgen der Stadt Halle, also auf städtischem Grenzgebiete, erst aus Holz, später aus Stein, drei Balken oder Säulen in einer Dreiecksform aufgestellt, oben mit drei anderen quergelegten Balken untereinander verbunden, ein sog. Schnellgalgen, an dem mehrere Hinrichtungen zugleich vorgenommen werden konnten; neben ihm die Räder, auf hölzerne Säulen gelegt, auf die man gewisse Verbrecher gewissermaßen zur doppelten Todesstrafe, nachdem sie gehängt worden, aufflocht; im Hintergrunde die kahlen, nackten Salpeterwände. Dicht unter dem Galgenhügel erstreckte sich ein Teich, etwa, wo die elektrische Fernbahn von der Merseburger Straße in ihre Haltestelle einbiegt. Es war der Galgtorteich, von steilen Ufern umzogen, von grünen Meerbinsen bewachsen, von allen Schweinetreibern zur Schwemme der Schweine benutzt, aber auch so tief, daß man in ihm ertrinken konnte[14]). Ginster, der struppige Teufelszwirn, hing in sein Wasser nieder. — Gleich hinter ihm (östlich) liefen die Straßen von Merseburg und Leipzig (der Straßenzug der heutigen Thielenstraße) zusammen, im Mittelalter öde, oft grasbewachsene, breite Wege ohne jede Pflasterung oder Pflege; um 1800 besetzte man die Leipziger Heerstraße mit den damals beliebten italienischen Pyramidenpappeln, die Merseburger dagegen schon mit Obstbäumen. Da der Platz sich in der Mitte hügelartig wölbte, hatte man einen weiten Fernblick: ostwärts auf Diemitz, Reideburg und die Reidedörfer, in dem Grün der Bäume halb versteckt, und weiter südlich auf Ammendorf, Beesen, in das weite, waldige Elstertal. So bot auch der hallische Rat noch einmal dem armen Sünder den Blick auf das weite schöne Erdenland, von dem er für immer Abschied nehmen sollte, aber auch den Blick auf die Betsäule, die dem Galgenhügel gegenüber nordöstlich stand, ungefähr da, wo sie heute noch steht, am Fuße eines Weinbergs, am Wege nach Reideburg (Delitzscher Straße). Man hatte dieses fromme steinerne Kreuz 1455 errichtet zur Ehre Christi wie die kaum noch lesbare Inschrift auf der Vorderseite unter dem Reliefbilde sagt[15]). Der Anlaß war wohl die furchtbare Pest gewesen, die 1449/1452 gewütet hatte; in Erinnerung an sie, an die Vergänglichkeit des Menschen vor dem Unvergänglichen, schuf der fromme Sinn der Vorfahren diese Stätte der Andacht für jeden Wanderer, der von hier aus in die Stadt einzog. Aber auch die Prozessionen, die in feierlichem Zuge um die Stadt zogen, hielten an ihr und verrichteten ihr Gebet[16]) und zuletzt die armen Sünder, die rechts zum Galgen oder (später) auch links zum Rabenstein abgeführt wurden. Der doppelte Zweck, Andacht und religiöse Feier, spricht sich in der Form des Denkmals aus: ein Kreuzesschaft, auf dem ein Altaraufbau steht, dieser zeigt vorn die Kreuzigung Christi, hinten die Kreuztragung. So stand das Betkreuz, heute im freundlichem Grün, im Mittelalter am Fuße des Weinbergs in tiefster Einsamkeit zwischen Galgen und Rabenstein. — In seiner Nähe, jedoch ehe es errichtet worden, befand sich für kurze Zeit auch ein Kloster, das der Neuen Brüder (nigen brudere) oder der Serviten, der Marienknechte[17]), und zwar von 1306 bis 1341, da es in die untere Galgstraße (Leipziger Straße) verlegt wurde. Es lag zwischen der Betsäule und dem alten Bahnhof, also wo jetzt die Anlagen auf der Ostseite der Thielenstraße stehen. Noch bis ins 19. Jhdt. war der Platz gut bekannt und in Erinnerung geblieben (s. Band I, S. 78, Anmerkung 27). — Rings um die Betsäule dehnten sich einsame Felder, erst sehr spät ist diese Oede unterbrochen worden, indem sich gegenüber, also an der Ecke der heutigen Delitzscher und Magdeburger Straße, um 1800 eine Tabagie auftat, ein Kaffeehaus, das den merkwürdigen, aber in mehr als einer Hinsicht passenden Namen „Die Verzweiflung" führte. Ihre Wirtschaft lag an der Straße, ostwärts dehnte sich der große Garten aus. — Dieser Tabagie nach Westen gegenüber, also vor der jetzigen Goldenen Kugel, stand der Rabenstein seit 1514 (1519), die andere Hinrichtungsstätte des Rates. Auf dem Rabenstein räderte man nicht, dies tat man vor dem Steintor (s. Steintorvorstadt), sondern man köpfte hier und legte die Geköpften noch aufs Rad. Diesen Anblick, dicht vor sich auf das Rad und drüben auf den Galgen, hatte der Reisende, der in dem Bergnerschen Gasthof (Goldene Kugel), der seit etwa 1720 vor dem Galgtor erbaut war, herbergte. So schildert ein Fremder 1795 das merkwürdige Bild, das ihn hier beim Eintritt in die Stadt empfing: das Hochgericht hier, ein hoher steinerner Galgen, der Rabenstein dort mit seinen sechs Rädern und ein in Stein gehauenes Gnadenbild, wohin man die Missetäter führte, um ihnen vor ihrer Hinrichtung Mut und Standhaftigkeit einzuflößen. Ein anderer Fremder, der spät abends in jenen Gasthof eingekehrt war, berichtet, daß er, des Morgens aufgewacht, ans Fenster getreten sei und das erste, was ihn begrüßte, sei der Galgen, zwar ohne Gehenkte, gewesen, jedoch auf dem Rabenstein hätte man noch Leichenreste gesehen. Aber nicht das allein, auch eine große Menge Straßenkehricht und Dunghaufen, besonders von Schweinekot, lag auf dem Platze, zum Teil vor dem Tore, zum Teil an der Leipziger Heerstraße, und verbreitete einen scheußlichen Gestank. So hat man das Bild unseres Platzes, wie es vom Mittelalter her bis ins 19. Jhdt. sich darbot: ein wüster Schutt- und Mistabladeplatz, von Schweineherden durchwühlt, südlich der kahle Hügel mit dem Galgen und den Rädern gegenüber die Fehmstätte, der

Rabenstein mit seinen Rädern, in der Mitte von beiden ostwärts gelegen das steinerne Gnadenbild in trauriger Einsamkeit, an dem Zusammenstoß der vier Landstraßen. —

Erst ganz langsam änderte sich der Anblick: 1809 unter der französischen Herrschaft wurde der Galgen wie der Rabenstein mit ihren schauerlichen Zurüstungen abgerissen; und wie die Galgstraße in Leipziger Straße umgenannt wurde (1827), so auch der Galgtorvorplatz in den „Leipziger Platz", diesen Namen behielt er bis 1891, wo man ihn, nicht grade geschmackvoll und glücklich, mit der neuen Bezeichnung „Riebeckplatz" vertauschte[18]). — Auf dem ehemaligen Galgenhügel erhob sich ein freundlicher Garten und später die Wirtschaft zum Prinzen Karl, zwar der düstere Teich befand sich noch bis 1861 auf dem Platze. Als die Magdeburg-Leipziger Bahn (1840) und die Thüringer Bahn (1844) in Betrieb kamen, als man das Königsviertel, die damalige Lehmbreite erschließen mußte, den Verkehr zwischen der Bahn und dem Südteile der Stadt und Glaucha und dem Strohhof zu ermöglichen, da mußte man endlich an die Verschönerung des Platzes, der den Eintritt in die Stadt vorbereitete, denken; der damalige Zugang zum Bahnhof bog vom Riebeckplatze südlich vom Riebeckschen Hause ab, hinüber zum alten Bahnhof durch die Anlagen der Thielenstraße. — 1860 entstand der Neubau der Goldenen Kugel; in demselben Jahre wurde von der Stadt der vor dem Hause des Maurermeisters Lorenz gelegene Garten (Franckestraße Nr. 1) für 800 Taler erworben, um den Leipziger Platz freizulegen und zu regulieren. — Der quellenlose und deshalb in heißen Sommern versumpfende Teich wurde endlich zugefüllt und das gesamte so gewonnene Terrain in englische Anlagen umgewandelt. Freundliche Häuser entstanden außer der Kugel und dem gegenüber liegenden Russischen Hof: das jetzt noch stehende ehemals Riebecksche Haus, daneben das Haus des Bankiers Kind (jetzt Anlagen), bei dem der Fahrweg über die Schienen zum Bahnhof führte. — Als 1868 die neue Beesener Wasserleitung geschaffen war, legte man auch auf unserm Platze einen freundlichen Springbrunnen an. 1875 fiel die Torbarrière und Hebestelle am Eintritt in die Leipziger Straße. Größere Bauten umrahmten allmählich unseren Platz: an der Ostseite das oben erwähnte im Palaisstil gehaltene 2stöckige Haus Riebecks, des Kommerzienrats († 1883), mit der Flucht von 22 Fenstern[19]), auf der Südseite das 4stöckige mit Turmspitze gekrönte Eckhaus zur Landwehrstraße, das Parkhotel, ein neuzeitlich mit elektrischem Licht und Personenfahrstuhl eingerichtetes Haus[20]), auf der Westseite etwa seit 1890 das Hotel Continental (Ecke Franckestraße und Riebeckplatz), ein 4stöckiger Bau, mannigfach verschnörkelt mit luftigen eisernen Balkonen stockweise versehen, auf der Nordseite der einfache schon ältere Bau der Goldenen Kugel, doch an der anderen (östlichen) Ecke der Magdeburger Straße das stattliche, 5stöckige, mit Eckturm gezierte Hotel Europa. Schöne Rasenbeete, von alten Bäumen beschattet, durchbrochen von Blumenbeeten und von Palmenarrangements nahmen den Platz ein, den rings breite gepflasterte Straßen umzogen. Der Neubau des Bahnhofs (1890) wirkte auch auf unseren Platz ein: die Hauptstraße (in der Fortsetzung: Delitzscher Straße genannt) mußte, um die Ueberbrückung der Bahngeleise zu ermöglichen, viel tiefer gelegt werden. Eine gewaltige Abtragung des Platzes, um 1 bis 2 Meter, begann. Ihre Spuren kann man an den Bäumen noch bemerken. Der neue Bahnhof gab den Anlaß zu weiterer Hebung und Belebung des Platzes. Schon 1882 führte die Straßenbahn als Pferdebahn an ihm vorbei, erst 1898 mit elektrischem Betrieb; 1889 legte man die elektrische Stadtbahn in die Merseburger Straße (s. d.) und einen anderen Strang in die Franckestraße (s. d.), einen dritten 1897/8 in die Landwehrstraße (s. d.). — 1902 wurde elektrische Beleuchtung eingeführt. — Auch kam in diesem Jahre die elektrische Fernbahn Halle-Merseburg in Betrieb, deren Haltestelle auf dem Südrande des Platzes liegt (s. Merseburger Straße). — Am 6. 9. 1903 beim Empfang des Kaiserpaares erhielt die Hauptstraße unseres Platzes eine prächtige Festausschmückung: vom Bahnhof aus zogen die Delitzscher Straße hinab auf beiden Seiten Flaggenmaste abwechselnd mit purpurn ausgeschlagenen Obelisken, die, mit doppelten und dreifachen grünen Guirlanden umwunden, auch untereinander mit solchen verbunden waren; den Schluß dieser Triumphstraße am Riebeckplatz bildete eine ebenfalls rot ausgeschlagene, 16,20 m hohe Triumphpforte. Säulen, Pyramiden, Guirlanden zogen sich bis in die Leipziger Straße hinab und dann durch die Hauptstraßen der Stadt[21]).

Nr. 1, Verwaltungshaus der A. Riebeckschen Montanwerke A.-G. Die Gesellschaft hat ein Aktienkapital von $28\frac{1}{2}$ Millionen Mark (1914), einen Grundbesitz von 8630 Morgen, und hat als Betriebsanlagen: 42 Gruben in den Bergrevieren West-Halle, Naumburg und Zeitz, dazu 18 Tagebaue, 83 Brikettpressen, 14 Naßpressen, 769 Schwelöfen, 5 Mineralölfabriken, 2 Montanwachsfabriken und 5 Ziegeleien. Die Anlagen haben Anschlußgeleise an die Stationen Oberröblingen a. S., Stedten, Teutschenthal, Wansleben, Deuben, Luckenau, Theißen, Zeitz, Mühlhausen i. Th., Mansfeld, Langensalza, Laucha und Nebra. Sie fördern jährlich $5\frac{1}{2}$ Millionen Tonnen Kohle, und sie produzieren, verfertigen jährlich 132 000 Doppelladungen Roh- und Knorpelkohle, 100 000 Doppelladungen Briketts, 10 000

Doppelladungen Naßpreßsteine, 28 000 Doppelladungen Koks, 4200 Doppelladungen Teer und 18 Millionen Ziegelsteine; 50 000 Tonnen werden verarbeitet. Man beschäftigt etwa 6000 Mann (1914).

Nr. 3, das Parkhotel s. oben.

Nr. 4, das Hotel „Continental“ s. oben, jetzt ebenfalls Verwaltungsgebäude der Riebeckschen Montanwerke.

Die Gerichtsstätten. Der Galgen stand schon im 13. Jhdt. an dem Riebeckplatz, auf dem Gelände des heutigen Apollotheaters, denn 1266 tritt uns in den Schöffenbüchern bereits die Galgstraße entgegen; vermutlich wird das Hochgericht nach der großen Stadterweiterung und nach der neuen Befestigung (nach 1100) hierher verlegt worden sein, aber noch auf städtischen Grund und Boden. Später (Anfang des 18. Jhdt.) wurden dem Galgen seitwärts eine Anzahl Räder wagerecht auf Holzsäulen aufgepflanzt, auf welche die Leichen besonders schwerer Verbrecher nochmals geflochten wurden. Der Galgen durfte nur von Holz sein, in Folge dessen mußte er wiederholt aufgerichtet werden. So warf ihn ein starker Sturm am 11. 9. 1560 mit sechs daran hangenden Körpern um[22]), ebenso 1643, 1663 wie 1698; auch 1487, 1534 und 1602 mußten neue hölzerne Galgen errichtet werden. Trotz wiederholter Bitten des Rates gewährte ihm der Erzbischof nicht das „Privilegium“ eines steinernen Galgens. Erst Kurfürst Friedrich III. erlaubte dem Magistrat wegen der vielen Ausbesserungen und kostspieligen Neuaufrichtungen ein steinernes Gericht zu bauen (20. 2. 1698). Denn jeder Galgenneubau kostete der Stadt viel Geld: alle Zimmerleute, Meister und Gesellen mußten daran arbeiten, da ein einzelner sonst anrüchig geworden wäre. Sie erhielten alsdann, so schon 1458, Bier, Käse, Speck, Brot, Semmeln usw., später ein Zechgelage auf dem Ratskeller (so 1561). Der Galgen wurde auf dem Bauhofe der Stadt zugerichtet (s. Band I, S. 64), dann, in feierlichem Aufzuge nach dem Markt, durch die Stadt zum Tore hinaus auf zwei Wagen, jeder mit vier Pferden bespannt, unter Musik mit Pfeifen, Trommeln und Fahnen herausgeführt; es war ein Volksfest der Bürger. — Uebrigens war der letzte, steinerne Galgen verschließbar, eine Mauer führte um ihn herum: die Tischler hatten ihre Tür, die Schlosser die Bänder und Schlösser gemacht (für 2 bezw. 9 Taler)[22a]).

Der Rabenstein wurde 1519 (nach anderen 1514) erbaut, mit Erlaubnis des Kardinals Albrecht, innerhalb der Versteinigung (Grenzen, Weichbild) der Stadt, und zwar stand er vor der jetzigen Goldenen Kugel (Gelände der Magdeburger Straße). Es war ein hochgemauertes Kreisrund, woran alle

Maurer hatten arbeiten müssen, auch ein gewisser Thomas, der zuerst auf ihm mit dem Schwerte hingerichtet wurde, sodann wurde ein anderer, der sein Eheweib (von Eisleben) ermordet, auf ihm gevierteilt und auf die Räder geflochten. — 1582 wurde der Rabenstein weiter emporgemauert. Jedoch wurden im 18. Jhdt. auch hinter dem Galgen, östlich von ihm, Enthauptungen vorgenommen, wo die Räder aufgepflanzt worden waren[23]). 1809 unter westfälischer Herrschaft ist der Rabenstein wie der Galgen niedergerissen worden.

Der Scharfrichter wohnte bis 1607 auf dem Strohhof, vermutlich am Häschertor[24]). In diesem Jahr nahm das Amt Giebichenstein einen eigenen Henker an, die Stadt ließ für ihre Exekutionen den von Altenburg und Leipzig kommen. Doch bereits 1687 hat sie wiederum einen Scharfrichter angestellt, Gottfried Gebhard, der um 1718 für sich und seine Familie das Amt als erbliches Mannlehen vom Könige erhielt, und zwar für den ganzen Saalkreis. Seine Scharfrichterei (Cavillerei, Abdeckerei) befand sich am Ausgang des Steinwegs (s. Steinweg) am äußeren Rannischen Tore. Das Köpfen mußte der Meister, das Rädern und Hängen seine Knechte verrichten. Von Gebhard kam das Amt an dessen Schwiegersohn Brandt; in dessen Familie es bis zum Tode seines Sohnes blieb. Dessen Witwe heiratete den Vorsteher der Waisenhausapotheke Keitel, die Scharfrichterei wurde nun verpachtet (s. Steinweg). 1820 wurde sie subhastiert, und die neue Scharfrichterei vor dem Steintor auf dem Roßplatz (s. Steintorvorstadt) entstand. — In dem Vertrag der Stadt vom 8. 6. 1687 wurden die Gebühren des Scharfrichters genau festgestellt[25]). —

Der Bahnhof.

Die Delitzscher Straße, 20 bezw. 25 m breit, mündet von Osten her auf den Riebeckplatz. Im Mittelalter war sie ein Weg, der von der Markgrafschaft Landsberg nach Halle führte, später auch der Büschdorfer Weg genannt, in den letzten Jahrhunderten „Die Delitzscher Salzstraße“. Bis ins 19. Jhdt. hinein war sie bis vor dem oberen Galgtor unbebaut; dann hatte sich dem ehemaligen Weinberg gegenüber, an dessen Fuß das steinerne Gnadenbild stand, wohl bei dem Einnahmenhaus, die Tabagie „Die Verzweiflung“ entwickelt. Als die Magdeburg-Leipziger Bahn 1840 eröffnet wurde, schnitten deren Gleise die hochliegende Straße, die fast in der Höhe der jetzigen Bahnbrücken entlang zog. Die Eisenbahngesellschaft erwarb hier an der Chaussee Gelände und baute ihr Bahnmeisterhaus (Delitzscher Straße Nr. 1, jetzt Nr. 92 südlicher Teil) und gegenüber ein Beamten-Wohnhaus, etwas zurückgelegen. Die Gleise der Berliner Bahnstrecke zogen sich damals westlich von diesen Gebäuden, also nach der Stadt zu über die Straße im Garten, wo heute der Preußische Hof steht; später beim Neubau des Bahnhofs wurden sie östlich von diesen Gebäuden auf die jetzige erste Bahnbrücke zurückverlegt. Auch einige Gasthöfe, die anfangs dem Bahnabfertigungsgeschäft dienen mußten, entwickelten sich an der Bahnlinie, so existierte bereits 1845 der „Gasthof zur Eisenbahn" von Mann (ehemals: Am Bahnhof Nr. 1) auf der Südseite des heutigen Betriebsamts (Delitzscherstraße Nr. 92), dann der Russische Hof (jetzt Delitzscher Straße Nr. 1), der Goldenen Kugel gegenüber. —

Von 1876 ab erfolgten die Verstaatlichungen der einzelnen Eisenbahngesellschaften (s. Alter Bahnhof), so 1876 die der Casseler Linie, 1880 die der Leipzig-Halberstadt-Magdeburger Linie, und seit dieser Zeit dachte man an eine bessere Ausgestaltung der verquickten Bahnverhältnisse, an einen großen Neubau des Personenbahnhofs und an eine umfangreiche Konzentration des Güterverkehrs. Für beides war die Unterführung der Delitzscher Straße unbedingt nötig. Man begann 1885 mit den Arbeiten. Die Unterführung der Straße gestaltete sich wegen des starken Verkehrs der Züge wie der Chaussee sehr schwierig, eine riesige Erdmenge mußte weggeschafft werden, schon am Leipziger Platz begann man mit der Tieferlegung des Straßenzugs, die Böschungen an dem Eisenbahnbetriebsamt (Nr. 92) zeigen die frühere Höhe der Straße an[26]). Nach der Tieferlegung und der Ueberführung der Bahngleise in zwei großen eisernen Brücken, die in einer Spannung ohne Stützen gearbeitet sind, die vordere (westliche) faßt 5, die hintere (östliche) 8 Gleise zusammen, entstanden die neuen Gebäude an der neuen breiten, stattlichen Straße. — Die Fahrbahn auf den Brücken ruht auf Buckelplatten mit Kiesbedeckung, in welche die eisernen Schwellen gelagert sind: so wird das Geräusch der fahrenden Züge sehr abgeschwächt.

Nr. 1, Hotel (Europa) Weltkugel, das Eckgebäude an der Magdeburger und Delitzscher Straße, wo ehedem der Russische Hof gestanden, ein 5stöckiger gewaltiger Bau mit etwa 20 Fenstern Front mit Turmaufbau auf der Ecke, schon vor 1900 entstanden. Vor hundert Jahren stand hier das Einnahmenhaus an der Chaussee.

Nr. 2, Kramers Gast- und Logierhaus „Schultheiß“, ebenfalls 4stöckig, nach 1903 entstanden.

Nr. 3, Hotel Preußischer Hof, jetzt Hotel Bristol, ein 4stöckiges Eckgebäude, insofern es nordwärts in ein Gartengelände einbiegt, mit etwa 27 Fenstern Front, schon vor 1900 entstanden, auf dem Gelände des ehemaligen Hotel de Prusse.

Nr. 92, auf der Südseite der Delitzscher Straße, das Eisenbahnbetriebsamt, in gelben Klinkern dem alten, 2stöckigen, grauen Bau der Magdeburg-Leipziger Gesellschaft angebaut. Dem Neubau an der Granitstufentreppe ist jetzt die Bahnhofsapotheke eingefügt.

Nr. 92a, ehemals die Bahnhofsapotheke, ein niederer schmaler Bau auf dem Gelände des Eisenbahnfiskus, um 1910 entstanden, vordem befand sie sich im Preußischen Hof.

Nr. 93, ebenfalls ein niederer Bau, der ein Zigarren- und ein Herrenmodengeschäft enthält.

Der Bahnhof. Zwischen den beiden Eisenbahnbrücken, die über die Delitzscher Straße führen, öffnet sich nach rechts, südlich, der Vorplatz des Empfangsgebäudes,[27]) von Futtermauern eingefaßt, 44 m breit und 120 m lang. In ihn münden (auf der östlichen Seite) die Straßenbahn (ehemals in roten Wagen) und die Stadtbahn (ehemals in gelben Wagen); jede hat 2 Gleise (zur Einfahrt, zur Ausfahrt). Ferner befinden sich auf dem Vorplatz die Standorte der Droschken, der Kraftwagen (Automobile) und der Dienstleute. Die Droschkenhaltestelle zeigte zunächst 1- und 2-spännige Droschken, dann Taxameterdroschken, zuletzt Automobildroschken; auch hier zeigt sich der Auf- und der Niedergang unseres wirtschaftlichen Lebens[28]). — Der Beruf der Dienstleute ist ebenfalls sehr zurückgegangen, teils durch die elektrischen Bahnen, auf denen man schnell und bequem sein kleineres Gepäck befördern konnte, teils durch die Spedition von Zillmann und Lorenz, die ihr Büro in der Bahnhofsvorhalle haben[29]). — Rechts und links in den Futtermauern des Vorplatzes sind noch Aborte, Räume für die Polizei, für eine Restauration usw. eingebaut. — Vor dem Empfangsgebäude selbst befand sich ehemals eine hallenartige Ueberdachung des Bürgersteiges, seit etwa 1900 erstand statt dessen eine Vorhalle, in der Höhe der Futtermauer, durch drei Deckenlichtstreifen belichtet, mit 8 Eisensäulen gestützt. Man tritt durch 3 Eingänge in sie hinein und findet rechts und links die Schalter des Fahrkartenverkaufs, je 7 Stück, rechts die Klassen 1 bis 3, links die Klasse 4 und für das Militär[30]).

Das Empfangsgebäude selbst ist ein großer Kuppelbau an den Seiten von zwei Türmchen flankiert, in seiner Mitte über der Vorhalle mit einer Normaluhr versehen. Die Höhe bis zum Gesimse der Kugel ist 11,5 m; bis zur Spitze der Laterne = 26 m. Man tritt durch die Vorhalle in die Haupthalle, durch die gewaltige eiserne Kuppel von Wellblech überdacht. Ihr Fußboden liegt wie jener der Restaurants, der Gepäckräume, der Tunnels auf ebener Erde gleich mit dem Vorplatz, mit der Straße; in den Tunnels erst steigt man 3,8 m auf die Gleise zu den Bahnsteigen empor. Die Haupthalle ist ein Quadrat von 34 m Länge, von 48,4 m Diagonale[31]), sie nimmt die ganze Breite des Empfangsgebäudes ein. Ihre Innenhöhe ist 21 m, darüber Oberlicht von 5 m Höhe, und endlich die Spitze von 4 m Höhe. Rechts und links in der Haupthalle befinden sich die Gepäckabfertigungen, grade vor uns zieht sich ein leichtes Eisengeländer durch die Halle und sperrt so den südlichen Teil mit den Tunneleingängen rechts und links und mit den gradaus liegenden Türen zu den Wartesälen ab. Diese Bahnsteigsperre ist erst geraume Zeit nach dem Neubau vom Staate eingeführt worden. Ein paar schmale Durchbrechungen in der Mitte kontrollieren die Reisenden und ihre Fahrkarten. Gradeaus an der hinteren (südlichen) Hallenwand schließen sich die Wartesäle an, östlich 1. und 2. Klasse, westlich 3. und 4. Klasse, jeder 32 m lang, 17 m breit und 10½ m hoch. Hinter dem ersten wurde ein Damenzimmer eingerichtet, auch gelangt man hier nach der Haupttreppe, die zu den Fürstenzimmern führte. Diese liegen in der Höhe der Bahnsteige, von beiden Seiten zu erreichen durch den Flur, der das ganze Gebäude durchquert. Der hintere südliche Teil des Bahnhofsgebäudes dient Verwaltungszwecken und zu Wohnungen des Bahnhofswirtes. Ein großer Lichthof trennt dieses Dienstgebäude vom Empfangsgebäude. — Rechts und links der Wartesäle befinden sich die Räume zur Aufbewahrung des Handgepäckes. — Die Tunnel, je einer rechts und links, sind 8 m breit mit Aborten versehen und haben jeder je zwei nach beiden Seiten auf die Bahnsteige emporführende 3 m breite Treppen. Da unsere Stadt ein Knotenpunkt von 5 Bahnlinien ist, von 2 Durchgangslinien: 1. Magdeburg-Leipzig, 2. Berlin-Eisenach, und von 3 Endlinien: 1. Halle-Halberstadt, 2. Halle-Sorau, 3. Halle-Cassel, galt es den ganz verschieden starken Verkehr dieser 5 Linien gleichmäßig auf die zwei Hälften des Bahngleisekörpers zu verteilen. Auf die westliche (Stadt-) Seite legte man die Berlin-Eisenacher, die Halle-Sorauer und die Halle-Casseler Linie, die beiden letzteren auf einen Bahnsteig, auf die östliche Seite die Magdeburg-Leipziger und Halle-Halberstädter Linie. So sind auf jeder Seite 2 Personenbahnsteige und 2 Gepäckbahnsteige hergestellt worden. Die zwei wichtigsten Linien, die zwei Durchgangslinien Magdeburg-Leipzig und Berlin-Eisenach liegen dem Empfangsgebäude zunächst, ihre Bahnsteige sind 10 m breit; die beiden anderen Bahnsteige sind nur $8^1/_2$ m breit. Die Bahnsteige sind auf jeder Seite von zwei Hallen überdacht, deren Säulen auf den Gepäckbahnsteigen stehen, so daß die Personenbahnsteige frei bleiben. Die Beförderung des Gepäckes nach den im Erdgeschoß liegenden Abfertigungsräumen geschieht mittelst vier durch Druckwasser betriebener Aufzüge. Für den Postverkehr dient am äußersten Südende ein $3^1/_2$ m breiter Tunnel, der unter den sämtlichen Bahnsteigen hinführt und mit diesen durch Treppen verbunden wird. Neben diesem Tunnel liegt nördlich der 2 m breite Wirtschaftstunnel, der den Verkehr zwischen den Wirtschaftsräumen des Bahnhofs (der Küche) mit den Bahnsteigen ermöglicht. — Auf allen vier Personenbahnsteigen steht ein Häuschen für den Stationsbeamten und auf den zwei Hauptbahnsteigen ein Erfrischungshäuschen und ein Abort. — Die Beleuchtung des Personenbahnhofs (wie überhaupt des gesamten Bahnhofs Güter-, Rangierbahnhof usw.]) geschieht durch elektrisches Licht, das in einer Maschinenstation erzeugt wird, und zwar durch Bogenlampen, Glühlampen und Glühlichter[32]). —

Das neue Empfangsgebäude bedeckt eine Fläche von 3800 qm; es kostete nebst Bahnsteigen, Hallen und Zubehör 2 Millionen Mark. Die Grundfläche aller Gebäude der Gesamtbahnhofsanlage betrug bei der Eröffnung (1890) 35 000 qm (14 preußische Morgen). Dazu kamen die Bahnsteighallen mit 9000 qm, und die Gesamtkosten der ganzen Bahnhofsanlage betrugen 11 Millionen Mark. Dagegen betrug die gesamte von Gleisen eingenommene Grundfläche 410 pr. Morgen (102 ha). Die Länge der Bahnhofsgleise stieg damals schon auf 80 km und die Anzahl der Weichen auf 320.

An anderen Gebäuden waren vorhanden außer dem neuen Empfangsgebäude und dem alten (nunmehrigen Verwaltungsgebäude) 1 Verwaltungsgebäude mit Güterschuppen und Umladeschuppen (7100 qm), 4 Dienstgebäude (900 qm), 5 Maschinengebäude (2000 qm), 1 Zollschuppen (1100 qm), 1 Eilgutschuppen (700 qm), 1 Chemikalienschuppen, 5 Lokomotivschuppen für 90 Lokomotiven (10 000 qm), 2 Uebernachtungsgebäude (1300 qm), 2 Wassertürme, 1 Pumpstation (bei Peißen), 1 Nebenwerkstatt, 1 Fettgasanstalt, 1 Maschinenhaus zur elektrischen Beleuchtung, 3 große Viehställe (1500 qm), 7 Türme für Weichen- und Signalstellwerke, außerdem verschiedene kleinere Gebäude.

Zu diesen Gebäuden sind im Laufe der Jahre eine ganze Anzahl neuer Bauten bezw. Erweiterungen gekommen, so Erweiterungsbauten der Güterschuppen, neue Lokomotivschuppen, Schienenschuppen usw. Ferner wurden schon 1911 ein Rangierstellergebäude, ein Eisenlagergebäude, ein Pförtnerwohnhaus usw. projektiert.

Die Eisenbahnhauptwerkstätte, lediglich zu Reparaturen für den Eisenbahnfiskus bestimmt, wurde 1865 in Halle gegründet. Sie liegt der Zuckerraffinerie (in der Raffineriestraße) ostwärts gegenüber. Sie beschäftigte 1890 bereits 400 Arbeiter. Allerlei Erweiterungen und Abzweigungen entwickelten sich, so wurde ein Verwaltungsgebäude für die Hauptwerkstätte schon 1911 geplant, ferner eine Schienenarbeiterstätte, ein Gelbgießergebäude, eine Erweiterung der Gießerei, eine Kupferschmiede u. ä. m.

Anhang.

1. Vgl. Urkunde vom Jahre 1305 in Ludewig Rel. Manu. XII. 230: quae quidem pecunia ad usus nostrae civitatis videlicet ad exteriores valvas est deposita. — 2. Ueber den unteren Teil der Leipziger Straße siehe Band I, S. 67 u. f. — 3. Das Tor stand dort, so weit die südliche Seite der Leipziger Straße reicht, bezw. an den heutigen Riebeckplatz grenzt. — 3a. Sie wurde am 12. 9. 1812 meistbietend verkauft. — 4. Vom 1. 1. 1855 ab wurden die Häuser nicht mehr durch die ganze Stadt fortlaufend gezählt, sondern nur in jeder Straße fortlaufend; lag ein Eckhaus mit seiner Hauptfront an einer Hauptstraße, mit seiner Haustür dagegen in einer Seitenstraße, wurde es danach zur Hauptstraße gerechnet. — 5. Die Innenstadt hatte 1729 auf Befehl Friedrich Wilhelms I. zur Verhütung der Diebereien und und anderen nächtlichen Unfugs Oelbeleuchtung einführen müssen: 600 Oellaternen auf Holzsäulen, von 10 Lampenputzern besorgt, die wöchentlich 18 Groschen Lohn und jährlich ein Paar Schuhe erhielten. Es wurden für 10 Taler Baumwolle zu den Dochten und 40/50 Tonnen Oel verbraucht. Die Bürger mußten die sog. Laternenkasse bilden und Beiträge von 2 Groschen bis 2 Talern je nach Verhältnis zusteuern. — 6. Zunächst mit Akkumulatoren in der Innenstadt (durch den Widerspruch des Physikalischen Institutes) und mit Oberleitung in der äußeren Stadt. Die Bahn war noch eine Aktiengesellschaft, erst 1910 wurde sie städtisch. — 7. Diese Strecke wurde 1897/8 von der Hauptpost über die östliche Seite der Alten Promenade, über die Friedrichstraße, den Mühlweg, die Bernburgerstraße, die Triftstraße bis Cröllwitz geleitet. — 8. Der Gastwirt „in Siebenbürgen vor dem Galgtor" hat sich mit seiner Frau auf dem Rathaus losgeschworen (von irgend einem Vergehen). — 9. Da man den 20fachen Wert der Jahresnutzung als Wert ansetzt, figurierte dieses Stückchen Straße mit 20000 ℳ Besitz in dem Vermögensstand der Stadt! — 10. Das Eheweib eines Hans Ahrends hatte sich als Mann verkleidet, um sich im Roten Roß zu amüsieren. Sie wird erkannt und aufs Rathaus (offenbar in die Blandinenstube! siehe Band I, 249/250) geschleppt. Ein anderes traurigeres Ereignis: in dem furchtbaren Winter 1739/40 erfror im Roten Roß eine arme Schulmeisterswitwe in

ihrem Bette! — 10a. Die Angelegenheiten der Landschaft werden verwaltet von der Direktion der Landschaft (1 Generallandschaftsdirektor und 2 Landschaftsdirektoren) und vom Ausschuß, neun Mitgliedern der Landschaft, die von der Generalversammlung sämtlicher Mitglieder der Landschaft gewählt werden. — 11. Der Frauenverein zur Armen- und Krankenpflege wurde im Sommer 1848 in Folge des schweren Notstandes gegründet. — 12. Der älteste. Begräbnisort der Juden war das Gelände unter dem jetzigen Jägerberg, der ja künstlich aufgefüllt ist, außerhalb der Befestigungsmauern der Stadt (vgl. Band I, S. 154). — 13. Hertzberg III 150 irrt, wenn er den Platz erst 1705 entstehen läßt. — 14. Im Galgtorteich ertrank am 13. 8. 1703 des Tagelöhners Heine Tochter, 13 Jahre alt. — 15. A. d. MCCCCLV ad honorem Ihsus Xpi sculpt. s. (Im Jahre 1455 wurde dieser Stein zur Ehre Jesu Christi gehauen.) — 16. So war auch 1516 vor dem Rannischen Tore ein Kruzifix mit zwei Bildern errichtet worden, bei der Prozession wurde hier am S. Markustag der Anfang des Markusevangeliums verlesen (s. Band I, S. 43). — 17. Siehe Band I, S. 73 und Wanderungen durch den Saalkreis Band I, S. 9 u. f. — 18. Nach dem Kommerzienrat Carl Adolf Riebeck (1821—1883). Es hätte wohl noch andere Mittel und Wege gegeben, einen Mitbürger zu ehren, als diesen historisch denkwürdigen Platz, einen der bedeutendsten der gesamten Stadt, mit einem sozusagen einen Privatcharakter tragenden Namen zu belegen. — 19. Jetzt im Besitz der Riebeckschen Montanwerke A.-G. — 20. Mit Dampfheizung und Staubsaugeapparat, mit Salons, mit Schlafzimmern und anschließendem Bad, einem Speisesaal, hochelegantem Festsaal, mit Autogarage und 52 Zimmern und 65 Betten usw. usw. Die neue versklavte republikanische Zeit wird andere Offerten zeitigen! — 21. Am Leipziger Turm war das alte Galgtor wieder aufgebaut worden; die Poststraße begleiteten größere und kleinere Pyramiden aus künstlichem Lorbeer; 12 m hohe Pylonen zierten die Kreuzung der Ulrichs- und Geiststraße; eine 12 m hohe Ehrenpforte erhob sich an der Ludwig Wucherer- und Kaiserstraßenecke; auf dem Markte waren Zuschauertribünen, Arkadenlauben u. ä. errichtet! Die Stadt hatte 36000 ℳ zur Ausschmückung bewilligt; sie kamen der arbeitenden Bevölkerung zu Gute. Man verzeihe das Eingehen auf diesen letzten Kaiserbesuch in Halle, aber die Kulturgeschichte der Stadt und die Topographie verlangen auch dieses. Die traurige Zeit der Republik wird uns keine Höhepunkte bescheren, sie läßt selbst den oft nichtigen Pomp der Wilhelminischen Aera angenehmer erscheinen als ihre farblose graue Armut, ihren niedrigen Geist und ihre trostlose Versklavung. — 22. Nur eine Holzsäule blieb stegen. Die Leichen der Verbrecher wurden unter dem Galgen begraben. — 22a. So ließ der Rektor der Universität Stryk 1711 die Mauer des Galgens durch die Knechte des Scharfrichters übersteigen, um das Bild eines verurteilten entflohenen Studenten mit der Kette am Galgen aufzuhängen, s. meine Sagen der Stadt Halle usw., S. 108. — 23. Am 28. 9. 1788 wurde ein Soldat Münch mit dem Schwert „vor dem Galgtor hinter dem Galgen" hingerichtet. Sein Körper wurde auf das Rad geflochten. Der Sohn des damaligen Scharfrichters Brand machte sein Meisterstück. Am 9. 4. 1790 wurde wiederum ein Soldat mit dem Schwerte hingerichtet. Der junge Brand mußte dreimal zuhauen und am Ende den Kopf noch auf der Erde mit dem Schwerte abschneiden. — 24. Siehe Strohhof. Die „unehrlichen Leute" wohnten an den Toren der Stadt, nicht innerhalb der Straßen. — 25. Er bekam für eine Hinrichtung irgend welcher Art 5 Taler, für eine „vollkommene" Tortur ebenfalls 5 Taler, für eine Auspaukung der Huren und Abschneidung der Haare 3 Taler, für den Staupenschlag 3 Taler, für die Anlegung der Daumenstöcke und den Anfang der Schnüren 2 Taler 12 Groschen. Das Auspauken der Dirnen vollzog sich so: nachdem sie eine Zeit am Pranger gestanden, schneidet ihr des Scharfrichters Knecht die

Haare ab, bindet ihr die Hände und bindet sie an einen Strick, und führt sie bis an den Grenzstein der Stadt hinaus, also um den Markt herum, hinter den Roten Turm hinweg, durch die Schmeerstraße, Rannischestraße, Rannisches (inneres) Tor über die Brücke an den Grenzstein, der zur rechten Hand der äußeren Stadtmauer, dem Waisenhause gegenüber stand (Mauerstraße), wobei der Knecht mit einem einzigen Klöppel oder Schinderknochen einzelne Schläge auf eine ihm anhängende große Trommel tut, welche unten kein Fell hat, und daher einen Paukenton von sich gibt. Im 15. und 16. Jhdt. wurden Frauenzimmer auch wegen anderer geringer Vergehen also „ausgepaukt". — 21. Und doch hat das großartige Werk einen schweren Fehler, die Straße weist am Bahnhof die tiefste Stelle auf, so daß sich bei starken Regengüssen hier eine starke Wasseransammlung entwickelt, das Gelände gleicht dann einem Teiche. — 27. Die Delitzscher Straße ist also die einzige Zugangsstraße zum neuen Bahnhofe. — 28. Im Jahre 1879 standen in ganz Halle 91 Droschken auf 17 Halteplätzen: 1893: 62 Droschken; 1895: 57 zweispännige; 1897: 52 und 10 Taxameterdroschken; 1900: 41 und 23; 1905: 78 Taxameter und keine gewöhnliche; 1906: 65 und 2 Kraftdroschken (zum ersten Male!); 1912 nahm das Kraftfahrwesen ungeheuer zu, man zählte bereits 397 Kraftfahrzeuge und zwar 219 Personenkraftwagen, 13 Lastkraftwagen und 65 Kraftzweiräder, 1913 zählte man 455 und zwar 317, 36 und 102. Der Ausbruch des Weltkrieges zeigt den rapiden Verfall 1914/5: 14 Pferdedroschken und 11 Kraftdroschken für das Publikum. — 29. Der Beruf der Dienstmänner zeigte 1906: 104 und 1907 noch 92 Mann (Expreß: 7; Rote: 21; Vereinigte: 37; Selbständige: 27); 1908: 72; 1912: 58; 1914: 43 Mann! Dagegen waren 1899 noch 146 Dienstmänner tätig — 30. Ehemals befand sich der Verkauf der Fahrkarten in einem kleinen Bau von 12 m Länge und 8 m Breite mitten in der Haupthalle, er wurde beim Ausbau der Vorhalle hierhin verlegt. Neuerdings ist in der Mitte der Vorhalle auch ein Fahrkartenverkauf eingerichtet. — 31. Der Durchmesser der Kuppel der Peterskirche in Rom beträgt nur 40 m. — 32. Bei der Eröffnung des Bahnhofs (1890) wurde der Güter- und Rangierbahnhof, die Gleise, Ladestraßen und Schuppen mit 40 Bogenlampen zu 9 amp. und 40 Glühlampen erleuchtet, der Personenbahnhof mit 32 Bogenlampen zu 9 amp., 8 desgl. zu 6 amp. und etwa mit 400 Glühlichtern. —

Das Freiimfelder Viertel. Allgemeines.

Das Freiimfelder Viertel liegt im Osten Halles, im Osten des großen Zentralgüterbahnhofsgeländes. Man verfolgt die Delitzscher Straße unter den Bahnbrücken weiter und findet es alsdann links (nördlich) dieser Straße liegen.

Den Namen empfing es von dem ehemaligen nordöstlich gelegenen Rittergut Freiimfelde, auf dessen Ackergelände das Viertel erbaut ist. Der Hof des Rittergutes lag dicht bei Diemitz, südwestlich; das Herrenhaus mit einem Teile des alten Parkes steht noch heute, es ist das schöne alte Wohnhaus der Nagelfabrik, das Gelände des Gutes erstreckte sich über den heutigen Bahnhofskörper bis zur Magdeburger Straße: die bekannte alte Wirtschaft, die Maille, lag auf seinem Grund und Boden. 1840 erwarb das Gut die Stadt Halle für 49 283 1/3 Taler und dismembrierte es, der städtische Grundbesitz wurde um etwa 220 Morgen vermehrt.

Das bisher bebaute Freiimfelder Viertel wird im Süden von der Delitzscher Straße, im Westen von dem Eisenbahngelände, im Norden von dem Wege zur Diemitzer Nagelfabrik, im Osten von dem freien Felde der hallischen Mark jenseits der Freiimfelder Straße begrenzt. Der Bebauungsplan ist aber bereits bis zur Grenze der hallischen Flur, bis zum Grenzweg an der Büschdorfer und Diemitzer Feldmark ausgearbeitet der hinter (östlich) dem Kessel entlang führt, auf die Nagelfabrik stößt und dann um diese herumführt.

Zwei große Straßen durchschneiden von Süden nach Norden das Viertel: die Landsberger und die Freiimfelder Straße. Eine ganze Anzahl Querstraßen, von Westen nach Osten laufend, verbinden die beiden Hauptstraßen wie die Sprossen einer Leiter, es sind, von Süden angefangen, die Krondorfer-, die Büschdorfer-, die Sagisdorfer-, die Grimm-, die Herbart-, die Reideburger Straße. Den Nordteil des bis jetzt bebauten Geländes nimmt die großartige Anlage des städtischen Viehhofs ein.

Das Viertel ist, abgesehen von einigen Häusern an der Delitzscher Straße, erst nach 1890 entstanden und zwar nach der Regulierung der Delitzscher Straße, die durch den Bahnhofsneubau (s. d.) erfolgte. Erst dadurch wurde das Gelände erschlossen: bereits 1888 legte man den Bebauungsplan fest. Einen weiteren Ansporn zur Bebauung brachten die schon 1890 begonnene Herstellung des gewaltigen Viehhofes und das Entstehen der großen Volksschule (1900/01) in der Freiimfelder Straße.

Der Stadtteil ist abgesehen von der Freiimfelder Straße, die bisher meist nur auf der Westseite bebaut ist, monoton und öde, vollständig ein Mietshäuserviertel, kahle, reizlose, vollkommen einander gleichende Straßen, 4-, ja 5-stöckige Häuser, geputzt oder im Rohbau, eng aneinander gefügt. Die Freiimfelder Straße ist die einzige, die mit Bäumen bepflanzt ist.

Die Straßen des Freiimfelder Viertels.

Die Delitzscher Straße, etwa 25 Schritte breit, steigt zunächst jenseits der Bahnbrücken bis zum Hause Nr. 11a, Einfahrt nach dem Güterbahnhof, zu ihrer ursprünglichen Höhe wieder empor (siehe oben den Bahnhof). Man sieht nun sehr gut die tiefe Aushöhlung der Straße unter den Bahnbrücken, das kleine ältere Backsteinhaus Nr. 8 zeigt durch seine Unterkellerung die ehemalige Höhe der Straße. — Der Charakter der Straße ist der einer in der Entwicklung begriffenen. Sie verleugnet es noch nicht, daß sie aus einer Chaussee entstand, wenn auch die elektrische Stadtbahn sie durchfährt und sie 1906 bis zum Schlachthof erweitert wurde. Nach dieser Zeit ist die Bahn auf der Chaussee bis zu den Reidedörfern Büschdorf, Schönnewitz, Reideburg verlängert worden. — Nur die linke (nördliche) Seite ist straßenhaft bebaut und zwar auch nur bis zur Einmündung der Freiimfelder Straße (Nr. 24); die rechte (südliche) Seite ist von Lagerplätzen (für Steine, Kohlen, Eisen) Nr. 79/87, dann von einigen Mietshäusern gegenüber der Freiimfelder Straße besetzt, Nr. 74/78, später Feld auf der Süd- wie auf der Nordseite. Nur ein paar alte Backsteinhäuser (so Nr. 8) entstammne der Zeit vor 1880[1]), die übrigen Häuser entwickelten sich bes 1895. — Von der Freiimfelder Straße bis zur Stadtgreniz wurden 1906 an 74 Rüstern angepflanzt. —

Nr. 30, A. Mohr: Bäckereimaschinenfabrik.

Der Canenaer Weg zweigt sich nach dem Dorfe Canena südwärts von der Delitzschet Straße ab und zwar der alte Zugang bei Nr. 88, der neue Zugang bei Nr. 81. An dem alten Zugang liegen eine Eisenbahnwerkstätte und ein Eisenbahnbetriebsgebäude, ferner große Lagerschuppen von Speditions-, Getreide-, Fouragegeschäften usw., an dem neuen Zugang Spinnbahnen, andere große Lagerplätze, dann die große Eisenbahn-Central-Werkstätte und ganz an der Grenze der Stadtflur die Fleischmehlfabrik von Voigt.

Am Güterbahnhof, eine kurze Seitenstraße, die von der Delitzscher Straße nordwärts auf den weiten freigelegenen Güterbahnhof führt, etwa 25 Schritte breit, von vier hohen Mietshäusern besetzt. Die Straße wird vom Gelände des Central-Güterbahnhofs abgeschlossen, der zugleich mit dem neuen Personenbahnhof entstand (s. d.). Große Güterschuppen, von Gleisen begleitet, dehnen sich nordwärts, Lagerplätze wechseln ab und kleine einzeln gebaute Speditionszweigkontore für Möbeltransportgeschäfte (Haase, Kästner), für die Bahnspedition von Bester usw. Auch ein Zollamt und eine Zollabfertigungsstelle befinden sich hier.

Die Landsberger Straße empfing ihren Namen von dem einige Meilen ostwärts gelegenen Städtchen Landsberg[2]), sie wurde 1894 polizeilich ausgebaut und benannt. Sie führt von der Delitzscher Straße zwischen Nr. 19 und 20 nordwärts auf die Reideburger Straße, etwa 20 Schritte breit von 4- und 5-stöckigen, aneinandergebauten, vielfach in Backstein aufgeführten Mietshäusern auf beiden Seiten besetzt. Auf der linken Seite geben einige große Höfe und Lagerhäuser einige Abwechslung, so Nr. 7 Lehmers Biergroßhandlung und Gefrier- und Kühlhallen, Nr. 12 Klinkhardt und Schreiber, Baumaterialien, Nr. 13/15 der Allgemeine Konsumverein von Halle, Nr. 16 die Kefersteinsche Papierhandlung; hier breitet sich ein freundlicher, großer Vorgarten vor dem stattlichen Hause aus. Die Straße entwickelt trotz ihres ziemlich toten Abschlusses größeren Verkehr, sie ist die eine der Hauptzweigstraßen des Viertels. 1915: 69 Grundstücke (etwa 37 Häuser). —

Die Krondorfer Straße erhielt ihre Bezeichnung nach dem Dörfchen Krondorf, das ein Stückchen ostwärts zwischen Büschdorf und Schönnewitz an der Delitzscher Chaussee liegt. Sie führt von Westen nach Osten, parallel und nördlich der Delitzscher Straße und verbindet die Landsberger mit der Freiimfelder Straße, ist 1895/6 polizeilich ausgebaut und benannt worden, ist 17 Schritte breit, beiderseits von hohen aneinandergebauten Mietshäusern besetzt, nüchtern, steinern. Sie setzt sich über die Freiimfelder Straße bereits mit 3 neueren Häusern fort. 1915: 12 und 3 Häuser. —

Die Büschdorfer Straße bekam ihre Benennung nach dem Dörfchen Büschdorf, das ein Stückchen ostwärts an der Delitzscher Chaussee liegt. Sie führt von Westen nach Osten, parallel und nördlich der Krondorfer Straße, und verbindet die Landsberger mit der Freiimfelder Straße. Sie wurde 1894 polizeilich ausgebaut und auch benannt, ist 20 Schritte breit, von hohen aneinandergebauten Mietshäusern besetzt. 1915: 10 Häuser.

Die Sagisdorfer Straße erhielt ihren Namen nach dem kleinen Sagisdorf, nach dem nördlichsten der 7 Reidedörfer (bei Reideburg). Sie zieht von Westen nach Osten, parallel und nördlich der Büschdorfer Straße und verbindet die Landsberger mit der Freiimfelder Straße; sie wurde erst 1902/3 neu angelegt und benannt, ist 17 Schritte breit, von 4stöckigen, aneinandergereihten Mietshäusern besetzt. 1915: 8 Häuser.

Die Grimmstraße wurde nach den Gebrüdern Grimm, Jacob Grimm (1785/1803) und Wilhelm Grimm (1786/1859), den Begründern der deutschen Philologie und den Sammlern der deutschen Volksmärchen, benannt. Sie führt von Westen nach Osten, parallel und nördlich der Sagisdorfer Straße, verbindet die Landsberger mit der Freiimfelder Straße und stößt grade auf den imposanten Bau der Freiimfelder Volksschule. Sie wurde 1905/6 polizeilich ausgebaut und benannt, ist etwa 17 Schritte breit, von 4stöckigen Häusern besetzt, aber auch noch von Baustellen unterbrochen. Eine prosaische Dutzendstraße wie die früheren: so macht sie den phantasievollen, genialen Namensurhebern keine Ehre.

Die Herbartstraße empfing ihren Namen nach dem Philosophen Johann Friedrich Herbart (1764/1841). Sie führt von Westen nach Osten, parallel und nördlich der Grimmstraße, und verbindet die Landsberger mit der Freiimfelder Straße. Sie wurde 1904 polizeilich ausgebaut und benannt, ist 17 Schritte breit und mit aneinandergebauten hohen Mietshäusern besetzt. 1915: 17 Häuser.

Die Reideburger Straße nennt sich nach dem eine kleine Stunde östlich entfernten Dorfe Reideburg. Sie führt parallel und nördlich der Herbartstraße und verbindet die Landsberger mit der Freiimfelder Straße, ist aber als große Querstraße durch das Viertel bis zur hallischen Flurgrenze gedacht, von wo ab sie zu numerieren beginnt: einige Häuser sind bereits über die Freiimfelder Straße hinaus erbaut worden. Die Straße ist etwa 20 Schritt breit, wurde bereits 1892 benannt und bis 1897 ausgebaut, sie stößt im Westen auf den Güterbahnhof. 1915: 15 Häuser.

Die Freiimfelder Straße wurde nach dem alten Rittergute Freiimfelde benannt (s. oben Allgemeines). Sie ist als die große Hauptverkehrsstraße des gesamten Viertels geplant, die den Süden, die Delitzscher Straße und Chaussee, und den Norden, die Berliner Straße und Chaussee, miteinander verbindet. Auch die elektrische Bahn ist von der Delitzscher Straße durch sie bis zum Viehhof gelegt worden. 1898 wurde die Straße umgestaltet, die Fahrbahn wurde von 12 m auf 9.30 m gekürzt, so daß die beiderseitigen Bürgersteige sich auf je 5.35 m verbreiterten und mit Bäumen bepflanzt werden konnten. Bis zur Sagisdorfer Straße stehen Ahorne; 1914 wurden von hier bis zur neuen Berliner Brücke (Hindenburgbrücke) 97 Rüstern statt der schlecht entwickelten Ahorne angepflanzt (für 994,13 ℳ). — Die Straße ist breit (25—30 Schritte), freundlich, erst auf der Westseite bebaut, auf der Ostseite stehen die zusammenhängenden Häuser nur bis zur Krondorfer Straße, so daß man einen weiten Blick in das etwas tiefer gelegene Gelände der Reide samt seiner aus den grünen Bäumen hervorschimmernden Dörfer hat, ebenfalls auf den naheliegenden „Kessel“, auf das alte Freiimfelder Herrenhaus und das Dorf Diemitz und auf ferne blaue Höhenzüge.

Nr. 42, der städtische Schlacht- und Viehhof; der gewaltige Komplex nimmt das obere Drittel der Westseite der Freiimfelder Straße ein; ein Areal von etwa 25 Morgen! Im Süden wird es durch die Viehhofstraße, die von Westen nach Osten führt, begrenzt, im Westen durch den Central-Güterbahnhof bezw. durch die Zufahrtstraße, im Norden von dem Steinlager-Platz der Stadt. Die gelben Backsteinmauern der Gebäude und Höfe bezw. Gärten erstrecken sich die gesamten Fronten der beiden Straßen entlang, an ihrem Kreuzungspunkt, an der Südostecke, befindet sich der Eingang mit den Anlagen eines Vorplatzes. Bei dem Eingang bezw. der Einfahrt steht das Pförtnerhäuschen, links an der Südseite liegt das Restaurationsgebäude, hinter diesem ein großer Hofraum mit einem Ausspann, Pferdestall und Hundestall und einer offenen Wagenremise, um die Transportwagen der Fleischer unterzubringen. In dem mehrgeschossigen Restaurationsgebäude und Anbau befinden sich der Saal, die Wirtschaftsgelasse, Küche usw., aber auch Kommissionszimmer, Wohnräume für den Wirt, für den Oberaufseher, Logierzimmer für fremde Viehhändler usw. — Rechts von dem Eintretenden an der Ostseite steht das 3stöckige Verwaltungsgebäude mit dem Büro und der Kasse des Schlacht- und Viehhofs, auch mit den Wohnungen der Tierärzte, des Pförtners und des Maschinenmeisters; ihm schließt sich der Garten, dann das Kühlhaus mit der Untersuchungsanstalt, ferner das Maschinenhaus mit dem gewaltigen Schornstein nebst Kesselraum und Kohlenschuppen an, zuletzt die Konservenfabrik. Das Kühlhaus ist in einen Vorkühlraum und in den eigentlichen Kühlraum geteilt. In den Vorkühlraum werden die geschlachteten Tiere auf Laufschienen aus der Großviehschlachthalle geführt[3]), dort abgekühlt und zerlegt. Westlich vom Kühlhaus liegt die Verbindungshalle mit Schlachthallen für Großvieh, Kleinvieh und für die Schweine, weiter westwärts nach dem Güterbahnhof zu die Markthallen für Großvieh, Kleinvieh und für die Schweine. An den westlichen Seiten sind, die verschiedenen Tiere zu entladen, Rampen im Anschluß an das Eisenbahngleis angebracht. Zu all diesen Gebäuden kommen noch Ställe für Kleinvieh, Großvieh, Schweine, Pferde usw., eine Sanitätsanstalt zur Untersuchung für krankes oder verdächtiges Vieh, die Kuttelei mit den Kaldaunenwaschgefäßen, Warmwasserbottichen und Brühkesseln, die Dampftalgschmelze, die Häute-, Darm- und Abfallverwendung. — Sämtliche Gebäude sind in Ziegelrohbau errichtet und mit Schiefer gedeckt. — Der Bau des Schlacht- und Viehhofs wurde bereits am 28. 12. 1887 beschlossen, aber erst 1890/2 vollendet; am 9. 1. 1893 wurde er der Benutzung übergeben[4]); er ist das Werk des damaligen verdienstvollen und begabten Stadtbaurats Lohausen[5]). — Geschlachtet wurden im ersten Jahre: 2634 Ochsen, 4905 Kühe und Färsen (zusammen 7539 Rinder), 15262 Kälber, 14623 Schafe (einschließlich 159 Ziegen), 32319 Schweine, 860 Pferde, 3 Hunde[6]). Der Fleischkonsum betrug pro Kopf 70.76 kg! dabei ist Fisch, Wild, Geflügel nicht mitgerechnet!! Die Preise für das Lebendgewicht waren: Ochsen I. Sorte 100 Pf. = 36 ℳ, Kühe I. Sorte = 30 ℳ, Kälber I. Sorte = 40 ℳ, Hammel I. Sorte = 30 ℳ, Schweine I. Sorte = 61 ℳ. — Die Schlachtungen 1900 betrugen: 5768 Rinder, 14227 Kälber, 13431 Schafe und Ziegen, 21936 Schweine; es kam auf den Kopf 62.74 kg Fleischverbrauch. — Die Schlachtungen 1910 betrugen: 1878 Ochsen, 3142 Bullen, 5450 Kühe, 827 Jungrinder, 17318 Kälber, 15292 Schafe, 176 Ziegen, 53100 Schweine, 2450 Pferde usw., es kam auf den Kopf 58.46 kg Fleischverbrauch. Die Einnahmen des Schlacht- und Viehhofs betrugen 1893: 242474 ℳ, 1894: 228741 ℳ, 1895: 239023 ℳ. — Die Sanitätsanstalt wurde 1906 fertiggestellt; sie enthält im Erdgeschoß die Schlachthalle, im Obergeschoß den Saal für die Trichinenbeschauer, das Zimmer für die Tierärzte, das Laboratorium, den Eßraum für die Schlachthofarbeiter. Die Kosten betrugen 81800 ℳ für den Bau wie für die Einrichtungen.

Nr. 68, auf der Ostseite der Freiimfelder Straße, nach der Berliner Straße zu gelegen, das bakteriologische Institut der Landwirtschaftskammer der Provinz Sachsen (Kaiserstraße 7); hinter dem Vorgarten ein 3stöckiger in gelben und roten Backsteinen errichteter Bau. Am 18. 4. 1904 kaufte die Kammer den 4000 qm großen Platz an, und 1905 wurde der Neubau bezogen; vorher war das Institut in Mietsräumen untergebracht gewesen. Sein Zweck ist ein dreifacher: die praktische Landwirtschaft über die Seuchenbakterien zu beraten, die landwirtschaftliche Jugend auszubilden und die wissenschaftliche Forschung auszubauen.

Nr. 69, die Desinfektionsanstalt der Stadt Halle. Sie befand sich von 1892 ab, in welchem Jahre sie gegründet wurde, in der Wiesenstraße (s. d.). 1908 wurde das jetzige Gebäude bezogen, dessen Kosten für Grund und Boden, innere Einrichtung usw. 178490 ℳ betrugen. Der 2stöckige Bau ist in roten Backsteinen ganz glatt und stumpf in holländischer Art aufgeführt, ein Giebel, von Halbkreisen umfaßt, ziert die Mitte. Das Vordergebäude dient zur Annahme und Abgabe dessen, das desinfiziert werden soll, (unreine und reine Seite); ferner zum Amtszimmer, Trockenzimmer, Formalinzimmer und zur Wohnung des Betriebsleiters. Das Mittelgebäude enthält die Desinfektionsräume, das Hintergebäude den Kesselraum und zwei Annahmeräume für unreine Sachen. —

Nr. 88, die Freiimfelder Volksschule. Die ursprüngliche 12klassige Volksschule wurde 1900 beschlossen, gebaut und am 26. 10. 1901 bezogen. Sie enthielt in 4 Geschossen 12 Klassen und im Kellergeschoß die Hausmannswohnung. Im Stil sind die Formen der Frührenaissance gewählt. Das hohe Erdgeschoß wie die Fensterumrahmungen sind mit roten Ziegelsteinen verblendet, die übrigen Flächen mit Kalkmörtel in natürlicher Farbe verputzt. Die Hauptzierde ist das Portal, das in roten Mainsandstein mit bildnerischem Schmuck ausgeführt ist. Die Kosten des Baues betrugen 148 700 ℳ; die bebaute Grundfläche war 320 qm[7]). — Am 27. 5. 1908 wurde der Erweiterungsbau begonnen (dem ersten Bau angebaut): 16 Klassen nebst Rektor- und Lehrerzimmer; im Dachgeschoß: Zeichensaal, Haushaltungsschule. Der Erweiterungsbau kostete 249 404 ℳ. —

Die Viehhofstraße liegt südlich am Schlacht- und Viehhof, führt von Westen nach Osten, von dem Güterbahnhofsgelände auf die Freiimfelder Straße. Sie wird auf der Nordseite von den Mauern der Gehöfte des Schlacht- und Viehhofs eingefaßt, auf der Südseite stehen ein paar andere Häuser in Zementputz, sonst Baugelände. An ihrem Westende befindet sich die Einfahrt zum Güterbahnhof. —

Der Kessel.

Die geplante Verlängerung der Viehhofstraße über die Freiimfelder Straße (jetzt noch ein Feldweg) würde grade auf den ein paar Minuten ostwärts gelegenen „Kessel" führen. Er liegt nebst den hinter ihm befindlichen Schrebergärten bereits an der Stadtgrenze, an dem Grenzwege. — Der Kessel empfing seinen Namen von einem tiefen Teiche, der sich in früheren Jahrhunderten hier befunden hat[8]) und der diese Gegend noch heute als eine feuchte, gewissermaßen eingesunkene und kesselhafte erscheinen läßt. Der Name des Geländes ist wie auch anderwärts[9]) aus dem Mittelalter überkommen. — Heute sehen wir das Stück Land als eine baumumrauschte Insel mitten in den Feldern, etwa 20 Morgen groß, eine Restauration, eine Gärtnerei und Schrebergärten enthaltend. Die Restauration befindet sich vor uns an der Südwestecke, das altersgraue, 2stöckige Häuschen „Schloß zum Freiimfelde", erneuert mit Veranden usw. versehen; ehemals war es das patriarchalische Landhaus des Professor Düffer[10]) gewesen, eines der reichsten Bürger Halles, der auch an den Klausbergen in Giebichenstein den prächtigen Park (die heutige Saalschloßbrauerei) geschaffen hatte. — Der Kessel als ein Diemitzer Flurname wird schon von Dreyhaupt erwähnt, er rühmt ihn als fruchtbares Land mit gutem, schwarzen, doch teils mit Sand untermischtem Boden, der bei nasser Jahreszeit jedoch sehr ausfällt. —

Anhang.

1. So auch 1871 die Fabrik von Busscher und Hoffmann (wasserdichte Baumaterialien); ist jetzt Delitzscher Straße Nr. 28, auf Büschdorfer Flur, eine Fabrik für Dachpappen, Asphalt, wasserdichte Isoliermaterialien, Teerprodukte usw. Die Stammfabrik ist in Eberswalde; Zweigfabriken sind in Mainz, Straßburg, Regenstauf, Teplitz. — 2. Ein unglücklich gewählter Name, da die Straße noch nicht einmal die Richtung zu dem Orte angibt. — 3. In dem Vorkühlraum wird die Abkühlung des Fleisches bis auf 12° C in kürzester Zeit durch kalte Luft erreicht. — 4. Das Personal war damals (1893): 1 Direktor, 1 Schlachtviehtierarzt, 20 Trichinenbeschauer, 2 Probenehmer, 1 Kassenrendant, 1 Buchhalter, 1 Pförtner, 1 Oberaufseher, 3 Aufseher, 1 Maschinenmeister, 1 Maschinist, 2 Dampfkesselwärter und Arbeiter. — 5. Privatbauten Lohausens sind u. a. das große Eckhotel Weltkugel oder Europa (Delitzscher Straße Nr. 1) und das große Eckhaus Ludwig Wucherer- und Bernburger Straße. — 6. Die Ochsen wurden berechnet à 404 kg, die Kühe à 310 kg, die Schweine à 115 kg, die Schafe à 28 kg, die Kälber à 33 kg, die Pferde à 305 kg, die Hunde à 15 kg. Leber und Kopf sind zugerechnet, Eingeweide aber abgerechnet. — 7. Die Kosteneinheit für eine Klasse betrug 12 390 ℳ, für einen Schüler 206,50 ℳ. — 8. Im Jahre 1578 hatte sich eine Weibsperson im Teiche, der Kessel genannt, bei „Demnitz" (Diemitz) ersäuft. — 9. So heißt das Flurstück zwischen der alten Mulde und dem Durchstich bei Pouch (Bitterfeld) ebenfalls „der Kessel". — 10. Düffer war 1775 zu Aurich geboren, habilitierte sich 1803 als Privatdozent der Medizin in Halle, ward 1810 a. o. und 1817 o. Professor der Medizin. In der Franzosenzeit war er Maire von Glaucha gewesen.

Weitere Bücher von Siegmar Baron von Schultze-Galléra im Verlag Rockstuhl erschienen

Das mittelalterliche Halle
Band 1 von 2
Dr. Siegmar Baron von Schultze-Gallera
Tb., Reprint 1925, 456 Seiten, 49 Abb., Fraktur
ISBN 978-3-95966-122-5 **28,95 €**

Das mittelalterliche Halle
Band 2 von 2
Dr. Siegmar Baron von Schultze-Gallera
Tb., Reprint 1929, 572 Seiten, 93 Abb., Fraktur
ISBN 978-3-95966-123-2 **29,95 €**

Die Stadt Halle
Anfänge bis 1930
Dr. Siegmar Baron von Schultze-Gallera
Tb., Reprint 1930, 294 Seiten, Fraktur
ISBN 978-3-95966-115-7 **19,95 €**

Alte und neuere Gasthöfe von Halle
Dr. Siegmar Baron von Schultze-Gallera
Tb., Reprint 1928, 88 Seiten, Fraktur
ISBN 978-3-95966-119-5 **10,95**

Die Burg WETTIN und die Wettiner
Dr. Siegmar Baron von Schultze-Gallera
Tb., Reprint 1912, 72 Seiten, Normalschrift
ISBN 978-3-95966242-0 **9,95 €**

Die Burg WETTIN
Dr. Siegmar Baron von Schultze-Gallera
Tb., Reprint 1926, 72 Seiten, Fraktur
ISBN 978-3-95966-108-9 **9,95 €**

Schloß und Bad SEEBURG
Dr. Siegmar Baron von Schultze-Gallera
Tb., Reprint 1928, 78 Seiten, Fraktur
ISBN 978-3-95966-118-8 **9,95 €**

Häusernamen und -wahrzeichen
Dr. Siegmar Baron von Schultze-Gallera
Tb., Reprint 1929, 116 Seiten, 12 Abb., Fraktur
ISBN 978-3-95966-117-1 **12,95 €**

Dunkel- und Nachtleben 18. Jahrh.
Dr. Siegmar Baron von Schultze-Gallera
Tb., Reprint 1930, 104 Seiten, Fraktur
ISBN 978-3-95966-120-1 **12,95 €**

Unterburg Giebichenstein
Dr. Siegmar Baron von Schultze-Gallera
Tb., Reprint 1913, 138 Seiten, Fraktur
ISBN 978-3-95966-128-7 **12,95 €**

GIEBICHENSTEIN
Dr. Siegmar Baron von Schultze-Gallera
Alte Burg - Oberburg - Unterburg
Tb., Reprint 1933, 90 Seiten, 9 Abb., Fraktur
ISBN 978-3-95966-107-2 **9,95 €**

Halle im Rokoko (1730 bis 1780)
Dr. Siegmar Baron von Schultze-Gallera
Tb., Reprint 1935, 86 Seiten, Fraktur
ISBN 978-3-95966-114-0 **9,95 €**

A 4, 30 Seiten mit 29 Abbildungen, Spiralbindung

ISBN 978-3-95966-125-6 **19,95 €**

Weitere Bücher von Siegmar Baron von Schultze-Galléra im Verlag Rockstuhl erschienen

Sagen Stadt Halle Saalkreis
Dr. Siegmar Baron von Schultze-Gallera
Taschenbuch, 310 Seiten, 108 Sagen, Fraktur
ISBN 978-3-95966-106-5 **19,95 €**

Sagenbuch Stadt Halle
Dr. Siegmar Baron von Schultze-Gallera
Taschenbuch, 142 Seiten, 108 Sagen, Fraktur
ISBN 978-3-95966-105-8 **12,95 €**

Petersberg und sein Augustiner Chorherrenstift
Dr. Siegmar Baron von Schultze-Gallera
Taschenbuch, 60 Seiten, 10 Abb., Fraktur
ISBN 978-3-95966-176-8 **9,95 €**

Saal-Kreis Wanderbuch
von Dr. Siegmar Baron von Schultze-Gallera

Band 5– 1924
Dr. Siegmar Baron von Schultze-Gallera
Taschenbuch, Reprint, 270 Seiten, 37 Zeichnungen von Alfred Weßner-Collenbey.
Original: Wanderungen durch den Saalkreis.
ISBN 978-3-95966-239-0 **17,95 €**

In Vorbereitung:

Band 1– 1913
ISBN 978-3-95966-309-0

Band 2– 1914
ISBN 978-3-95966-310-6

Band 3– 1920
ISBN 978-3-95966-311-3

Band 4– 1920
ISBN 978-3-95966-312-0

Topographie oder Häuser- und Straßengeschichte der Stadt Halle a. Saale
Erster Band – Altstadt
Dr. Siegmar Baron von Schultze-Gallera
Taschenbuch, 308 Seiten, Fraktur
ISBN 978-3-95966-305-2 **19,95 €**

Topographie ...
Zweiter Band, erste Hälfte
Vorstädte und Stadterweiterungen, Südlicher Halbkreis
Dr. Siegmar Baron von Schultze-Gallera
Taschenbuch, Fraktur
ISBN 978-3-95966-306-9 **19,95 €**

Topographie ...
Zweiter Band, zweite Hälfte
Vorstädte und Stadterweiterungen, Nördlicher Halbkreis
Dr. Siegmar Baron von Schultze-Gallera
Taschenbuch, Fraktur
ISBN 978-3-95966-307-6 **19,95 €**

Topographie ...
Dritter Band (Schlußband)
Die Eingemeindungen der Stadt Halle: Giebichenstein, Trotha, Cröllwitz, Gimritz
Dr. Siegmar Baron von Schultze-Gallera
Taschenbuch, Fraktur
ISBN 978-3-95966-308-3 **19,95 €**

Stand Februar 2018